U0724499

博物馆文物保护管理与合理利用研究

倪小玉 房丽 欧晓玫 ◎ 著

中国出版集团

中译出版社

图书在版编目（CIP）数据

博物馆文物保护管理与合理利用研究／倪小玉，房丽，欧晓玫著. -- 北京：中译出版社，2024.5
　　ISBN 978-7-5001-7921-4

　　Ⅰ.①博… Ⅱ.①倪… ②房… ③欧… Ⅲ.①博物馆-文物保护-研究 Ⅳ.①G264

中国国家版本馆 CIP 数据核字（2024）第 103358 号

博物馆文物保护管理与合理利用研究
BOWUGUAN WENWU BAOHU GUANLI YU HELI LIYONG YANJIU

著　　者：倪小玉　房丽　欧晓玫
策划编辑：于　宇
责任编辑：于　宇
文字编辑：田玉肖
营销编辑：马　萱　钟筏童
出版发行：中译出版社
地　　址：北京市西城区新街口外大街 28 号 102 号楼 4 层
电　　话：（010）68002494（编辑部）
邮　　编：100088
电子邮箱：book@ctph.com.cn
网　　址：http://www.ctph.com.cn

印　　刷：北京四海锦诚印刷技术有限公司
经　　销：新华书店
规　　格：710 mm×1000 mm　1/16
印　　张：15.75
字　　数：250 千字
版　　次：2025 年 1 月第 1 版
印　　次：2025 年 1 月第 1 次印刷

ISBN 978-7-5001-7921-4　　定价：68.00 元

前 言

博物馆文物的陈列和展示是一个国家历史文化的象征，是时刻提醒国人继承和发扬中国传统文化的警示牌。历史文物的留传代表了国家一路走来形成的文化和故事，有助于国人对文化的传承和发扬，给后人进行科学研究提供了一定的历史材料，对后人有一定的教育作用。当人们看到历史文物的时候还可以回忆起历史，对后人历史文化的研究提供一定的方便。所以，博物馆做好文物的保护和管理工作对历史文物的留传以及发扬光大具有重要作用。

本书是一本关于博物馆文物保护管理与合理利用的书籍，旨在为相关工作者提供有益的参考和启示，适合对此感兴趣的读者阅读。本书详细介绍了博物馆文物保护的基础，让读者对文物保护理念有初步的认知；深入分析了博物馆藏品保护与文化传播、博物馆陈列展览流程与形式设计实施、博物馆教育项目的策划、博物馆数字化建设应用等内容，让读者对博物馆文物展览有更深入的了解；着重强调了博物馆文化创意产品的开发与应用，以理论与实践相结合的方式呈现。随着人们生活水平的不断提高，文物的保护管理意识逐渐深入人心，加强博物馆文物保护，有着极其重要的意义。希望本书能够为从事相关行业的读者们提供有益的参考和借鉴。

本书参考了大量的相关文献资料，借鉴、引用了诸多专家学者和教师的研究成果，其主要来源已在参考文献中列出，如有个别遗漏，恳请作者谅解并及时和我们联系。本书的写作得到很多专家学者的支持和帮助，作者在此深表谢意。由于能力有限，时间仓促，作者虽极力丰富本书内容，力求著作的完美无瑕，也经多次修改，但仍难免有不妥与遗漏之处，恳请专家和读者指正。

作 者

2024 年 1 月

目　录

第一章 博物馆文物保护的基础

第一节 文物与文物保护的基础理论

一、文物的定义

中国是历史悠久的文明古国，拥有五千多年的文明史，有着光辉灿烂的古代文化，是世界文明史的重要组成部分。在漫长的历史进程中，中华民族创造了丰富的科学文明，留下了许多珍贵的文化遗产，如中国古代的四大发明，即火药、指南针、造纸术和印刷术，对世界文明的发展做出了巨大贡献。除四大发明外，中国古代还有许多重要发明，如木构古建筑、瓷器制造、丝绸织造和漆器制作等。这些珍贵的文化遗产是中国古代劳动人民的伟大创造和智慧结晶，是研究中国古代历史、文化艺术和科学技术发展极其重要的实物资料，是国家的宝贵财富，是人类文明发展史的重要见证，是人类历史遗留下来的珍贵财产，是证明古代人民勤劳智慧的有力证据。

《现代汉语词典》将"文物"解释为历代遗留下来的在文化发展史上有价值的东西，如建筑、碑刻、工具、武器、生活器皿和各种艺术品等。

《辞海》中对"文物"的解释是：遗存在社会上或埋藏在地下和水下的人类生产和生活的文化遗物。中国受国家保护的文物包括：①具有历史、艺术、科学价值的古文化遗址、古墓群、古建筑、石窟寺和石刻、壁画；②与重大历史事件、革命运动或著名人物有关的以及具有重要纪念意义、教育意义或史料价值的近代现代重要史迹、实物、代表性建筑；③历史上各时代珍贵的艺术品、工艺美术品；④历史上各时代重要的文献资料以及具有历史、艺术、科学价值的手稿和图书资料等；⑤反映历史上各时代、各民族社会制度、社会生产、社会生活的代表性实物。

二、文物的来源

文物藏品是博物馆存在的基础，藏品征集是增加博物馆藏品的重要途径，不断丰富文物藏品是博物馆得以可持续发展的重要保证，更是管理国家文物资源的一种重要手段。

博物馆等国有收藏机构征购藏品的主要来源有考古发掘、田野采集、民族学调查征集、社会征集、收购、捐赠、交换、调拨、移交等。

考古发掘，是通过科学的方法，发掘埋藏在地下或水下的文物遗存和古生物化石。一切考古发掘工作，都必须履行报批手续。出土的文物和标本，除根据需要交给科学研究部门进行科学研究以外，应由当地文物行政主管部门指定的单位保管，任何单位或个人不得侵占。

田野采集，主要是指自然历史博物馆或地方志博物馆在田野进行的岩石、土壤、矿物、动物和植物等标本的采集活动。

民族学调查征集，主要是指博物馆为收集民族文物而进行的工作。其主要工作方法是深入民族地区，进行实地调查和文物征集。

社会征集。在我国，私人收藏文物的历史十分悠久，民间流散着众多文物珍宝，特别是近现代文物，更是广泛散存在个人和机关团体手中。由于社会生活的变革，大量的近现代文物不断被淘汰，进而消失，又因这些文物中有许多正被当代人使用，因司空见惯而不被重视，从而很容易造成损毁。社会征集就是本着"为未来而征集"的思想，收集当代文物。

收购。博物馆通过付出一定的经济代价，换取私人收藏或文物商店中的传世文物和标本。收购的原则是属于国家所有（如国家机关、部队、国有企事业单位）的文物和受国家保护的动植物标本不得买卖，包括考古出土物、石窟寺、石刻、壁画等。

捐赠。博物馆可以接受机关单位和私人的捐赠，并应根据捐赠文物的价值给予适当的精神和物质奖励，重要的捐献还应报请政府部门，由国家给予嘉奖。相关捐赠信息应在藏品档案中详细注明，公开展出时，应向观众说明是由某人捐赠，这也是一种表彰方式。

交换。调拨交换是博物馆之间在自愿互利的原则下，以本馆藏品中的复制品或与本馆性质不符合者，去换取本馆所需要的藏品。

调拨。主要有两种情况：一是由上级主管部门按各馆的性质与需要，有计划地拨给；二是博物馆之间一方支援另一方，拨给对方所需的藏品。当然，馆际交换和调拨必须具备合法手续，依规呈报上级文物主管行政部门；如果是一级品的交换、调拨，则需呈报国家文物行政主管部门。

移交。博物馆接收公安、海关、人民法院、工商管理等部门依法没收的文物，并在一定条件下进行移交。

三、文物的特点

文物是不可再生的文化资源。不可再生是文物的重要特性之一。除此之外，文物还有很多其他重要特点，进一步研究和认识文物的特点，对揭示文物博大精深的内涵，以及文物学科建设和文物保护、收藏等工作的健康发展，都具有十分重要的意义。

概括而言，文物的特性主要有物质（资源）性、时代性（或称历史性）、不可再生性、不可替代性、个体差异性、客观性、永续性等。

（一）文物的物质性

文物是有形的历史文化载体，是人类历史发展的见证，内容丰富。先人留下的这些宝贵的物质遗产，是古代劳动人民用一定的物质材料，采用一定的技术手段建造或制作而成的，如青铜器、金银器、玉石器、竹木漆器等。文物的物质性又以一定的形态（形制、形式）存在。文物都是有形的，并且形态是多种多样的。文物的形态，是由人们建造、制作、生产的用途、目的与所用物质材料和科技水平所决定的，其最终形态则是由社会发展，以及政治、经济、文化的发展所决定的。用途、目的在不同的时代和地区不尽相同，随着社会的发展，文化和科学技术又在不断进步，文物的形态或风格也随之不断发展、变化或者消亡，所有这一切，在各类文物中都有所反映。

（二）文物的时代性

文物是特定历史时期的产物，是由它产生的那个时代的一定人群，根据当时的政治、经济、军事、文化等需要，运用当时所能得到的物质材料和掌握的技术创造出来的。每个历史遗迹或遗物无不被打上了时代的烙印，蕴含着当时的政治、经济、文化、科学技术等诸多方面的内容和信息，因此，没有时代（或年代）的遗迹和遗存是不存在的。文物的时代特点是文物时代性和时代内容在历史遗迹和遗物上的体现，人们可以从时代特点中看出，文物在其产生的时代所处的位置，以及它的地位和作用。每个遗迹或遗物从不同的侧面，反映了当时的政治、经济、军事、文化、风情习俗等，这些都是构成文物时代性的主要内容。这种时代特点，亦即历史性，也是文物最重要的特点。

（三）文物的不可再生性

文物的时代特点决定了文物不能被再生产、制作和建造。在它产生的时代，其地位是客观存在的，不以人的意志为转移。即使是十分逼真的复制品也不能替代文物的作用，虽然所用的材料、色彩和纹饰基本相同，但也只能反映制作复制品时代的社会条件、技术水平和工艺，与文物所包含的、它产生的那个时代的文化内涵和历史信息仍有区别，复制品不是历史的见证物。文物所具备的可永续利用的价值取决于其所凝聚的文化内涵，因而具有不可再生性，哪怕是轻微的改动，都会破坏其文化内涵，进而破坏其永久的价值。

历史遗存具有不可再生性，重建、新建的仿古建筑并非历史建筑。国际上有关古建筑保护的《佛罗伦萨宪章》就明确指出：重建物不能被认定为历史遗物。在历史文化积淀较深的欧洲几乎是看不到重建、新建的仿古建筑的，欧洲保留下来的古建筑都具有原汁原味的历史面貌。我国有关文物保护方面的法律也明确规定，纪念建筑物、古建筑等文物在遭到全部毁坏之后，不得重新修建。

（四）文物的不可替代性

文物的不可替代性是文物时代性和不可再生性逻辑发展的结果。文物是历史文化遗产，是一定时代的产物。每一件文物或每一处文物，都有它在历史上的地位和作用，都包含自己所处时代的文化内涵和历史信息，不可被其他物品所替代。

不同历史时期制作或建造的各种类型的文物，其历史内涵和信息是它产生的那个时代（或年代）的历史的各个方面的实物见证。毁坏一件或一处，就永远失去了一件或一处历史见证物和象征物，也就减少了一个独特的历史符号。

（五）文物的个体差异性

文物的不可再生性、多样性、时代性、地域性和不可替代性等特点，决定了其保护技术须遵循审慎的原则，而所采用的技术方案也存在差异。即便是同一地点出土的同类、同质文物，在保存现状、损坏程度方面也会有所区别，这便是文物的个体差异性，是由古代工艺技术水平、非标准化生产方式，以及文物经历的环境差异造成的。不可能只采用单一的保护技术就可以解决所有问题。

（六）文物价值的客观性

文物是历史文化遗产，具有历史、艺术和科学价值，包含着政治、经济、军事、艺术等丰富的内涵，博大精深。它的价值是凝结在历史文化遗迹和遗物（包括精神的和物质的遗物）中的一般人类劳动，是人类智慧的结晶，是历史发展、进步的标志。它具有双重特性，即有形价值和无形价值。文物既是有形的物质形体，又是隐形的，即无形的文化或文明内涵的载体，具有历史、艺术和科学价值。

文物的价值是客观存在的，但表达方式是主观的，如数据、图片、语言表述等。人们对文物价值的认识是不断深化的，对文物博大精深内涵的认识和获取它内涵的各种手段，既要靠知识的积累和深入研究，又要靠知识的更新和科技的进步。在认识和评价文物价值的具体过程中，人们会受到科学文化知识、研究水平和科学技术发展水平的限制或制约。因此，对文物文化内涵和信息的揭示与对其价值的认识，不是一次（或一时）可以完成的。随着研究的深入，科学技术迅速发展所提供的技术手段越多，人们对文物价值深层次的认识也就会越深入，获得的历史信息也就越多，这就需要一代又一代人的不断努力和坚持。

（七）文物作用的永续性

文物是不同历史时期产生的物质文化遗存，是研究不同历史时期政治、经济、军事、科学技术、文化艺术等的实物史料。它是历史的见证，可以证实文献记载的历史；可以校正古籍记载之谬误，订正史传，纠正错讹；对于有文字记载的历史，可用于弥补文献记载的缺失。文物是研究历史及专门史的重要实物史料，对史学的研究，特别是对重建上古史有着特殊、重要的价值和作用。

人类社会的发展，科学技术和文化艺术的发展、进步，都需要借鉴历史，而文物则是最好的实物教材，有自己独特的特点，是一种文化载体，同时也是一种精神文明的表现。它作为历史见证，具有很强的说服力，它以具体、形象、生动的物质形态展现在人们面前，具有极强的感染力，是任何其他教育手段所不能替代的。因此，文物对研究者和大众，对一代又一代人，对民族和国家以至于全人类，对历史和未来，都将发挥永续的作用。

四、文物保护基础

（一）文物保护的内涵

文物保护是对历史文物的实物进行保存以及在当时的历史环境下的所有活动。文物保护的目的就是更加真实和全面地延续历史的相关信息，保存文物全部的历史价值。保护文物是人人都应尽的责任和义务。文物保护主要是对文物实物遗存以及其历史环境所进行的保护。文物本身是一个固定性质的产物，它的价值与它所处的历史环境和地理位置有着紧密的关系，一旦对其移动就很容易造成损坏，导致部分或者全部价值的丧失。文物的保护就是对其整体性和真实性的保护，而且连同其周边的历史遗址也要一起保护。保护文物不是一个人或者一代人的事情，而是人类子子孙孙的大事。文物保护的主要任务就是对自然的或者人为造成的损坏进行修缮，阻止新的破坏产生。对于自然力所造成的损失，人们只能对其进行修补和采取一系列的预防措施，不可能去责怪自然；然而对于一些人为的损坏，人们可以对其采取相应的法律手段加以防范或者制止。

（二）文物保护的理念

1. 文化多样性与保护

文化多样性指的是世界上每个民族、每个国家都有自己独特的文化，民族文化是民族身份的重要标志。历史文化遗产，作为古代历史不可替代的见证物，同时，也作为每个国家、地区历史文化延续的载体，是每个民族的智慧结晶，体现了文化的多样性，因此，对文化遗产的保护和长久保存是所有国家的共同利益和目标。在修复中充分认识到遗产的特殊性，并保证在保护和修复过程中不改变遗产的历史、有形与无形的特征，这是至关重要的。

2. 原真性

"原真性"即文物古迹本身的原真性，体现在诸如形式与设计、材料与实体、应用与功能、位置与环境，以及传统知识体系、口头传说、技艺、精神与情感等因素中。在此须特别强调，修缮与修复的目的应当是不改变这些信息来源的原真性。而原真性也是个复合性多元理念，一般情况下，一座文物建筑的原真性，应当是它被作为文物建筑认定时的历史和客观属性的总和。

3. 完整性

完整性可以解释为文物古迹及其特征的整体性和完好性，包括体现文物古迹重要性和价值所必需的所有因素。保留文物古迹的历史完整性必须保证体现其全部价值所需因素的相当一部分得到良好的保存，包括意义重要的建筑物历史层次（沿革与积淀）以及"环境"。这表明，完整性不一定意味着整体历史结构的完整，而是指所存部分可以验证、标识大部分的历史信息。同时，这也对文物保护界长期以来关于"原状"与"现状"的争论做了一个小结，即文物的保护不应当是按照当代人的意愿与结论将文物恢复成某一辉煌时期的"原来状态"，也不可为追求风格的统一而随意拆改不同历史时期留在同一文物建筑体上的完整历史信息。

（三）保护与修复原则

1. 可再处理原则

可再处理原则，又称可持续性保护原则，取代了可逆性原则。众所周知，文物的科技保护是一个技术实施过程，其中，包括在文物上施加新材料，如在壁画上喷涂保护剂、在石刻上喷涂防风化材料、有机质文物的防霉防虫处理、饱水漆木器的脱水加固等，或者改变文物的现有保存环境。不论哪一种方式，都必然会使文物与外界发生物质和能量的交换，这一过程是不可逆的。有必要澄清文物保护中涉及的可逆性问题，否则教条地套用可逆性原则，势必会否定所有的先进方法，无法对文物进行保护。

可逆性原则是文物保护中的重要原则，意思是修复中所实施的处理方法，都可以采取可逆措施去除，使文物恢复原始的状态，但是这个原则已经被可再处理原则代替，其原因在于可逆在本质上是难以实现的。比如，在加固疏松的文物时，加固材料会渗透到内部，当对加固材料进行可逆去除时，文物就会遭到破坏。因而，在此种情况下，不可一味地要求材料具备可逆性，而是只要不影响再次处理即可。

严格来说，可逆性原则大多只适用于实验室条件下的文物保护。在很多实际情况下，很难满足这一要求。例如，在大型石刻上涂刷防风化材料或进行裂隙灌浆，由于石刻表面不平整或裂隙较深，涂刷的防风化材料和裂隙灌浆材料极难从文物上去除，但在实验室条件下，也许很容易被清除。如果这些难以清除的材料并不妨碍文物的下一次处理，那么仍然可以考虑继续使用这样的保护方法。

而在某些情况下，不保护、不修复也是一种保护修复。这里所说的"不保护、不修复"是根据文物的保存现状、现有的技术水平和现场条件，通过综合分析与研究，从而判断是否采取不保护、不修复的方式。

2. 最小损伤原则

保护性损伤，如在加热、酸碱、冷冻等条件下处理文物时，会引起文物自身的化学和物理（如应力、外形收缩等）变化，有些变化并不是立刻就能观察到的，必须经过一段时间后方能显现。而保护处理本身可能会对文物造成损伤，如在复杂的拼接修复过程中，难免会对文物造成二次损坏，且操作在极大程度上依赖于专业技术人员的个人经验；在对粘连的纺织品或纸质文物进行揭取时，由于文物本身材质的脆弱性，若用力不当，极易损毁文物；在对纸质文物进行熏蒸或冷冻杀虫时，纸质文物在受热或冷冻的情况下，都有可能遭到损坏；在对文物进行表面封护与加固时，封护或加固材料渗入文物的孔隙中，也可能会对文物造成损伤。当遇到这些情况时，必须通过严格的科学实验来评估损伤的程度，尽量控制条件，使危害降至最低。

3. 最小干预原则

保护与修复古迹的目的是把它们既作为历史的见证者，又作为艺术品予以保护，古代建筑的保护与修复指导原则被概述为"最少干预原则"，成为日后有关国际文件和宪章共同遵循的原则。

对文物的干预主要包括以下几方面：保护和考古发掘所带来的材料干预、信息干预、性能干预均为人为的主动干预，环境条件的变化所带来的干预则是被动干预。

预防性保护的核心技术内涵，即是对馆藏文物保存环境实施有效的监测和控制，抑制各种环境因素对文物的危害作用，努力使文物处于一个稳定、洁净的安全生存环境，尽可能阻止或延缓文物的物理和化学性质改变乃至最终劣化，达到长久保护和保存馆藏文物的目的。其中，博物馆环境的稳定性主要是指温度、湿度的平稳性，不可出现较大幅度的波动。关于博物馆环境的洁净概念，除了涉及有关污染气体极限浓度控制指标外，尚未有系统的论述。而博物馆环境的洁净程度则依赖于现代的环境和污染控制技术所达到的水平。

文物在保护处理过程中，难免会被带入新的物质，如表面封护剂、缓蚀剂等。若未留下完整的保护记录，后人在研究时可能会误认为这些物质是文物本身所含有的。为避免影响或混淆后人对文物的研究，导致得出错误的考证结果，在文物上施加任何新的保护材料时，如果新材料与文物组成材料的反应产物不明确，那么该保护材料应不予使用。而各种保护处理方法也有可能会对文物造成保护性破坏，包括二次污染保护性破坏，如在对破碎的青铜器和陶瓷器做拼接修复时，通常无法将残片严丝合缝地拼接成一个整体，当拼接最后一块时，由于空缺处小于其原始尺寸，需要对残片进行打磨；在对纸质文物或纺织品文物进行清洗时，常会残留水渍、清洗剂等，从而造成二次污染；对文物的不当清洗，还易造成文物的褪色、变色，特别是金粉等装饰物的脱落；在对石质文物进行渗透加固时，由于化学加固剂很难全部渗透进石材的孔隙中，随着环境条件的变化，保护剂渗透到的和未渗透到的部分就可能产生应力差异，反复作用的应力就会导致两部分分离。

4. 留白原则

留白又称"留缺"，通常是针对古陶瓷整体复原修复而言的，是指在古陶瓷缺失的部位，不采用原材料、原工艺和原形态去修复，而是选用其他适宜的材料补填，以留出短缺的部位，并能明显地表现出缺失的痕迹。这一原则在国外已实施多年，国内也不乏实践者，但仍存在争议。

古陶瓷与其他器物不同，其毁坏的形式通常只有破碎和缺失，而无腐烂和变质现象。在修复时，若能明显地表现缺失部位，又不妨碍其外观的完整性，则完全可以不用复原缺失的部位。此外，在考虑是否留白时，还要从博物馆的实际需求出发，若该器物主要用于观众欣赏，仅要求具备一个完整的形象，并不需要发挥其实际用途，那么，一个真实的整体形象胜过经修复补缺后"乔装打扮"的虚假形象。而在对古陶瓷进行修复补缺时，很难真正做到补缺后的部位与其他部位保持完全一致，这不仅涉及原材料的配制，还涉及烧制的工艺，即便是同一个窑炉烧制出的同一类器物也不会完全相同。留白反而更能体现出古陶瓷的原真性。

5. 耐久性原则

以实验室材料老化实验数据为基础，在将多种保护技术应用到文物上时，选择耐老化时间长的材料的方法，就是所谓的耐久性原则。文物的保存是一个长期的过程，不可能对同一件器物进行经常性的保护处理，这就要求在文物保护工作中所选用的材料要具有良好的耐久性，在外界因素的影响下，该材料能延缓文物所遭受的破坏，从而延长其保存寿命。

6. 斑点试验原则

斑点试验又称为"点滴试验"，是测定矿物化学成分的一种方法。将少许矿物粉末制成溶液，再将溶液滴在滤纸或瓷板上，加入化学试剂，观察反应后的产物颜色，以确定某种元素是否存在。由于斑点试验操作简便，反应迅速，对某些元素灵敏度较高，在鉴定工作中经常被使用。而文物保护的过程中，在大面积开展保护工作之前，也应依照斑点试验的原理，确保方法可行之后，再行实施。以彩陶加固为例，在加固前应进行斑点试验，检验加固剂的指标是否符合要求；在加固过程中如果出现加固强度不够，致使彩绘脱落的情况，应及时调整加固剂浓度；加固后，若出现表面成膜的现象，应用水或乙醇等溶液擦拭彩陶表面，观察眩光是否消失，尽可能地保证在损伤最小的前提下恢复文物的原貌。

7. 可辨识原则

可辨识原则，指文物在修复过程中，添加的残破或缺失部分要与文物原有部分在整体外观上保持和谐统一，但又要和原有部分有所区分。应做到可以让观者从外观上辨别"真"与"假"，不会出现以"假"乱"真"的现象。

可辨识原则就是指修复过的部分与文物本体应有所区别，远观不会感到整体的不协调，近观则应能辨别出修复痕迹，而无须借助其他高科技手段来识别。

8. 风险管理原则

许多文物因遭受自然或人为因素的破坏，正面临损毁和坍塌的风险，因此，在文物的保护方案设计和技术实施过程中加强"风险管理"刻不容缓。所谓风险管理，是指管理人员采取各种措施和方法，消灭或减少风险事件发生的各种可能性，或者减少风险事件发生时造成的损失。在文物保护中，风险管理原则包含三层含义：一是在文物未受到损害前采取预防性保护措施，避免文物受到损害；二是对已经受损或正在受损的文物及时采取有效措施，终止破坏的继续发生，尽可能保留文物的最大价值；三是对人身安全、财产、环境等进行风险管理，避免或减少损失的发生。此原则要求，在文物保护过程中，必须对每一个操作步骤可能面临的风险进行预估，且有相对应的可控措施。

五、文物保护技术

(一) 文物的质变与毁损

在漫长的历史发展过程中，人类创造的大量的具有历史、艺术、科学价值的文化遗存，能够保留至今的仅是其中的极小部分，大部分都已毁灭消失。究其原因，除文物本身的材质外，主要有自然和人为两个方面。

自然因素对文物的影响主要表现为自然力对文物的破坏，包括两种不同情况：一是各种自然灾害对文物的毁灭性破坏，如地震、火山爆发、地壳运动、洪水、台风、潮汐、地下水活动、雷击等。这种灾难性的巨大破坏力，往往难以预防。二是自然破坏力，尽管它不如自然灾害那样来势凶猛，却持久地侵袭着文物。这类自然力包括：气候变化、光线辐射、空气污染、生物危害等。这种自然破坏力虽然力量轻微，过程缓慢，但其日积月累的效果也能达到十分惊人的程度。在这些自然因素的作用下，文物总是向变形、变质乃至彻底毁灭的方向转化，也就是文物的质变和毁损，这是不以人的意志为转移的自然规律。如金属腐蚀矿化、砖瓦酥碱粉碎、石雕风化剥离、壁画褪色起甲、织物粘连腐烂、书卷虫蛀霉变、木材干裂糟朽、牙骨龟裂翘曲、皮革脆裂脱毛、文献字迹模糊、建筑倾斜倒塌等。

人为因素对文物的破坏是指人类的自身行为作用于文物，从而引起文物的质变与毁损。归纳起来，主要有如下几种情况：一是"建设性"破坏。由于发展经济而进行的大规模建设工程危及原来地上文物和地下文物遗存，如为了城市的现代化，随意将古建筑拆毁，用新建筑取而代之；为开发旅游事业，不适当地在名胜古迹区兴建机构、公路、桥梁、索道、饭店和人造景观，破坏了文化古迹的环境风貌，乃至毁坏了文化古迹；在建筑工程施工过程中，一些施工单位为赶工程进度，发现古墓和古遗址瞒而不报，用推土机一推了之等。二是"维修性"破坏，这是一种好心办坏事的行为。本来，在实施文物维修或修复时，一定要忠实于文物的原状和原貌，绝不允许操作者主观臆造，随意加工或加以改变，但或由于对文物缺乏正确的认识，或由于未事先征求或不听从专家的意见，执意按照自己的主观意愿，对文物进行"改造性维修"，以致在实际工作中，"维修性"破坏的事例还时有发生。其中，文物保护单位在这方面尤为突出。三是盗窃性破坏。这种破坏造成的文物损失触目惊心。据有关报道，在全国著名古墓中，未曾被盗的只是少数；地下非法文物交易活跃，文物走私也十分猖獗。盗窃性破坏又有两种情况：其一是将文物拆卸、锯凿、割裂后盗走一部分，使文物本身遭到破坏；其二是成组文物中被盗走其中的一部分，破坏了文物的完整性。

防止自然力破坏，应主要依靠科学技术，它有待于文物保护科学技术研究拿出更好、更科学的保护措施，改善文物保存的环境，防人为因素破坏，主要属于文物保护管理方面的问题，它有赖于全民族的道德素养、保护文物意识的日益提高和政策、法律、规章、制度等地逐步健全并得到严格执行。

除单纯的自然因素和人为因素外，也还存在由于人为因素作用，致使自然因素发生较大变化，从而导致文物遭到破坏的情况。从宏观上来讲，人类活动的频繁和对自然的过度掠取，造成自然灾害加剧、全球气候异常（如温室效应）、生态失衡等，使得文物的宏观保存环境恶化；从微观上来讲，在博物馆、文物保护单位附近建工厂企业，烟囱林立，烟雾弥漫，污水废气排放，自然会腐蚀文物；城市用水量的增长，使地下水减少，地基下沉，自然会妨害文物安全；水利资源的开发，河流改道，波及地下环境的改变，自然会影响埋藏于地下的文物的保存。这方面的事例在现实生活中举不胜举。

（二）文物保护技术与文物保护概念辨析

文物保护技术与文物保护之间存在非常密切的关系，以致很多文物保护理论研究人员和文物保护工作人员在完全相同的意义上使用这两个概念。其实，如果真正从其科学内涵出发，认真加以细究，二者还是存在很大差别的。

文物保护技术是研究文物制成材料变化规律和保护文物的技术方法的学科。任何文物都有其制成材料，随着时间的推移，这些制成材料会发生各种各样不可逆的物理、化学变化，其变化既有内部原因也有外部原因。内因在于文物制成材料本身，如原料的质量、性质及生产工艺等；研究内因是为了根据文物制成材料的性质，确定保护条件，修复破损文物。外因是文物保护的自然环境，即围绕文物的空间中影响文物寿命的各种自然因素，主要有温度、湿度、光辐射、污染物、水、火、地质环境等。在文物已形成的情况下，文物保护环境因素的控制对保护文物、延长文物寿命起着决定性的作用。

仅仅研究和掌握文物制成材料的变化规律远远不够，还必须进一步科学研究保护文物的技术方法。保护文物的技术方法的内容很多，归纳起来有两个方面：第一，改善文物保护条件，即采用一定措施来防止或减缓自然环境中各种有害因素对文物的破坏。第二，文物修复技术，即对已经损坏或存在不利于永久保存因素的文物进行处理，尽力恢复其历史面貌，延长其寿命。

文物保护是通过研究文物制成材料的变化规律，运用各种科学技术方法和管理手段，对文物进行防护、保养和修缮。

文物保护技术与文物保护的最大区别在于二者的外延不同。文物保护的外延大于文物保护技术，比如，如何有效阻止人为因素对文物的损坏，不是文物保护技术所要研究的问题，却是文物保护必须加以研究并解决的问题。从某种意义上可以认为，文物保护是由文物保护技术和文物保护管理两大部分所组成，文物保护技术主要从科学技术角度研究如何保护文物，构成文物保护的骨架，是硬件部分；文物保护管理主要从管理角度探讨如何保护文物，形成文物保护的肉体和血液，是软件部分。

（三）文物保护技术研究的意义

文物是一定历史时期人类文明发展的产物，表现为各种物质文化遗存。这些实物性文化遗存是人类文明信息的一种储存形式，包含着特定历史时期的政治、经济、军事、科技、工艺、美术等各种信息，对于人类今天所进行的生产活动和科学研究来说，它们都是极有价值的资料。要使这些文化遗存能长久地为人类文明的发展服务，首先必须保护好其物质形态载体，而从物质形态角度而言，文物又是由各种材料组成的。任何物质材料自身都在不停运动，同时，各种外界环境因素的长期作用，会引起乃至加速物质材料自身的一系列物理、化学等变化，从而改变文物物质材料的结构和性能，甚至毁灭文物物质材料自身，亦即如前所述，文物的质变与毁损是一种不可逆转的规律。如此一来，文物资源利用期限的长久性与文物物质材料存在期限的有限性便存在不可调和的矛盾。对这一矛盾的内在规律进行探究并加以解决，正是开展文物保护技术研究的意义所在。具体而言，可以概括为如下几方面：

第一，只有通过文物保护技术的研究，才能弄清各种不同文物的损坏机理和运动变化规律。不同质地的文物，其构成材料不同，理化性质各异，其损坏机理和运动变化规律自然也就存在非常大的差别，如青铜器和漆木器就截然不同，只有通过具体研究，才能将之弄清。

第二，只有通过文物保护技术的研究，才能为制定和选择文物保护方法，采取文物保护手段及措施提供科学依据。不同的文物需要采取不同的保护方法，运用不同的手段和措施。对于某一具体的文物，到底采取何种方法，运用何种手段、措施最为合适、恰当，这都需要经过反复研究，特别是多次的实验论证，才能为最终方案的选择提供科学的依据。

第三，只有通过文物保护技术的研究，才能最大限度地延长文物的寿命，为长久发挥文物的价值服务。在现有条件下，文物保护技术的研究，可以为文物保护提供最为科学、安全、可靠的方法、手段及措施，舍此之外，没有其他更好的途径。

第四，通过文物保护技术的研究，可以更好地保护古代文化遗产，为经济建设和精神文明建设做出贡献。古代文化遗产是前人留给我们的一笔巨大财富，在经济和精神文明建设中具有重要地位，通过文物保护技术的研究，可以对其进行很好的保护，并留传给后代。

第五，文物保护技术是文物科学的重要分支学科之一，其研究可以丰富、完善文物科学的研究，为文物保护研究的繁荣做出应有的贡献。

（四）文物保护技术的研究内容及特点

1. 研究内容

（1）文物制成材料的研究

如果将文物保护技术研究比作一棵参天大树，那么文物制成材料的研究就是这棵大树的根；如果把文物保护技术研究比喻为滔滔江水，那么文物制成材料的研究就是这滔滔江水的源。文物制作材料的研究在文物保护技术研究中占有十分重要的地位。因为文物材料的自然老化，其内在因素还是文物材料本身，外界因素只是为文物变质老化提供了一定的条件。在考古发掘中，出土的古代金器饰品保存至今仍金光灿烂，而出土的青铜器则锈迹斑斑，至于铁器，汉代以前的今天已很难见到，就是这方面生动的写照。文物制成材料研究方面的主要内容包括：①研究各种文物制成材料的成分、结构与性质；②研究文物制成材料的老化机理；③研究文物制成材料变质老化的规律性。

（2）文物保存环境的研究

以下两个方面的原因决定了文物保护环境的研究是文物保护技术研究中涉及面广、为数最多的研究项目：一是保存环境是引起文物变质老化的重要外界因素，而且因素极多，既有物理、化学、生物的因素，也有气候、地质的因素，甚至还有人为的因素；二是文物一经形成，其自身制成材料是无法再彻底改变的，为最大限度地延长文物寿命，只能从保存环境上着眼、下功夫。文物保存环境研究的主要内容包括：①影响文物保存寿命的环境因素研究，现阶段，它主要包括温度、湿度、光辐射、空气污染物、有害微生物、有害昆虫、地质环境等。②文物保护技术标准与方法的研究。研究文物制成材料老化变质机理及其规律、影响文物保存寿命的环境因素的目的，就是要确定保护文物的技术标准与方法。

（3）文物修复、整治技术的研究

无论怎样保护，随着时间的推移，文物总是向毁损的方向发展，这是一条客观规律。

面对已经损坏的文物，只能采取修复、整治的方法。因此，文物修复、整治技术的研究构成文物保护技术研究的重要内容之一。不同的文物，其修复、整治技术也不相同，如青铜器的修复技术不同于壁画的，古建筑的整治技术也不同于石窟寺的。

2. 文物保护技术的特点

（1）在学术上具有综合性

通过文物保护，文物保护技术使自然科学与人文科学交叉渗透，相融共存于一体。如前所述，文物本身并非自然物，而是人工创造的产物，具有鲜明的社会属性，蕴含着十分丰富的社会人文信息。但是，文物的实体却是取材于自然物，无不具有自然属性，也就是说，文物具有自然和社会双重属性，这两种属性都是文物价值的重要体现，均必须很好地加以保护。

要保护好文物的自然属性，就是要保护好文物实体，这需要依据自然科学理论，运用自然科学知识和方法；而要保护好文物的社会属性，就是要保护好文物的形制、纹饰、饰物神态、工艺等，这必须有人文科学作为指导。因此，文物保护的确是自然科学与人文科学的交叉渗透，缺一不可；文物保护技术的学术研究需要文理的大综合。

（2）在技术上具有应用性和实用性

文物保护技术不以推进某一学科或技术本身的发展为自己的功能，而是把自然科学中诸多学科的科学技术转化为文物保护科学技术，即通过保护文物本身原有的自然属性，从而保护文物本身原有的社会属性，以此为其主要功能与根本任务。换言之，文物保护技术实质上是各种自然科学技术在文物保护领域的应用。当然能够得到实际应用，还得结合各种文物自身的不同特点、文物所处的不同具体环境等；同时，还需要考虑人力、物力、资金等因素。因此，文物保护技术在技术上具有应用性和实用性。

（3）在学术宗旨上具有保守性

文物保护技术的科研目的不在于发明创造一种新的材质或产品，而完全是为了使文物本身原有的双重属性得到完好无损的长久保存。如前所述，文物保护必须遵循"整旧如旧，保护原貌"和"可逆性、可再处理性"的客观规律，它使得文物保护技术的学术宗旨是必须慎之又慎，宁可保守些，不能冒风险，也不允许冒风险。当然，这与在文物保护技术的科学研究中，不断开发新材料，创造新方法、新工艺等是两个完全不同的问题。

第二节　影响文物保存的环境因素

一、温度、湿度和光线

（一）温度、湿度

1. 温度、湿度对文物的影响

任何材料的文物都有自己适宜的温度、湿度范围，一旦超过这个范围，文物材料就会发生病变，例如，大多数古籍、字画、档案等纸类文物，当纸张的含水量维持在7%左右时，纸张的强度最好，而要使纸张含水量维持在7%左右，就必须要求周围环境的湿度在50%~65%；若湿度经常处于50%以下，纤维素就容易损坏，产生干裂、翘曲等现象。

（1）不适宜温度对文物的影响

第一，温度作用于文物的机理。

温度主要通过以下两条途径影响文物制成材料，使其耐久性降低、寿命缩短。

①促使文物制成材料分子转变

构成物质的分子（原子）无时无刻不处在振动之中，其振动频率与环境温度密切相关，温度升高，分子振动频率加快，振幅加大；当温度升高到一定程度时，分子可能会发生裂解，导致物质结构变化，其性能也会相应发生变化。

②改变化学反应活化能

活化能是指活化状态分子与反应物状态分子各自平均能量的差值，是一个依赖温度的量。随着温度的升高，活化分子数增加，导致有效碰撞次数增多，反应速度加快。

第二，温度作用于文物的表现。

温度对文物的影响主要表现在两方面：一是温度因素直接产生的破坏作用，主要是对于由不同材质构成的复合文物，由于不同材料热胀冷缩时的体积变化不同，变化速度也各异，导致文物开裂。二是由于温度变化引起其他因素的改变而对文物产生的间接破坏作用。据研究，温度每升高10℃，化学反应速度增加1~3倍；温度的急剧升高，引起文物的过分干燥或高温造成文物的损坏等。又如常见的锡为白锡，其化学性质比较稳定，常温下与空气不发生化学反应，但若环境温度低于13.2℃，白锡将转化成粉末状的灰锡，而且随着温度的降低，转变速度显著加快。对纤维质文物，高温将加速纤维素水解反应，加速蒸发，使纤维变脆而易于折断。

（2）不适宜湿度对文物的影响

第一，湿度作用于文物的机理。

①直接途径：在一定的温度下，环境湿度增高，文物制成材料含水量增大，表现为吸湿；环境湿度降低，文物制成材料含水量减少，表现为解吸。这样，湿度的变化直接引起文物制成材料结构的变化并导致其性质发生变化。

②间接途径：水是各种有害化学反应的媒介，随着环境湿度的增高，文物制成材料含水量增加，有害化学反应随之增加。同时，空气中的有害气体对文物制成材料的破坏作用增强；有害微生物得到适宜的繁殖、生长条件，破坏力也会增强。

第二，湿度作用于文物的表现。

①湿度产生物理形变对文物的损害

湿度变化会引发物理变化，造成文物材料扭曲变形、开裂错位、断裂分离等。其原因主要在于吸湿材料高湿时膨胀、低湿时收缩的反复机械作用。例如，竹木器属吸水性材料，一般含有12%~15%的水分，由于干燥使其低于这一数值时，就会翘曲、开裂。对于石窟壁画，只要未达到饱和状态，不论相对湿度高低，就会产生酥碱病害，而且湿度越低，病变程度越严重，原因在于壁画中的可溶性盐分随外界湿度变化总是处在溶解—结晶—再溶解—再结晶的不断反复的过程中，侵蚀壁画，导致壁画最终酥松脱落。岩石表面的水对岩石会形成外多内少的渗透分布，引起岩石体积膨胀所产生的内应力由外向内明显下降，使得石质文物价值最高的表层成为受水分侵入影响最大的部位。

湿度对材质体积胀缩的影响远远大于温度变化影响。例如，象牙，温度相差30 ℃，其体积变化小于0.2%；而RH 波动10%，其体积就变化0.3%~0.4%。纸张也是如此，典型的绘图纸在RH 变化10%时，其横向变化为0.30%，纵向为0.05%；而木材对 RH 的波动受影响最为显著，RH 上升 10%（50%~60%），其切线方向的变化为 0.45%~0.9%（因树种不同而存在差异）。

②湿度造成文物的生物腐蚀

湿度是微生物、昆虫生长繁殖的必要条件，较高的湿度条件（70%以上）最适宜它们的繁衍。虫蛀、霉变对文物材质造成的腐蚀作用是文物保存中经常遇到的十分严重的问题，特别是我国南方地区。例如，中国古代石窟寺壁画的制作，一般是在无机矿物颜料中加入一定量的胶结材料，它们均有丰富的蛋白质，在高湿环境下，这些蛋白质是微生物的良好营养基体，而微生物在其代谢过程中产生的草酸等有机酸又能与颜料中的石青、石绿等含铜物质或石膏等含钙物质发生反应而生成草酸铜或草酸钙，加速胶结材料的老化，导致颜料层强度降低，最终脱落。

从总体上来看，湿度对文物材料的影响比温度的影响要大。

2. 温度、湿度的控制

（1）研究温度、湿度变化的规律

这里主要是指文物库房内外温度、湿度变化的规律，只有将这种规律研究清楚了，才能为制订调控库房温度、湿度的方案提供科学依据。目前，在这方面已经取得了一些初步研究成果。如库外温度日变化一般规律是：凌晨日出前温度最低，日出后温度逐渐升高，至13~15 时（夏季14~15 时，冬季13~14 时）达到最高值，再缓慢降低，直到次日日出前温度又降至最低值；9 时前后气温上升较快，19 时前后气温下降较快。年变化一般规律是我国内陆大部分地区1 月最冷，7 月最热；沿海地区则一般分别在2 月和8 月。而库外相对湿度日变化规律与气温变化相反；年变化规律则有两种不同类型：一种是内陆干燥而全年绝对湿度变化不大的地区，冬季高而夏季低；另一种是冬季低、夏季高。我国大部分地区属于后者。库内温、湿度变化规律与库外变化基本一致，但时间通常较库外为迟，幅度为小。总体来看，这方面的研究与实际需要还有较大差距，亟须加强。

（2）制定文物库房温度、湿度标准

标准的制定非常重要，对实际工作具有直接的指导意义，并具有约束力。但要制定标准，首先要研究清楚不同质地的文物随温度、湿度变化损坏的规律，确定其最适宜温度、湿度范围，目前，这方面的科学研究还是相当初步的；同时，问题的复杂性、艰巨性还在于标准的制定必须考虑现实中的各方面条件限制，如财力、物力、地区差异等，使其具有实际可行性。因此，文物库房温度、湿度标准的制定是科学性与可行性互相统一的结果。

（3）文物库房建筑的建设

文物库房建筑对温度、湿度的调控至关重要，它是中长期起作用的基本因素，应通过科学选址、合理设计达到控制温度、湿度的目标，做到防热、防潮，保持库内温度、湿度的稳定。

（4）具体措施的采取

日常工作中，主要还是通过采取各种不同的具体措施来达到调控温度、湿度的目的，常用主要措施有密闭、通风、增温、降温、加湿、减湿等，这些措施须根据不同的具体情况需要，运用适当的手段分别有选择地进行。

（二）光线

1. 光化学反应致害文物的一般特点

（1）光化学反应是激发态分子的反应

物质的分子或原子在其各种运动状态中，能量处于最低的状态称为基态，基态是最稳定状态。分子吸收光能后，分子或原子中的核电子将获得能量而跃迁到能量较高的轨道上运动，此时，能量高于基态，称为激发态。激发态很不稳定，会通过各种理化过程返回基态。

在光化学反应中，往往是一个被激发分子和同一个品种或不同品种的没被激发分子之间的反应，这是光化学反应有别于其他类型化学反应的一个显著特点。

（2）材料对光的吸收具有选择性

文物材料受光辐射发生光化学反应的前提是必须有一个对光的吸收过程。而材料对光的吸收，是以光子为单位进行的，其选择性决定于材料分子终态与初态之间的能量差，只有当某种波长或频率的光子的能量正好等于两能级之差时，光才能被材料吸收。

（3）光化学反应具有后效性

光裂解反应使材料裂解成自由基、分解成小分子等，一旦生成自由基，即使不再受光辐射作用，光化学反应仍能够继续下去：如材料基态分子与自由基的反应、自由基与空气中的氧或液态氧的反应，这就是光化学反应的后效性。

（4）部分光化学反应具有光敏性

吸收光的物质叫光敏剂。光敏剂分子将激发态时的超额能量在碰撞中全部转移给周围的另一分子而发生的化学反应称为敏化作用。高分子材料在制作过程中不可避免地要残留某些重金属离子或混入一定的杂质，它们均是光敏剂。如在纸质文物的制造过程或保管过程中，存留的铁、锰等重金属元素和施胶剂、木素、游离氯、染料等物质都是重要的光敏剂。光敏剂能使文物材料对光的敏感范围向长波方向扩展，并进而引发光化学反应。

2. 光的防控

（1）限制光的照度值

可以通过合理设计窗户的位置和结构达到目的，如东西方向不宜开窗，南北向窗户要小而窄；也可以通过设置遮阳措施达到目的，如加设窗帘或百叶窗，使用毛玻璃、花纹玻璃或双层玻璃等。

（2）过滤紫外线

紫外线由于波长短、能量大，对文物材料危害大，一定要设法过滤。方法是使用窗帘、百叶窗，在窗帘上涂刷紫外线吸收剂，库内光源使用白炽灯等。

（3）避光保存

文物在保管期间除提供利用、展览外，应尽量做到避光保存，特别是贵重、受光影响大的文物应放置于柜、箱、盒、袋等中保存。

此外，文物在利用过程中也应减少光的辐射强度与作用时间；文物被淋湿或受潮时，不能放在烈日下暴晒，应置于阴凉通风处晾干；珍贵文物应避免或减少拍照次数；容易褪色的文物不宜长期在柜中陈放等。

二、空气污染物

（一）空气污染和空气污染物

1. 空气污染

大气一般具有自净能力，当空气中一定组成成分的量低于大气容许的本底值时，空气仍为洁净空气。只有当有害物质积累的数量超过了大气自净能力容许的本底值时，才会形成污染空气。

国际标准化组织（ISO）对空气污染的定义是：空气污染通常系指由于人类活动和自然过程引起某种物质进入大气中，呈现出足够的浓度，达到足够的时间，并因此而危害人体健康、舒适感或环境。

2. 空气污染物及其来源

空气污染物按其是否直接由污染源排出，存在一次污染物（如 SO_2、H_2S 等）和二次污染物（如 SO_3、H_2SO_4 等）之分。按其成分和形成，空气污染物一般可分为有害气体、气溶胶物质、灰尘和光化学烟雾等。

空气污染物的来源主要有两大类：一是自然污染源，如火山爆发、材料失火、地震等。二是人工污染源，主要有工业污染源、农业污染源、生活污染源等。

（二）灰尘对文物的危害

1. 造成与文物材料间的机械磨损

由于灰尘颗粒不规则，表面带有棱角，沉降在文物上，会造成尘粒与文物材料间的摩擦，而导致文物损坏，如使纸质文物纸张起毛并影响字迹的清晰度，造成石窟壁画颜料的褪色。

2. 增加酸、碱对文物的影响

一方面，有一些灰尘本身具有酸碱性；另一方面，由于灰尘粒径小，比表面积大、吸附能力强，可将空气中的酸、碱有害物质吸附在其表面。当这些灰尘降落在文物材料表面时，就会发生腐蚀和降解作用。

3. 向文物传播霉菌孢子

由于霉菌孢子与灰尘皆体小量轻，孢子往往附在灰尘上随空气流动而四处飘落，因此，灰尘常常成为真菌传播的媒介。此外，由于灰尘对水蒸气的凝聚能力，也为真菌生长创造了条件，使其成为真菌繁殖的滋生地。总之，微生物对文物的侵蚀往往通过灰尘来完成。

4. 灰尘黏附在文物表面造成污染损害

由于灰尘的黏附性，它与文物表面往往黏结比较牢固，形成污垢，损伤文物，如造成纸质文物字迹模糊不清。特别是有些灰尘黏附于文物表面后，至今仍无较完善的清除方法，如烟熏壁画，以致大量精美的壁画无法完全清晰地展现。

（三）空气污染物的防治

1. 对空气进行监测

了解空气污染的状况及变化规律、空气污染物种类构成及变动，是制定科学防治对策和采取有效防治措施的前提和基础，十分重要。对空气的监测涉及空气样品的采集及空气污染物的测定，必须在科学理论的指导下，运用科学的方法、程序进行。

2. 进行空气净化和过滤

对空气的净化主要是除去空气中的有害气体，可以让有害气体通过具有碱性的材料，如使用喷水器、活性炭过滤器等。

对空气的过滤主要是除去空气中的颗粒污染物，可以使用各种不同的过滤器，如滤纸过滤器、纤维层过滤器、发泡材料过滤器及静电自净器等。

3. 减少文物库房与室外空气的自由流通

减少文物库房与室外空气的自由流通也就是提高库房和文物存放的密闭程度。提高库房的封闭性主要是注意门、窗的结构与设计，如采用旋转门、门窗缝隙用硅橡胶条、聚氨酯、海绵橡胶等填料填塞密闭，将单层窗改为双层窗等。提高文物有效的密封性可以采用相对密闭或多层密闭的方法，如用柜、箱、盒等。

此外，还有其他一些措施，如做好库房内的清洁卫生工作、地面及墙面的防尘处理、建立健全的管理规章制度等。

三、地质环境因素

（一）土壤的特征

土壤是地壳的表层部分，经长期风化作用，较为松软，它构成地下文物的外界环境。由于土壤的组成和性质均十分复杂多变，土壤的腐蚀性也相差很大，但作为腐蚀介质，土壤一般具有以下主要特点：

1. 多相性

土壤由土粒、水和空气组成，具有复杂的多相结构。土粒中包含多种无机矿物质及有机物质；不同土壤的粒径大小各不相同，不同土壤的粘连性也存在较大差异。

2. 多孔性

由于土壤通常是由几种不同土粒按一定比例组合而成，在不同的土粒之间就形成了大量毛细管微孔或孔隙，孔隙中又充满了空气和水。其中，水的存在形态多种多样，既可直接渗浸孔隙或在孔壁上形成水膜，也可以形成水化物或以胶体水状态存在。

水分的存在使土壤成为离子导体，因而实质上土壤是一种腐蚀性电解质。又由于水的胶体形成作用，土壤不是分散孤立的颗粒，而是各种无机物、有机物的胶凝物质颗粒的聚集体，但其间又存在多种孔隙。

3. 不均匀性

土壤的结构和性质具有极大的不均匀性。在小范围内，构成土壤的土粒、空气、水分的含量及它们之间结构的紧密程度存在差异；在大范围内，由于各种地质运动以及土壤成分本身的流动，不同性质的土壤会存在交替更换。其不均匀性表现在多个方面，如土壤的密度大小、黏性大小、酸碱性大小等。

4. 相对固定性

从以上所述可以看出，土壤至少存在固相、液相、气相三相结构，一般情况下，其固体部分可以认为是固定不动的，但液相或气相部分会有限地运动，如土壤孔穴中空气的对流或定向流动以及地下水的移动等。当然，在特殊情况下，如地震、火山爆发等，固体部分也会发生较大变化。因此，土壤具有相对固定性。

（二）土壤的腐蚀机理

水溶液腐蚀、大气腐蚀和土壤腐蚀都对文物具有腐蚀作用。它们之间一个很重要的区别在于氧的传递机制不同：在水溶液中是通过溶液本体输送，在大气腐蚀时是通过电解液薄膜，而在土壤腐蚀时则是通过土壤的微孔输送，其输送速度主要取决于土壤的结构和湿度，在不同的土壤中，氧的渗透速率变化幅度可达3~5个数量级。

1. 长距离宏电池腐蚀

对于埋藏于地下的大件金属文物来说，其表面就可能发生此类腐蚀，它是由于金属文物的不同部分所处土壤的组成、结构不同而形成的电池腐蚀。如果由上述原因造成的是浓差电池，则埋在密实、潮湿土壤中的金属部分就倾向于作为阳极而受到腐蚀；如果造成的是盐分浓差电池，则处于高含盐量土壤中的金属部分倾向于作为阳极而受到腐蚀。

2. 埋没深度不同及边缘效应

即使金属体埋在均匀的土壤中，由于埋没深度不同，也能形成氧浓差电池。此时，离地面较深的金属体由于处于氧浓度较小一端而成为阳极区受到腐蚀。实际情况也的确如此，在地下埋藏的金属物体上，可以看到离地面较深的部位其局部腐蚀更严重。

3. 因土壤的局部不均匀形成的腐蚀电池

在土壤中石块等杂物下面的金属，如果夹杂物的透气性比土壤本体优，该区域就成为腐蚀电池的阳极，而土壤本体区域接触的金属就成为阴极。

第二章 博物馆陶瓷与纸质文物的保护

第一节 博物馆陶瓷文物的保护

一、陶瓷文物的损坏

（一）陶器文物的损坏

陶器文物的烧制温度较低，大多在 700～1000℃，在此温度下，石英、长石只是熔融，黏土中的有机质被氧化，生成二氧化碳气体逸出，因此，烧成后陶器的结构不致密，孔隙度较大，一般在 15%～35%；吸水性强，疏松，易破碎。一般情况下，陶器比较稳定，具有良好的耐候性能，以及一定的机械强度和耐水性。但长期埋葬于地下的陶器文物由于受到地下水的不断侵蚀和盐的结晶与溶解的交替变化影响，陶器文物自身的抵抗力减弱；出土后的陶器文物，由于暴露在空气中，原有温度、湿度的平衡被打破，再加上日晒、雨淋、大气污染、霉菌及震动等多种因素的影响，都有可能遭到损坏。具体地说，常见的陶器文物损坏主要有以下几类：

1. 可溶性盐类损坏

长期埋葬在地下的陶器文物，由于地下环境一般呈潮湿状态，地下水中含有大量的可溶性盐类，如碳酸盐、硫酸盐、卤化物等，这些可溶性盐类随地下水浸入多孔的陶器内部并积聚起来，因此，器物含盐分很高，如甘肃酒泉出土的黑彩陶罐，利用 X 射线衍射测定其黑彩成分时，NaCl 的衍射峰强度很大，掩蔽了 Fe_2O_3 的衍射峰。这些可溶性盐类浸入陶器中，会出现两种情况：①与陶器中的金属矿物质发生置换反应，改变陶器的内部组成结构，引发陶器的劣化。②这些渗入并积聚在陶器孔隙中的可溶性盐类的溶解度会随环境温度、湿度的变化而变化，当环境中湿度增大时，陶器的水分含量升高，使得陶器中的可溶性盐类溶解；当环境温度升高时，随着陶器中水分的蒸发，可溶性盐类就会在陶器内部、外层或颜料层中结晶，造成体积膨胀，对孔隙四壁的压力增强，溶解后，这种膨胀压力又随之消失。这种现象，即可溶性盐类的溶解—结晶—再溶解—再结晶现象会随着环境温度、湿度的改变反复不断地出现，其后果就是不断结晶产生的膨胀作用使本来就不大坚实的陶器变得更加疏松和脆弱，稍遇外力就很容易破碎，尤其是孔隙度较高的夹沙陶，更易损坏，这也是出土陶器完整器物很少的主要原因。可溶性盐类是陶器文物最主要的病害。

2. 难溶性盐类损坏

陶胎中钙、镁、铁等金属阳离子溶出后，会与地下水中的碳酸根离子、硫酸根离子、氢氧根离子、硅酸根离子、磷酸根离子等阴离子反应，而往往在陶器表面形成一层坚硬的垢层。

这一类难溶物仅在陶器表面形成一层坚固的覆盖层，与陶器本体的结合力并不太强，对陶器本身的强度影响不大，但它易形成块状脱落而损伤陶器，尤其对彩陶影响更大，因为彩陶的颜料主要是 Fe_2O_3、Fe_3O_4 及 MnO_2 等矿物质，它们耐强酸、强碱性能都较差，与盐之间有一定的结合力，坚硬的外壳脱落以后，势必造成彩陶图案的破坏。

3. 温度、湿度变化造成的损坏

除前述温度、湿度的改变致使可溶性盐类对陶器造成损坏外，出土后暴露在空气中的陶器文物由于原有的温度、湿度平衡被破坏，温度、湿度变化造成的损坏更大，若温度低于 0 ℃，陶器中的水分就会结冰，水由液态变成固态时，其体积膨胀 8%，由此而产生的膨胀力大约为 $6×10^3$ kg/cm^2；当温度高于 0 ℃时，冰又融化成水，这个力随之消失，如此反复作用，陶器质地就会变得疏松，甚至出现裂隙。若是处于高温的夏季，气候干燥，空气湿度小，陶器中水分挥发速度加快，也易使陶器出现裂隙。若遇梅雨季节，温度高、湿度大，霉菌的繁殖速度和各种化学反应速度加快，同样会对陶器造成损害。

4. 空气污染造成的损坏

自二十世纪六七十年代以来，主要由工业生产而导致的环境污染日趋严重，空气污染是其中一个重要方面，主要表现在大气中二氧化硫、二氧化碳、硫化氢、氯化氢等有害气体的浓度逐渐增高，尘埃日益增多。对于那些出土后存放在潮湿环境以及空气污染较为严重的地方的陶器文物，当富含很多酸性废气、盐类、微生物及各种菌类的尘埃降落在陶器表面上时，久而久之会形成一层土灰色的覆盖层，它使得陶器表面的湿度较内层大，潮湿的表面更容易吸附酸性气体，并且利于霉菌生长。霉菌新陈代谢产物中的硝酸、硫酸、亚硝酸及有机酸等和空气中的酸一起会对含石钙盐结构（如 $CaCO_3$、$CaSiO_3$）的陶器文物产生一定程度的损害。特别是对彩陶，不仅能使器物褪色、整体强度下降，而且还会导致一连串的破坏，如器表剥落现象等。

5. 食物腐败物烟熏造成的损坏

有些陶器文物作为陪葬品，内盛食品等物，随着时间的推移，食物腐败变质，结果造成器物受到污染。在古代，还有许多陶器文物用作炊具，长期受到烟熏以致器物表面变黑，此种污染及污迹对彩陶损害甚大。

另外，有一些彩绘俑仕，出土后由于原有平衡遭到破坏，表面的彩绘会剥落、起翘，甚至精美彩绘完全消失，如秦始皇兵马俑二号坑出土的彩俑即其中最著名的一例。

（二）瓷器文物的损坏

与陶器相比，瓷器质地致密、坚硬、光滑，不易吸水；可溶性盐类也不易渗入瓷器内部。同时，凡瓷器均上釉，烧结后的釉即为硅酸盐，也就是玻璃。釉与瓷胎体之间有一个很薄的中间层，一般只有胎体厚度的 1%～3%，是釉在熔融过程中与胎体发生作用的结果，釉层虽然很薄，却能强烈地改变胎体的一些物理、化学性质，使瓷胎具有较好的热稳定性、化学稳定性和介电性。因此，瓷器的损坏多为机械性损坏。

二、陶瓷文物的保护和修复

陶瓷文物在出土前，多在地下埋藏数百年乃至数千年，由于陶瓷文物本身脆性大，加之年代久远，出土时大多都已破碎成片，而且充满各种污染物。因此，出土陶瓷文物一般都须经过修复处理，然后才能入馆保藏。陶瓷文物的修复一般都经过清洗、拼对、黏结、补配、加固、着色及做旧等几个步骤。

（一）清洗

清洗是进行陶瓷文物修复的第一步，其目的是将被修复器物表面及断裂部位的各种泥土、杂质和污垢去除干净，使陶瓷文物露出本来面目，为后道工序的修复提供条件。

陶瓷文物的清洗方法很多，归纳起来，常用的基本方法主要有机械清洗法和化学清洗法。

第一，机械清洗法。这种方法是用硬毛刷或细铜刷或刀锥、竹签等工具，对器物表面进行干刷，以去除覆在其上的泥土和杂质。硬毛刷主要用于胎质松软或风化严重的器物，而刀锥、竹签等尖利工具主要用于剔除较坚硬或存在于沟缝内的土锈、杂物等。一般而言，出土陶瓷文物都要先用此方法进行初步清洗处理，然后再用其他方法进一步清洗，特别是有些器物不宜采用水洗、酸洗和浸泡等方法进行清洗处理，更须用此方法进行清洗。

第二，化学清洗法。这是用化学药剂来清除陶瓷文物表面的锈碱、氧化物污染、油渍及各种杂质等的方法。常用的化学药剂有盐酸溶液、甲酸溶液、高锰酸钾、过氧化氢及乙醇、乙醚和丙酮等有机溶剂。

在清洗工作正式开始前，必须做好必要的和充分的准备工作，主要是须对修复对象进行全面仔细的观察和分析。具体而言，包括以下几方面的内容：①确认器物胎质性质。首先确认是陶胎还是瓷胎，若是陶胎，应重点观察其是否有较严重的风化、粉化等现象；并根据胎质的致密程度，估算出大概吸水率。②检查釉面情况。主要是明确釉性质、表面是否光滑、有无龟裂、釉层附着力如何以及釉层剥落等情况。③辨别器物上彩绘纹饰的情况和性质。加彩的陶器要注意区别彩陶与彩绘陶；观察剥彩现象是否严重，并找出防止继续剥落的方法。④研究分析器物表面及断面上的污染情况。主要是确定器物上泥土、杂质和污垢的性质、种类、附着力大小及对器物本身的侵蚀情况等。在上述观察和分析的基础上，制订出正确有效的清洗方案、方法及步骤。另一项准备工作是拍照建档。修复前的器物原状须拍摄照片，连同修复过程和修复结果照片，以及器物的详细登记情况，一并存档。具体实施清洗时，不同器物、不同的污垢，应有针对性地采取不同的清洗方法。

1. 陶器文物的清洗

出土陶器文物的污染物主要有三大类：一为可溶性盐类；二为钙类、硅类难溶物；三为腐败物。陶器文物的清洗主要就是去除这三类污染物。

（1）可溶性盐类的清洗

陶器中所含可溶性盐类与器物出土地域的地质状况有密切关系，一般主要为 $NaCl$、KCl、Na_2CO_3、$MgSO_4$ 及这些金属阳离子的氢氧化物。若是含盐分高的陶器文物，时间稍长（2~3 年）器物表面就会泛白，且被盐结晶长出无数小花点，造成器物表面粗糙，釉陶甚至可使釉面剥落，同时，使得器物内部松脆、容易碎裂，因此，陶器中的盐分必须去除。一般可采用水洗涤的方法。但须注意器物表面装饰物（如彩绘）能否经得住清洗，否则应先进行加固保护然后才能清洗。

第一，素陶。素陶指器物表面没有其他材料装饰的器物。这类器物一般用洗涤法除盐即可。具体做法是：把器物放入流动的水中，洗涤一两天，除去大量的盐分后，再换蒸馏水浸泡洗涤。除盐程度的判断既可利用电导仪测量洗涤液的电导率，也可利用 2% 的 $AgNO_3$ 溶液测定洗涤液中 Cl^- 浓度。

第二，彩陶。彩陶是在坯体未干时将彩料绘于器物表面，经打磨压入器表，和器物结合很牢固，如马家窑文化时期的彩陶。此类器物可直接用洗涤法去除盐类。对虽经打磨但因制作粗糙而使颜料图纹高于器物表面且很松散的彩陶，如甘肃玉门火烧沟文化类型彩陶，须先对其表面进行加固，后再用洗涤法除盐。常用的加固剂有 2% 的硝基纤维素丙酮溶液、2% 的可溶性尼龙乙醇溶液、3% 的乙基纤维素乙醇溶液。

还有一些器物由于本身非常脆弱，虽经高分子材料加固表面，仍不能用洗涤法除盐，可用纸浆包裹法。具体做法是：先把滤纸或吸墨纸撕成碎块，放入盛蒸馏水的烧杯中，加热搅拌使其成为纸浆；再把纸浆涂在器物表面且使纸浆干燥，由于滤纸毛细管吸出作用，液体和盐类就会从器物内部转移到器物表面，并且在敷纸上结晶。如此反复数次，即可除去盐分。

第三，彩绘陶器。这类器物由于地下潮湿环境的作用，颜料中的胶结材料已老化失去作用，出土后在干燥情况下彩绘颜料脱落起甲，对此类器物，应先整修、进行表面加固后视其强度选择洗涤法或纸浆包裹法除盐。

第四，釉陶。釉陶烧成温度较高，如著名的唐三彩素烧温度高达 1100 ℃，其强度比一般陶器高，加之其表面覆盖有一层玻璃质石灰釉或铅釉层，故其稳定性也比一般陶器要好得多；但若釉层不全或不完整时，盐类也会渗入陶体内部，在温度、湿度变化时，由于盐类结晶作用造成釉层剥落。对此类器物，若釉层与器物结合牢固，可直接用洗涤法除盐，若二者结合很松散应先加固，再视强度情况选用洗涤法或纸浆包裹法除盐。

（2）钙类、硅类难溶物的清洗

此类难溶物在博物馆条件下很稳定，对文物也无任何损害，一般情况下不予去除，但若其掩蔽了彩陶文物的花纹图案，则必须将之清除，去除方法如下：

对石灰质覆盖层，视其厚薄，分别配制 1%、2%、4% 的稀盐酸溶液擦洗，有时也可加入 0.5% 的乌洛托品试剂作为缓蚀剂；等图案花纹快出现时，用 5% 的六偏磷酸钠溶液浸泡，以除去剩余石灰质。覆盖层除去后，再用大量清水冲洗。

对硅质类覆盖物，一般可用机械法去除，也可用 1% 氢氟酸溶液擦拭去除，但因氢氟酸有剧毒，应在通风处操作，同时，它对陶质中的所有成分均有腐蚀作用，故操作应非常仔细。

（3）食物腐败物、烟熏污迹的清洗

对于有机脂类污垢，可采用脱脂棉蘸乙醇、丙酮、乙醚或二甲苯等有机溶剂擦洗去除；对于油烟类污渍可用 5% 碳酸钠加 0.5% 的十二烷基苯磺酸钠的热溶液擦洗清除；对于炭黑，可用 3% 的过氧化氢溶液擦洗，使其氧化去除。

2. 瓷器文物的清洗

清洗瓷器的方法很多，常用的方法有：①清水去尘、除泥。对残片上的泥土，灰尘和旧缝中存在的黄、黑垢迹，可用清水、洗洁精、漂白粉等浸泡，用刷子、竹签、刀子手工清洗。②机械去污。对有些坚硬的附着物可以用小型超声波清洗或电动刻字笔等清洗。③化学去污。瓷器上的 $CaCO_3$、$MgCO_3$ 等盐类物质可用 5%~10% 的稀盐酸、甲酸或醋酸等清洗。

在上述清洗过程中，必须注意以下几个问题：①无论采取何种清洗方法，均应以不伤害文物为基本原则。无此把握的方法必须先经过试验，取得满意效果后再使用。②陶器的质地较酥松，且吸水率高，故须尽量减少用水量及其他有害溶液的浸泡。对风化严重的低温陶器和彩绘陶器，严禁采用水洗方法，酸液除垢浓度也要低。③清洗瓷器的釉上彩时须格外小心，因其年深日久极易剥落，有的对酸液敏感，易被腐蚀掉色。④陶瓷文物并非清洗得越干净、越彻底越好。相反，有些器物上的异物应予以保留或保护；凡黏附在器物表面的各种历史遗迹应予以保留，如丝麻织品或其他印痕以及必要的各类锈蚀等；既有年代特征，又能反映品种特点的锈蚀应予以大部分保留，如汉代的所谓"银釉"；在不影响观看和鉴赏的基础上，应在不重要的部位上保留少部分能反映文物年代特征的各类锈蚀。

（二）拼对

拼对是陶瓷文物修复中最重要的环节之一。破碎不严重的器物拼对较易，关键是破碎严重的器物，对此，在拼合对接前，应仔细观察残件（片）的形状、颜色、纹饰，大体分一下类，初步确定其所在部位，然后再逐块进行试拼对并编号。同时，设计和做好黏结前的各项准备工作。

（三）黏结

黏结是修复陶瓷文物中难度较高的工序，黏结时一定要兼顾上下左右的关系，原则是由小到大，顺序可从底部往上黏结，也可从口沿部分开始黏结，但都务必做到每一片须整合的陶瓷片不能有丝毫的错位，否则，破损缝隙将无法复位。

1. 黏结剂

修复陶瓷器，黏结剂的选择是关键。常用的适合于陶器黏结的有硝基纤维素三甲树脂、环氧树脂黏合剂、聚乙酸乙烯酯、乙烯-醋酸乙烯酯共聚物等。其中，环氧树脂黏结剂种类很多，有多种胶可用于修复瓷器。

2. 黏结方法

第一，直接对粘法。这是应用最多、最基本的黏结方法。操作过程是：首先，将黏合剂均匀地涂敷在已清洁干净的断面上；其次，将两断口正确地吻合拼对在一起，用力按实；最后，用脱脂棉蘸取少许溶剂并挤成半干，将溢出断缝外的黏合剂擦拭干净。黏结拼合后的部位须加以固定，直至黏合剂完全固化后，除去固定用具和用品。此法适宜于环境温度 20~22℃、相对湿度小于 85% 的条件下操作。

第二，灌注黏结法。这是将需要黏结的各部位，先各自就位，然后再将黏合剂灌注到断裂的缝隙中的黏结方法。其基本做法是：将准备黏结的部位，调整固定好位置，再用橡皮泥或打样膏把断口两侧和下面的缝隙堵严，以防灌注时胶液外流；然后将配制好的黏合剂从断缝上方灌入；待黏合剂完全固化后，把橡皮泥去除干净即可。此法适用于经拼接发现裂缝间隙较宽的器物、各类非完全性断折者，以及用直接黏结法后而接缝尚有小部分缺损，又不必进行补配修复的器物。

第三，快速黏结法。这是对破损不太严重的器物进行应急修复的一种方法。常用502瞬干胶或热固型环氧树脂胶进行黏结。

（四）补配

若一件陶瓷器的破损部位不存在了而不能通过黏结将其形体完全复原，此时，就需要对其进行补配修复。常用材料有石膏粉、水泥、聚醋酸乙烯乳胶、钛白粉、滑石粉、虫胶清漆、丙烯酸清漆、白炭黑及环氧树脂黏合剂等，应根据修复对象、要求等的不同选择其中的某些材料进行配方。补配的主要方法有填补、塑补和模补三种，此外，还有陶补法、瓷补法及插接法等。

（五）加固

陶瓷器物的加固分为机械加固和黏结加固两类。前者是指陶瓷文物在运输与展览过程中的保护性加固，多用于大型器物或易损器物。后者是利用黏合剂或涂料的联结力及其固化物的性能来提高器物表面或局部的牢度、强度和硬度；既可起到保护性、预防性作用，又可防止器壁风化及彩绘剥落、釉层的继续风化和剥落，应用十分广泛。根据不同对象，常用的加固方法有喷涂加固法、滴注加固法、浸泡加固法和玻璃钢加固法。

1. 喷涂加固法

此法是将黏合剂或涂料稀释后，直接喷洒或涂覆在加固处的表面。适用于风化较轻的器壁、欲剥落的彩绘和釉层以及对补配部位的强化处理。常用的材料有环氧树脂黏合剂、丙烯酸清漆或三甲树脂等。

2. 滴注加固法

此法是利用 502 黏合剂渗透性强的特点，对器物上非受力部位的裂缝、冲口及黏接修补后尚不牢固者，进行加固的一种方法。

3. 浸泡加固法

此法是把整个器物直接放入涂料液中，浸泡一段时间后，取出器物放到一个装有少量溶剂的加盖玻璃容器中，使其在饱和溶剂蒸气条件下缓缓干燥。适用于整个器物风化侵蚀严重的低温陶器的加固。加固涂料可用三甲树脂稀释剂或丙烯酸清漆；溶剂可用 1∶1 的甲苯、丙酮溶液。

4. 玻璃钢加固法

此法采用压层工艺把环氧树脂黏合剂和玻璃纤维布制成性能优良的玻璃钢，再利用它来加固大型易损的陶器，仅用于展览修复，且仅限于器物的非暴露部位，如大型马俑的内腹、器物的内壁等。

（六）着色

为了便于展览或其他需要，对某些陶瓷器须着色，这也是最难的一道工序。对于涂釉的部位和器物，着色往往还要与仿釉工作同时进行。着色首先应根据器物的原色，选择好颜料，可从色彩、遮盖力、着色力、黏度、比重、分散性能、耐光性、耐热性、耐酸碱性、耐溶剂性等十个方面考虑。其次应拟订着色方案，并根据方案进行调色。最后着色，可根据不同情况，采取不同的着色方法，如喷涂法、刷涂法、擦涂法、勾画法、粘贴法、吹扑法等。

（七）做旧

1. 瓷釉光泽处理

出土的陶瓷器物由于长期埋藏在地下，受到地下的自然侵蚀，大多失去光泽，年代越久，光泽差异越大；有些瓷器表面有一层极薄的透明膜，俗称"蛤蜊光"，观其釉色有一种散光现象，如唐三彩上的"蝇翅纹"，就是其中的一类。对此，根据不同情况及需要可分别采用压光法、抛光法或罩光法达到做旧目的。

2. 釉面锈蚀制作

第一，土锈。土锈指由于陶瓷文物长期深埋地下，有些泥土变得坚硬板结，牢固地附着在器物表面，凝固成不同形状的土疤。可用扑撒法做旧：用502强力黏合剂或漆皮汁、清漆等喷在需要做锈的部分，然后将研磨好的黄土（发白的土锈可在黄土中加白粉子）撒在上面，干后即成土锈。也可将胶与泥浆混合，用牙刷弹、墩、刷，做出点状或斑状土锈。

第二，水锈。长期埋在地下的陶瓷文物的表面多附着一些白色沉积物，多呈水痕形状，俗称水锈。它们的主要成分是 $CaCO_3$、$MgCO_3$ 等盐类物质，有些还杂有 Fe_2O_3 或 $CuCO_3$ 等物质。其做旧可采用扑撒法，即将清漆、漆皮汁，喷或刷在须做水锈的部位，然后将滑石粉或其他体质颜料粉末扑撒在上面，等涂层完全干燥后，清除干净浮粉即成。也可用复分解法，即在需要做水锈部位涂一层硅酸钠水溶液，待其干燥后，再用5%的稀盐酸在涂层表面刷涂一遍，盐酸遇硅酸钠后发生复分解反应，生成白色盐类物质并附在器壁上。还可用502黏合剂滴涂在须做水锈的部位上，胶液未固化前用水及时喷洒或冲洗有胶部位，胶遇水后即泛白并固化。

第三，"银釉"。墓葬中出土的铅绿釉器表面，常会发现一层有银白色金属光泽的物质，俗称"银釉"。它主要是因处于潮湿环境，铅绿釉面受到轻微溶蚀，溶蚀下来的物质连同水中原有的可溶性盐类沉积下来的沉积物。这种"银釉"以汉绿釉陶器上最为常见，在唐三彩和其他彩釉器上有时也能见到。其做旧可采用清漆中加银粉刷喷的方法；也可采用云母粉硅酸钠溶液刷涂，然后再涂稀盐酸，硅酸钠与稀盐酸发生分解反应产生一层带云母光泽的盐类物质，反复几次即可出现"银釉"的效果；还可采用"银镜反应"制取出氧化银中的银，或用银箔中的银粉，然后用清漆调匀，喷刷在器物上。

陶瓷文物的日常保护主要是为其创造适宜的外部环境条件，包括建设一个选址科学、环境优美而无污染的库房建筑；控制好库房温度、湿度，按我国制定的标准，温度应在18～24℃，相对湿度应在50%～60%，且日变化幅度应分别不超过5℃、5%；陶瓷器都易破碎，要避免碰撞及成堆垒放；应保持库房干燥，以免陶器受潮；对各类彩绘陶器应当进行必要的表面加固；等等。

第二节 博物馆纸质文物的保护

一、我国传统的纸质文物保护

我国是一个历史悠久的文明古国，纸质文物十分丰富。先辈们为了使其世代长存，延绵千古，创造了许多保护纸质文物的有效方法，积累了相当丰富的经验，并形成了一定的体系。

（一）库房建筑

古代典籍收藏非常重视其建筑的选址、设计和建造，对于防热、防潮、防光、防霉、防火、防盗等，在构建时都采取了相应的措施。

（二）防蠹纸

纸张内含有 C、H、O 等组成的有机物，是害虫和霉菌的营养物。当库房保管环境潮湿、温热时，纸张就会生虫长霉。于是古人在长期的摸索中创造了防蠹纸，以防害虫对珍贵典籍的危害。

1. 黄檗纸

黄檗又称黄柏，是一种芸香科落叶乔木，内皮呈黄色，味苦，气微香。经化学分析，黄檗皮中主要含小柏碱，还含有少量棕榈碱、黄柏酮、黄柏内酯等多种生物碱。这些生物碱具有较好的杀虫功能。所以将纸张用黄檗树皮浸泡出的溶液渍染，晾干后再用来书写，就可防止蠹虫的危害。敦煌石室的石经，很多都是采用黄纸书写的，至今纸质完好，无蛀痕。

2. 雌黄纸

雌黄是一种含有砷的有毒物质，可毒杀害虫。将雌黄加水研磨，配入胶清融合染纸，阴干即可。此法为黄檗染纸法的一种补充。

3. 椒纸

椒纸是宋代的一种印书纸。它是将胡椒、花椒或辣椒的浸渍汁液渗透入纸内而成的。花椒中含有柠檬烯、枯醇和香叶醇等挥发油，能散发出辛辣气味，具有驱虫、杀虫的作用。

4. 万年红纸

万年红纸出现于明清时期，是用红丹（又称铅丹）为涂料涂刷在纸上而制成的一种防蠹纸。这种纸主要用作古籍的扉页或衬底，既可以防蛀，又有美化装饰古籍的作用。铅丹，即四氧化三铅，是一种鲜红色有毒的物质，化学性质稳定，不易挥发，所以能在几百年内都具有防蠹的效能。

（三）香药避蠹

香药避蠹就是在书库、书橱或书页中放置某些含有挥发性成分的药材，让其挥发出来的气味在文物典籍周围保持一定的浓度，以使害虫不敢接近的一种防虫方法。可用于避蠹所用的香药有芸香、麝香、檀香、艾叶、辣蓼、皂角及烟叶等。

1. 芸香避蠹

在香药中尤以芸香最常用于避蠹。芸香能驱避害虫，是因为叶内含有菌茅碱、香叶醇等挥发性物质。古代使用芸香避蠹保护书籍文献始于西晋，盛于唐宋。此法简单易行、安全有效，运用和流传也最久。由于常用芸香避蠹，故藏书的房屋有"芸阁""芸署"之称。

2. 麝香避蠹

麝香的主要成分是麝香酮，具有杀菌防腐的功能，可做香料和药用。北魏农学家贾思勰的《齐民要术》中就载有"厨中安麝香、木瓜，令蠹虫不生"。

（四）装帧保护

我国的典籍装帧已有千余年历史。古籍经过装帧，不但美观，而且易于保护和收藏。

1. 卷轴装的保护

卷轴装是纸本书和书画艺术品的最早形制，它继承了竹简和帛书的卷束形式，流行于东汉末年，隋唐时期更为盛行。卷轴装由卷、轴、缥和带四个部分组成。卷轴装内卷子的纸需要装潢，以免卷子因经常翻阅而破裂；染潢则可避蠹。轴不但便于舒展书卷，还可防潮避蠹。缥又称"包头""护首"，它是在卷的最前端留有的一段空白，是粘裱的一段韧性较强的纸或丝织品，以保护内部卷子。

2. 册页装的保护

把长幅卷子折叠成方形书本形式为册页装，便于阅读。印刷术出现后，册页装开始流行，装帧上先后出现旋风装、蝴蝶装、包背装、线装等形式，其中，"护页""副页"及"封面"都能起到保护书页的作用。

3. 护书用品

（1）帙

一部书往往由很多卷轴构成，为了防止互相混杂，用布、帛、细竹等软质材料将许多卷轴汇集、包裹成为一帙，以五卷或十卷包成一帙。

（2）函

古代用所谓玉函、石函等硬质材料盛装册页书籍，避免书籍的棱角损坏。

（3）匣

制作匣的材料要精选，防止木材中油性分泌物污染纸张，以楠木、樟木等木质材料为原料做成的匣盛装书籍，既可防虫，又可保持书页平整。一般木匣以多层材料复合为好，外层是樟木，中间为楠木，最里层为上等丝绸衬垫。此外，以硬纸为胎，外包以布做成的纸匣，也可保护图书免受污损。

（五）晾晒制度

明清时期，皇家立有定期晾晒制度，并设有专职官员负责对文献典籍的晾晒。明代定在每年六月初六，清代则为每年夏秋两季。私家藏书也有定期晾晒措施，一般每年在梅雨季节过后，将重要的书籍、字画拿出来通风晾晒，以达到防潮、防霉和杀菌的效果。

二、我国传统纸质文物修裱技术

修裱技术是中华民族博大精深文化园地中的一朵艳丽奇葩，因纸张老化、纸质文物酥解破损需要修补而起源，距今有 1500 多年的历史。修裱技术的出现，对延长纸质文物的寿命、保护珍贵文化遗产起到了重要作用，是世界上公认的实用有效的传统纸张保护方法。

（一）修裱的概念

纸张在保存和利用过程中会发生强度下降、脆化或部分残缺等现象，修裱就是将破损的文物原纸与特选的修裱新纸进行黏合加固的过程，通过加固能增加纸张的强度，恢复纸张的原貌和耐久性。

从某种意义上来说，中国传统修裱技术并没有脱离造纸的基本方法，造纸过程中疏散的植物纤维靠胶黏和加压成为纸张薄页；修裱过程是先用较多的水分浸润文物原纸或修裱新纸，使其纤维疏胀松软，后用胶黏剂使两种纤维紧密黏合，加压排实，最后排除多余的水分，恢复纸页的平整和干燥。

（二）修裱技术的发展

修裱技术是魏晋南北朝时期在典籍保护技术上的一项重大突破，以后逐步发展成为裱褙和装饰书画、经卷图籍、档案等的一项独特的传统技艺，一直流传使用至今。

1. 起源于魏晋南北朝

修裱技术历史悠久，早在南朝刘宋时，虞和就对书画修裱有过论述，对糨糊制作、防腐、用纸的选择，以及去污、修补、染潢都有见解。史书记载，梁朝收集王羲之墨迹，用色纸写成，质地很差且有破损，修裱人员对准字迹进行长裱，再裁剪整齐，进行修裱，既补接了残字，又不失体势，而且墨迹更重，证明修裱技术已相当有经验。

2. 成熟于隋唐

唐代宫廷专有修裱工匠五人，装裱一人。唐朝画家、绘画理论家张彦远所著《历代名画记》中详载了自古至晚唐的鉴赏收藏印记及装裱情况，文中总结了前人装裱的经验，也进一步叙述了个人对装裱的主张。这是一份研究装裱沿革的珍贵资料，也是一本操作性很强的教科书。

3. 鼎盛于宋

宋代朝廷设有专门的职官主管修裱之事，从留传下来的宋代宣和装等一些装裱成品中可看出，当时的修裱技术已达到相当高的水平。

4．发展于明清

明代周嘉胄的《装潢志》总结了当时的修裱技术，例如，"古迹重裱，如病延医""补缀须得书画本身纸绢质料一同者，色不相当尚可染配，绢之粗细，纸之厚薄，稍不相侔，视即两异；故虽有补天之神，必先炼五色之石，绢须丝缕相对，纸必补处莫分"，足见当时修裱技术之精湛。

（三）胶黏剂的选择

1．胶黏剂的概念

凡能将两个物体的表面紧密相连，并能满足一定物理和化学要求的物质，称为胶黏剂。

胶黏剂必须满足以下条件：①不论何种状态，在涂布时应是液态（液流性）。②对被黏物表面应能充分湿润（浸润性）。③必须能从液态向固态转变（固化）的过程中形成坚韧的胶膜（胶黏性或膜性）；固化后有一定的强度，可以传递应力，抵抗破坏，胶膜有一定的机械强。；④必须能经受一定的时间考验。

2．胶黏剂的作用机理

液态胶黏剂涂布在纸张或丝织物表面后，慢慢扩散并浸润到纤维内，当胶黏剂分子与纤维素分子接近到一定距离时，在分子间范德华力和氢键力的作用下互相吸引而产生黏附力；胶黏剂在固化过程中，慢慢形成的薄膜具有胀紧力，使新材料与原纸黏合为一。

3．修裱胶黏剂的理化性质

修裱胶黏剂的理化性质直接影响着修裱的质量，因此对修裱使用的胶黏剂有如下要求：①黏性适中，修裱后的纸张要柔软；②化学性质稳定；③pH 值中性或微碱性；④不易生虫、长霉；⑤无色透明或白色；⑥具有可逆性。

能达到以上要求的最佳胶黏剂是淀粉糨糊，因为纸张是以 β-葡萄糖脱水聚合形成的多糖类高分子化合物，淀粉是以 α-葡萄糖脱水聚合形成的多糖类高分子化合物，两者分子式相同，最容易形成氢键结合力。古人虽然并不理解以上的现代胶黏理论，但从一开始就将淀粉糨糊作为黏合加固纸质文物所用，确实具有相当高的科学性。

4. 小麦淀粉糨糊的制作

古人对淀粉糨糊的制作有一套较为科学的方法：洗粉去筋——浸泡沉淀——发酵漂洗——干燥——制糊，使用时稀释。操作时，每一个步骤都非常重要，其中，去除蛋白质和制糊更为关键。

（1）去筋

面粉内含有8%～15%的蛋白质成分，不去蛋白质的糨糊，黏性强、浸润流动性差、修裱后纸质文物易起皱、柔性差；蛋白质内含黏源，更容易生虫长霉；蛋白质内含有许多活性基团，化学性质不如淀粉稳定，在热、酸、碱、氧化剂条件下，容易发生变性。

（2）制糊

糨糊制作是淀粉分子受热溶胀产生黏性，由悬浮液转变成胶凝系统的不可逆过程。这个过程在化学上称为胶化，制作糨糊则称为糊化。淀粉悬浮在冷水中→加热，温度升高，吸水能力增强，直链淀粉溶于热水→温度继续升高，淀粉微粒体积迅速膨胀→体积超过原来的几十倍，微粒在水中相互挤压→支链淀粉分子形成凝聚的网络结构，黏度迅速增大→形成胶黏体系→冷却后在水中呈不溶解、不溶胀的凝胶态。

修裱时要对凝胶态的糨糊进行稀释，修裱一般要求用糊和水，根据纸张的种类、吸水性和厚度对稠糊进行稀释，配制成不同比例的稀糊。制糊的关键是控制糊化温度，一般为70～75℃。温度过高，糊化过热，黏度太大，不能完全浸润纸张；温度过低，微粒膨胀不足，达不到一定的黏度。

另一关键是控制水量，如果水量适合，微粒正好把水分全部吸收，分子间膨胀适当，容易挤压成网络，则黏度适中；此时，糨糊形成的冷凝胶最为稳定，不易形成干膜，也不易产生沉降。

（四）修裱技术

1. 揭黏

纸质文物在保存过程中，由于种种原因，部分纸张会发生粘连，严重的会结成砖块，难以逐页分离，影响利用。其原因极其复杂，是纸张、环境、生物、人为等因素综合作用的结果。

揭黏技术有干揭、湿揭（水冲法、水泡法、蒸汽渗透法）、酶解法（淀粉酶、蛋白质酶）、综合法等几种方法。一般对难揭的纸砖可几种方法并用。

无论采用上述哪种揭黏方法，当纸张处于潮湿状态时，都不能马上揭。纸张中含有较多水分，纤维之间距离大，纤维间的氢键力和各种结合力都有所下降，使纸张强度降低，容易揭烂。此外，揭开后，由于污垢尘土很多，在修裱前须进行清洗。待通风干燥使纸张有一定强度后，再进行纸片拼接。揭开后，应及时进行修补和托裱，以免丢失只字片语。

2. 修补

修补就是选用与文物原纸的纤维方向、厚薄、颜色、质地基本一致的纸张，对有孔洞、残缺或折叠磨损的部位进行修复。

第一，补缺。对残缺或虫孔的部位进行修补，补纸直径比孔洞大 2~3 mm。

第二，溜口。在磨损折叠处补上一条补纸，溜口的补纸宽度一般为 1 cm 左右。

第三，加边。在纸张四周加上补纸，有挖镶、拼条镶、接后背等。

3. 托裱

托裱就是特选整页的新纸（托纸）和胶黏剂，对破损的纸质原件进行黏合加固的过程，以提高纸张的机械强度。托裱有湿托、干托两种。

（1）湿托

湿托就是把糨糊刷在原件上，然后再上托纸，适用于字迹遇水不扩散的原件。

（2）干托

干托就是把糨糊刷在托纸上，再与破损的原件进行黏合，特别适用于字迹遇水扩散和破损严重的原件。

我国古代书画作品是纸质文物的重要组成部分，多为历代皇帝、大臣、名人的手迹，例如，故宫博物院和第一历史档案馆馆藏的明清两代御制诗文及画稿，中国第二历史档案馆珍藏的孙中山、于右任等名人书画手迹，大多为卷轴状。其载体材料多为宣纸和丝绢，由于质地纤薄、性质柔软不坚挺，且着墨或着色后，褶皱不平，不利于保管和展示，因此须先裱后装。部分时间久远而破损的书画文物也需要揭旧重裱。

对这些文物除托画芯外，还要经过配镶料、覆背、研光、装轴、系丝带等工序，使书画艺术突出色彩美、结构美、艺术美的整体效应。

三、纸质文物的现代保护技术

（一）温度、湿度的控制

在纸质文物的保护工作中，控制调节库房的温度、湿度是最关键、最根本、最有效的措施。温度和湿度是直接作用于纸质文物的两个最普遍的因素，而且是互相关联的两个因素。

实验证明，温度和湿度对纸张耐久性的综合作用大于单因子独立作用之和，表现为协同效应。在温度 15 ℃、相对湿度 10% 的保管条件下比在 25 ℃、50% 条件下，纸张保存寿命会增加 20 倍左右。

纸质文物的库房温度、湿度要求：冬天室内保持在 12~18 ℃，夏天不超过 25 ℃；相对湿度保持在 50%~65%。24 小时内温度的变化不应超过 2~5 ℃，湿度变化不应超过 3%~5%。

1. 防热

（1）外围结构防热

室外的热源通过辐射热、对流热、导热传入库内，最好的隔热措施是利用导热系数小、热阻大的建筑材料。此外，还可利用加大墙体厚度、注意门窗密闭、使用遮阳板等防热措施。

（2）空调系统降温

空调系统是文物库房取得符合保护要求的气候条件的理想设备，降温效果良好。

2. 防潮

（1）外围结构防潮

库内潮湿的因素主要包括地下水通过地面和墙体向内蒸发、雨水通过外围结构向内渗透、潮湿空气通过门窗缝隙浸入库内等。最好的防潮措施是在外围结构层中使用结构紧密、能隔断水分渗透的防水材料。此外，还要注意库房建筑的自身排水和防潮效果。

（2）去湿机除湿

库房内使用去湿机，可将空气中的水蒸气降温、结露、析出液态水。冷冻去湿机一般具有不需要冷却水源、使用方便、性能稳定可靠、能连续运行等优点。

（二）杀虫

1. 高温、低温杀虫法

环境温度因子对纸质文物库房滋生的害虫的新陈代谢活动影响很大，温度既可以加速或减缓害虫新陈代谢的速度，也可以使害虫代谢完全停止而死亡。

（1）高温法

40~45 ℃为昆虫生长的亚致死高温区，又称为热休克区。昆虫生活在这一温度区域内，持续数天，就会因代谢失调而死亡。

（2）低温法

-10~8 ℃为昆虫生长的亚致死低温区，又称冷昏迷区。昆虫生活在这一温度区域内，持续数天，就会使代谢速度变慢，生理功能失调，体液冰冻和结晶，原生质遭到机械损伤而死亡。

2. γ射线辐照杀虫

γ射线是一种波长极短、能量较高的电磁波，对生命细胞的穿透力较强，对各种昆虫（微生物）均有杀伤作用。

3. 气调杀虫

空气是昆虫重要的生态因子。缺少氧气，昆虫便不能正常生长、发育、繁殖。在密闭的条件下，将空气中各种气体的正常比例加以调整，减少 O_2，充入 N_2 或 CO_2 气体，能使昆虫的正常活动受到抑制，窒息而死。

4. 化学熏蒸杀虫

熏蒸就是在密闭条件下，使用化学熏蒸剂以毒气分子的状态穿透到生物体内，使其中毒而死。目前常用的熏蒸剂为磷化铝片剂，释放出的 PH_3 气体主要作用于昆虫的神经系统，能使昆虫死亡，对成虫和幼虫均能达到100%的杀虫效果。

四、纸质文物的现代修复技术

除了传统的修裱技术以外，纸质文物还可采用一系列现代物理化学技术，进行修复处理。

（一）去酸

纸张呈现酸性，是因为含有大量的 H^+。H^+ 是纤维素、半纤维素水解反应的催化剂，对破损不很严重的纸质文物，去酸处理有利于长期保护。纸张去酸的方法很多，主要有液相去酸和气相去酸两大类。

1. 液相去酸

首先，将含酸纸张在清水中充分浸透，放入 0.15% 的 $Ca(OH)_2$ 溶液中 10~20 分钟。$Ca(OH)_2$ 溶液中的 OH^- 与纸张中的 H^+ 发生中和反应达到去酸效果。其次，在清水中冲洗以去除纸张上的 $Ca(OH)_2$ 残液，再放入 0.15%~0.20% 的 $Ca(HCO_3)_2$ 溶液中 10~15 分钟，$Ca(OH)_2$ 和 $Ca(HCO_3)_2$ 反应生成 $CaCO_3$。最后，将去酸的纸张放在吸水纸中压干即可。此法的优点是残留在纸张上的 $CaCO_3$ 细微白色颗粒会渗入纸张纤维中，既增加了纸张的白度，又能防御酸性有害气体的侵入。以缓冲溶液去酸为例。缓冲溶液是一组能够抵制外加少量强酸或强碱的影响，并使原来溶液 pH 值基本保持不变的混合溶液，具有调节控制溶液酸碱度的能力。对纸质文物去酸，应该选用一组 pH 值为 7~8 的多元弱酸的酸式盐和它所对应的次级盐组合。按体积之比 1：10.8 配制 KH_2PO_4 和 Na_2HPO_4 水溶液。在 KH_2PO_4 和 Na_2HPO_4 的缓冲溶液组合中，纸质文物中的 H_2 被大量的 HPO_2 所吸收，变成了 H_2PO_4，溶液的 pH 值基本保持不变。缓冲溶液去酸的优点是纸张去酸后 pH 值保持碱性或微碱性，具有进一步的抗酸作用。

2. 气相去酸

气相去酸就是将纸张放在碱性气体或碱性蒸气中去酸。

（1）氨气去酸

氨气（NH_3）是弱碱性气体，能与纸张中的 H^+ 作用。氨气去酸的优点是原料价廉易得、操作简单、对字迹无影响、可以大批量处理。

（2）二乙基锌去酸

二乙基锌去酸可以提高纸张的寿命，但 ZnO 的存在会加速纤维素在紫外线中的降解，同时，二乙基锌在液态时易自燃，或与水发生强烈的反应生成可燃性气体乙烷，容易发生事故，因此，操作时要注意安全。

（二）去污

纸质文物在保存和利用过程中由于环境及人为因素的影响，很容易沾上各种污斑，如泥斑、蜡斑、油斑、墨迹斑、霉斑等，不仅影响字迹的清晰度，还影响纸张和字迹的耐久性，对此可用物理和化学的方法加以清除。

1. 机械去污

对于纸张强度好且污斑较厚易除的纸质文物，可用手术刀、毛刷等工具依靠机械力量去除污斑。

2. 溶剂去污

溶剂去污就是利用溶剂与污斑之间的作用力大于污斑内分子之间的作用力及污斑与纸张纤维之间的作用力，使污斑溶解于溶剂的去污方法。其原理为相似相溶原理，即当溶剂与污斑分子的极性相似时，污斑容易被溶解。极性污斑分子容易溶于极性溶剂中，非极性污斑分子容易溶于非极性溶剂中。

3. 氧化去污

氧化去污就是利用氧化剂使污斑中的色素成分氧化，分子结构遭破坏，变成无色物质，以达到去污效果。使用氧化去污法须考虑纸质纤维素及字迹色素的耐久性，避免去污的同时降低纸张机械强度和导致字迹褪色。

第三章 博物馆青铜器、金银器及竹木漆器文物的保护

第一节 博物馆青铜器文物的保护

一、青铜器现代保护修复技术

随着科学技术的进步、新材料和新工具的出现，以及国内外青铜器保护理论的建立和充实，青铜器的保护技术得到了长足发展，相关保护修复的实际问题也普遍得到了较好的解决。

总的来说，青铜器现代保护技术的理论依据主要来源于文物保护工作者对青铜器腐蚀机理的科学认知。文物保护工作者对青铜器所采取的干预措施和施用的材料，其主要目的是终止青铜器继续腐蚀，延长文物寿命，这与青铜器传统修复技术在理念上是有差别的。因此，青铜器现代保护技术和传统修复技术是不同的，不妨认为这是青铜器保护修复技术的新阶段。

国家文物局颁布的行业标准《馆藏青铜质和铁质文物病害与图示》中，明确了青铜器保护的相关术语以及青铜器的病害类型。例如，青铜质文物是以铜锡铅合金为主要基体材料的器物，通常也称为"青铜器"。青铜质文物病害是因物理、化学及生物因素而造成的腐蚀现象。此外，该行业标准将青铜质病害进行了科学分类，将其分为残缺、断裂、裂隙、变形、层状堆积、孔洞、表面硬结物、矿化、点腐蚀、微生物损害等病害形式。

此外，通过国内外文物保护人员的大量实践，利用现代科学分析仪器对青铜器进行全面的分析研究，以及对青铜器的埋藏环境、出土保存环境等广泛研究，人们对青铜器腐蚀机理的认识逐渐加深。从利用化学腐蚀原理发展至电化学腐蚀原理解释腐蚀现象。对青铜器的腐蚀形式也进行了总结和分类，指出全面腐蚀和

小孔腐蚀是青铜器腐蚀的两种主要形式。同时也深入研究了青铜器的锈蚀产物，辩证地将锈蚀产物分为无害锈和有害锈，认识到无害锈是对青铜器有保护作用的产物，有害锈才是影响青铜器长久保存的主要因素。

这些在行业标准中体现的术语和定义，以及人们对青铜器腐蚀机理的研究成果，深刻地反映了人们对青铜器腐蚀机理的认知。在实际工作中，面对一件残破的青铜器，文物保护工作者不仅要考虑将其修复完整，还要考虑对青铜器病害的处理以及如何减缓青铜器的腐蚀速度，这是对传统修复工作的进一步要求。青铜器保护工作者，不仅要掌握传统修复方法，还要掌握现代物理、化学、电化学、材料学知识及青铜器的病害分类和特点，能够准确辨识青铜器的病害类型和区域，学会用合适的病害图标标识其病害类型。

二、青铜器传统修复和现代保护理念和技术的融合

（一）青铜器传统修复和现代保护技术结合的必要性

1. 两者结合的现实要求

由于文物的特殊性，每件文物进行保护和修复时，必须先制订保护修复方案，并将方案上报至国家文物局或省一级文物管理部门。对于青铜器保护而言，如果缺少了相关分析检测结果、保存现状和病害描述，以及拟采取的脱盐、缓蚀和封护方法，而仅有传统修复方法，保护修复方案是很难获得批准的。此外，现行的三部行业标准并没有明确提出必须对残损青铜器进行传统修复。没有要求对青铜器进行矫形、焊接和着色等传统修复，并不意味着传统修复工作就没有必要了。在实际工作中，从人们的审美习惯角度出发，尤其是考虑到博物馆的展陈需求，文物保护工作者对残损青铜器都进行了修复处理。可见，传统修复工作仍然是现代文物保护修复工作不可或缺的内容。在现行条件下，青铜器的保护修复既要符合文物保护行业的要求，又要兼顾人们的审美习惯和博物馆展览的要求。

2. 青铜器传统修复技术的传承与发扬需要现代科技的支撑

通过对青铜器传统修复和现代保护技术的梳理，可以看出青铜器传统修复技术存在如下问题：①传统工艺中没有认识到清洗、缓蚀和封护的问题。②传统工

艺中缺少保护修复过程的档案记录。③传统工艺中缺少必要的分析检测。④传统修复工艺缺少对青铜器腐蚀机理和方法原理的科学认识。

现代保护技术虽然对青铜器的保护效果显著，但也存在一定问题：①没有较好地解决青铜器保护与人们审美观念和博物馆展览间的关系。②现代保护技术仍然不够成熟。

因此，青铜器传统修复的发扬离不开现代保护技术，同时，现代保护技术也离不开传统保护技术，两者的结合将是一个必然的过程。

（二）青铜器修复理念

现代保护修复理念经过了多年的发展和完善，最终形成了"真实性""不改变原状""最小干预""可逆性原则"等文物保护修复原则。其中，真实性原则和不改变原状的原则可以划归为一类，可称为客观原则，也就是在实施保护修复过程中应该以客观事实为依据，出土时文物的原貌是什么样子，就应该保持其原貌。最小干预原则是指所保护修复过程中所采用的方法、技术和材料对文物的影响最小，最低程度影响文物。可逆性原则是指保护修复过程中对文物所使用的材料能够被清除，能够发生逆向的反应。这些现代保护修复理念逐渐被国内外文物保护人员所接受，也成了他们在实际工作中的指导思想和原则。

（三）青铜器修复技术

青铜器传统修复的科学化不仅在修复理念方面要进行自我审视和更新，能够跟上现代保护修复理念的发展，还需要对青铜器修复技术进行科学化的探索。

第一，应该将传统修复过程进行详细的记录和描述，形成可留存查阅的资料，以便于后人在对其进行保护时，有据可查。这一点对传统修复人员来说，做得还不够充分。比如，对于某件青铜器进行补配时，没有详细记录补配的位置，当人们再对其进行处理时，就难以准确把握原先的处理信息。

第二，青铜器传统修复需要对使用的材料、工艺进行规范化，对传统的工艺、材料及技术进行科学评估，有些不够完善和科学的地方，应采用合理的方式进行完善。例如，在青铜文物保护修复实践中，在对破损或残缺的部位进行焊接时，采用了松香作为焊接助剂，并没有选择效果更好的焊锡膏，主要原因就是焊锡膏含有氯元素。因此，要对传统修复中所使用的材料、工艺和技术进行科学化的提高。但是这并不是否定传统保护修复，其在长期的实际工作中形成的一套行之有效的办法有其合理和科学的成分，虽然一些老一辈的修复工匠讲不出其中的科学原理，但是通过大量实践，摸索出的办法往往是暗含科学性的。例如，在一些青铜器保护修复工作中，着色所使用的黏结剂是虫胶漆片，将各种颜色的矿物颜料调入用乙醇溶解的虫胶漆片中，涂刷或弹拨到要着色的部位，这种虫胶漆片凝固后，就会把颜料黏到文物表面，形成各种锈色。其中使用虫胶漆片作为黏结剂是十分合理与科学的，因为其具备良好的可逆性，即使凝固后还可以用乙醇溶解，这样就使得黏到器物表面着色部位的矿物原料，更容易洗掉。因此，要对传统修复中合理的部分予以肯定和发扬，对一些不科学的地方应加以完善。

第三，还应该意识到，不应将传统修复和现代保护技术划清界线。修复在某种意义上也是一种有效保护文物的手段，两者之间应该有机结合，并借鉴其他学科的技术、方法和原理，将青铜器传统修复和现代保护技术进行合理化和科学化的有益结合，真正使青铜器传统修复跟上时代的步伐，并形成真正意义上的兼顾审美性和科学性的青铜器保护修复技术。在实际工作中，要从档案建立、保护修复工艺、科学仪器分析和保护修复实践等角度进行有益的尝试，兼顾传统修复和现代保护技术，对两者的融合形成一定意义上的探索。

三、博物馆青铜器文物的保护与修复

（一）青铜器的保护

保护腐蚀青铜器的基础，是对导致其腐蚀劣化的原因和青铜器的腐蚀机理的研究。可以看出，青铜器所处环境中氯离子锈蚀的内因，只要外界条件有利，它就会对器物造成损害。因而，对于一般青铜器的保护处理，就是对氯化亚铜进行机械和物理、化学的清除处理。

为了维持古代青铜器的原貌，应具体分析每个青铜器受腐蚀损害程度的不同，有针对性地采取不同的相应措施。

1. 传统去锈法

（1）醋酸水溶液去锈

对于青铜器的底子较好，且有一定硬度，但被锈色包住器物表面的现状，可使用此方法。具体操作是用70%醋酸水溶液（蒸馏水）浸泡青铜器，用软尼龙刷刷洗去锈。

（2）酸梅糊去锈

其操作方法是将锈蚀的青铜器先用稀醋酸溶液浸没以除去油泥，然后再涂一层乙酸，糊上酸梅泥糊进行去锈。酸梅泥糊由酸梅500克、冰醋酸250克、硫酸铜100克组成，三者混合搅匀呈糊状。对于那些被水浸底或器底已翘的青铜器不宜使用此方法。

（3）红果糊（山里红）去锈

将500克以上的生红果去掉籽，与250克上等米醋、250克冰醋酸、100克硫酸铜，一齐放入砂锅中烧煮，至红果烂透。待凉后捣成泥状，搅拌均匀即可，将其糊在器物上除锈。以上两种果糊煮后可留住长期使用，用红果糊去锈时间较长，但其性柔不会伤害青铜器。

（4）碳酸铵去锈

其操作方法是将碳酸铵砸碎后过筛，筛成粉状，放在瓷碗里，加进蒸馏水，调成糊状，然后用小竹片涂抹在青铜器的锈处，最后用蒸馏水冲干净。此方法要小心谨慎，否则将会使青铜器受损坏。

（5）盐酸去锈

其操作方法是60%盐酸蒸馏水，多次浸泡反复洗擦去锈，最后用蒸馏水冲洗干净。这种方法使用的前提要求青铜器铜质强，机械性能好，如已糟朽，不宜使用。

（6）硝酸去锈

其操作方法是在瓷碗内配10%的硝酸蒸馏水溶液，然后拿镊子夹棉球蘸药液，在青铜器生锈处反复擦拭去锈，最后用蒸馏水冲洗干净。这种方法要求青铜器质地坚硬，否则不宜使用。

2. 机械去锈法

这种方法常用于已经暴露在青铜器表面的粉状锈。一般借助放大镜或显微镜观察，使用手术刀、钢针、錾子、锤子、凿子、雕刻刀和多功能笔等，对所须去除铜锈部位进行仔细清理。还可利用超声波震动法去除青铜器上的有害锈，其最大的优点是去除粉状锈较彻底干净，而且不损及其他铜锈。又有一种小型研磨去锈笔，其笔尖可更换不同型号的小砂轮。笔头连接有蒸馏水喷管，在砂轮转动去锈时，可不断喷出蒸馏水，能防止锈尘吸入人体造成危害。还有一种超声波洗涤器，放入青铜器并加入70%乙醇蒸馏水溶液，利用超声波震动洗涤去锈。机械方法不能根除有害锈，一般总是和化学试剂去锈混合使用，使两者相互补充，达到更理想的效果。

3. 化学去锈法

（1）柠檬酸溶液

柠檬酸属有机弱酸，为无色晶状体，易溶于水、乙醇和乙醚。5%浓度的柠檬酸蒸馏水溶液浸泡，能相当缓慢地溶解氧化铜，对金属作用小，但能防止在浸泡洗刷过程中使青铜器受损害。

（2）倍半碳酸钠溶液

用倍半碳酸钠溶液浸泡腐蚀青铜器，置换腐蚀层中氯化物除锈。该方法的机理是，用此溶液浸泡青铜器时，有害锈（氯化亚铜）会逐渐转换为稳定的碳酸铜。具体操作方法是：将碳酸钠与碳酸氢钠以等摩尔数混合后，溶解于蒸馏水中，配制成59%~10%的系列溶液，较常用的为5%的溶液，一般碳酸钠中含有结晶水（配制时应考虑在内）。在擦洗过程中，青铜器上的氯离子会被转换出来并转入浸液中。这种安全、方便的处理方法，被广泛采用。此方法虽然平稳，但费时很长，甚至要花一至两年时间方能完成一件铜器的清洗。因为氧化物不仅附在表面，有的还在器物锈蚀层深部，置换过程中并不能彻底将其置换出来。同时，青铜器表层会新生成孔雀石样的腐蚀层，色彩均匀艳丽，从而使人产生原貌已改变的感觉。但它对抢救有害锈严重的青铜器，仍不失为一种较好的办法。

（3）六偏磷酸钠溶液

用六偏磷酸钠溶液除去青铜器表面的钙质沉积物，一般用5%六偏磷酸钠溶液浸泡，但速度很慢。对于钙质沉积物很厚的器物，用15%六偏磷酸钠溶液浸泡，并对浸泡液进行加热，即能加快清除的速度。

（4）稀硫酸水溶液

用稀硫酸水溶液可去除鎏金青铜器外表的铜锈，方法是用镊子夹棉球蘸取 5%~10%的稀硫酸，在铜锈处涂敷，即有气泡产生，每次涂敷面积不能超过 2 cm²范围，清除完一块，再清除一块，待不冒气泡时，用竹刀施加适当的力量使酥软的铜锈脱落，清除完铜锈后，用饱和的碳酸钠溶液中和，最后用蒸馏水煮沸并置换水冲洗数次。

（5）电化学方法

青铜器的腐蚀是一种电化学反应，因而可以利用电化学的方法使其还原。有的器物不能或没有必要采取全面去锈时，只须做些局部处理就可以了。用电化学还原法进行局部去锈时，电解质溶液可为 10%氢氧化钠溶液，还原金属则用锌粉或铝粉。操作方法是先把锌粉或铝粉与电解质溶液一起调成糊状，立即将糊浆敷于青铜器上要除铜锈的部位。待反应结束后，立即用棉花抹去，接着用蒸馏水反复冲擦干净，去除残余药剂。如果操作一次尚未达到除锈的目的，可再反复处理几次。

（6）氧化银局部封闭法

当青铜器有害锈尚未蔓延开来，仅有一些小斑点时，可用氧化银封闭处理。处理方法是，先用细钢针或解剖刀剔除铜锈斑，特别要把灰白色蜡状物有害锈清除干净，直至看到露出新鲜的青铜色为止。清除范围可比锈斑范围稍大些。然后用丙酮溶液把洞口擦洗干净，待干燥后把氧化银和乙醇调成糊状，将其塞入已清理过的洞孔中，置于潮湿的环境里 24 小时。氧化银在潮湿的条件下，遇氯化物会形成氯化银的棕褐色薄膜，把含有氯化亚铜的病区封闭起来。为了使氧化银能够形成完整的角银薄膜，必须使它与氯化亚铜充分地接触。

（二）青铜器的修复

青铜器修复技术有很久的历史，北宋至清末，不少青铜器是经过修复技术加工的。其中，伪造的青铜器也大有存在，故有"十蠡九伪"之说。青铜器的修复目的，在于使破碎或变形的青铜器通过整形、焊接（或黏结）、修补恢复至原来的形状，以便利于科学研究和展览陈列。对于很重要的青铜器，在修复之前，应采样进行金相分析和成分分析并存档。

1. 变形青铜器的整修方法

出土的古代青铜器被不同的土质长期侵蚀，又因墓穴的塌陷、地层的变化挤压撞击和人为破坏等，使得青铜器产生了不同程度的变形。在整形修复之前，要了解青铜器的原始情况，如铸造年代、合金成分、器物造型、质地好坏、碎块机械强度以及残缺的具体位置等，针对不同情况采用不同的整形方法。

（1）模压法

青铜器大多数是铜锡合金，无论是铸造的或打制的青铜器都多少有些弹性。对于质地好、铜胎薄、韧性强、腐蚀轻的青铜器，可采用模压法。用锡制成模具，共分两块，一块是内模，一块是外模，合起为一套。把变形的铜片按照合适的弧度置于模具之间，与模具形状相对，然后将模具夹在大台钳口内或液压机上施压，注意动作要小心缓慢。第一次的压力使变形的铜片大约恢复 1/3，停一段时间，去掉压力，然后检查所恢复的变形是否正确。第二次加压时，须时紧时松，直至青铜器变形部位恢复原形。模压后会稍有小的变形，可用捶打方法来解决。

（2）捶打法

这种方法对韧性强的青铜器进行矫形有良好的效果。如果青铜器弧度向外扩张，可在变形部位先垫一个凹的铅砧子，再用铅锤从内壁轻轻捶打，使弧度逐渐向里收缩。也可用半球体的铅砧子，垫在青铜器弧壁内侧上，再从外面轻轻捶击，使变形部分慢慢向外扩张而得以纠正。

（3）锯解法

对于质地较差、弹性较差、铜胎厚、损伤或腐蚀严重的青铜器，可采用加温矫形、锯解分割拼接法。如圆形或椭圆形的鼎，先根据鼎口周长，求出变形前的口径，依此在变形的口上设计锯缝。锯缝一般选在器壁受压变形的那些断口上，不要选在有铭文及纹饰的部位，尤以最短锯缝为好。根据经验，应从青铜器内壁用钢锯锯开一条缝，锯缝深度约为青铜器厚度的 2/3，余下 1/3 用台钳夹开，锯下的各块先做矫形然后再拼接。也可自制一些矫形机使用。

2. 青铜器的拼接方法

青铜器残片的拼接方法有焊接、销钉和黏结。要拼接的铜片如果要去锈，进行化学保护，应在拼接开始之前进行。

（1）焊接法

破碎青铜器的传统修复方法，多采用锡焊法，是将碎块与碎块之间加热，用锡作为黏结剂，使其修复完整的一种方法。断渣的焊接还有点焊、连续焊、堆焊、附加强件等四种方式。具体视文物受损不同情况加以运用，有时使用几种互用。焊接前，首先对再铜器做细致的观察了解，掌握青铜器有无铭文、纹饰、嵌饰及锈层下是否有铭文等。焊口一般选在器形内壁，以使外表纹饰得以完整保持。如果器形特别，但又不得已在正面焊接，焊口必须在无纹饰处。有时为增加整体牢固强度，可采用间断点焊或两面焊口，大件青铜器则用连续焊口。但从另一角度来看，由于焊接方法温度高，同时，要锉焊口，对青铜器破坏较大，所以建议尽量少用。

（2）销钉法

对于器形较大的青铜器，比如青铜鼎，由于口边宽厚，器件沉重，用胶黏结或焊接强度不够，可在口边上另加销钉。如青铜鼎口沿宽 8 cm 断口两侧打孔，两孔间别出一个长型嵌槽宽 0.5 cm、深 0.8 cm，按照嵌槽大小的尺寸制作一个销钉，销钉嵌入槽内以低于嵌槽口 0.2 cm 为宜。

（3）钻接和黏接法

有些特殊的青铜器表面上有纹饰或彩绘，不允许大面积焊接。这时可采用钻接或黏接法。钻接一般是对剑、刀、戈、钺等兵器之类的器物使用。因其形体多扁平窄长，采用钻接的方法，能增强器物的机械强度和拉力。其操作步骤是：先将器物裂口处的铜锈清理干净，接着在裂口两侧钻若干小孔，用丙酮清净茬口，而后灌抹环氧树脂胶，内加扒钉固定，对准接口压拢断缝，待固化。有些残片修复时，可相对钻小孔，一边拧入螺钉或铆钉，一边用环氧树脂胶固连，对准接口压拢。待树脂胶固化后，拆掉加压用的夹具，修整外表。对于一些残壁薄的器件，可在两块之间的内壁加一块薄铜片，采用焊接或黏接固定。黏接，指的是用环氧树脂胶将残片黏接起来。钻接法和黏接法总是连着使用，能起到更加牢固的作用。钻接和黏接法对那些已经断裂但还未完全脱离的器件更为适用。它们能将那些腐蚀较严重的、铜胎质薄又无法焊接的残片，要进行修复时，有效地连接起来。

(4) 补配法

补配法是青铜器修复工艺中的一种重要方法。青铜器上常有小面积的残缺形成空洞，须及时修补，以加强连接强度。过去残缺补配是将铜板反复敲打成型，最后用焊接法将其补配到器物上。这种工艺劳动强度大，操作复杂，工效又低。特别是对一些铜质矿化严重、器壁薄、机械强度低的器物，没有效果。现采用铸型补配或补锡方法，即在器物相应完整部位翻取一套模型。干后将模型预热，用铅锡合金溶液浇铸出所需刻嵌的配件，而铅锡的比例可灵活掌握使用。然后将配件准确地焊补到器物残缺的部位上，接口处按原貌修整好。

同时，还可以用高分子材料补配，如环氧树脂胶，操作方便，性质坚硬，黏接力强，抗老化性能好。它可用石膏、油泥和硅橡胶等材料做模具。复制补件灌注时，不须将模具加热，只须涂上隔离剂即可，既简单，又方便。在用环氧树脂补做大配件时，须加入金属粉或滑石粉等做填充材料，必要时，加铺玻璃纤维布，以增强其韧性。待树脂胶在模中固化后，便脱模取出，修整形状。然后先把青铜器残缺断面全部锉出新口，用环氧树脂做黏结剂补配。对于青铜器上面的洞口，可用环氧树脂胶调铜粉直接黏补上，最后锈色做旧。

（三）青铜器做旧

经过整形、补配缺块、錾刻花纹、焊接等修复工序，残破的青铜器基本恢复了原形。但要再现其古朴的风格色调，还须对焊道和补配部位进行做旧处理，即用人工的方法，将一些化学黏剂和各种颜料调成漆料，涂抹在补配和黏结的部位，使它们产生一种腐蚀生锈的古朴效果。

第二节　博物馆金、银器的保护

一、金器的修复保养方法

（一）腐蚀饰金器的除锈缓蚀工艺

错金、馏金、贴金等饰金器物，虽金的质地稳定，但馏金器物的微孔、裂隙，可使水蒸气、电解质等不断进入饰金器物基体，使铜、银、铁等金属腐蚀矿化，导致饰金器被锈蚀物所覆盖，或使金膜、金丝与胎体脱离受损。

1. 试剂除锈法

金器的腐蚀，都是金之外的其他成分氧化的结果。一般可用15%碱性酒石酸钾钠清除锈蚀物。碱性酒石酸钾钠溶液配方为酒石酸钾钠15 g、氢氧化钠2 g、蒸馏水100 mL。铜的绿色腐蚀物，可用氨水清除；铁的红色腐蚀物，可用盐酸溶液去除。

2. 机械除锈法

如对饰金膜层内金属胎体的情况不明，可使用机械除锈法，在放大镜下用手工小工具剔挑清除，待金膜显露后，可用1%硝酸擦洗表面，再用蒸馏水冲洗，但不能用硝酸清除锈蚀物。手工小工具有骨签、竹签、刻刀、钢针等。

3. 粉状锈清除缓蚀处理法

当饰金铜器出现粉状有害锈时，可按青铜器有害锈处理方法做除锈缓蚀处理，包括氧化银法、苯骈三氮唑法、倍半碳酸钠法等。

（二）金器的去污除垢方法

发掘出土的纯金制品如被碳酸钙、碳酸氢钙等石灰质覆盖粘连，可用棉签蘸1%~5%的硝酸溶液清除。对有机质污垢，可用2%氢氧化钠溶液浸泡数分钟，待污垢松动，再用棉签去除；也可用乙酰等溶剂或中性洗涤剂清洗，还可用10%氢氧化铵溶液洗涤去污，再用蒸馏水冲洗并烘干。灰尘可用软毛刷、羚羊皮拂拭，但要注意防止机械损伤。用冷热蒸馏水浸洗法也可除去金器表面的土锈和污垢。

（三）残损金器的修复工艺

对胎体薄的变形金器可用适当压力展平，胎体厚者恐压力加工易折裂，则可稍做加热回火处理再软化展平。碎裂的金器，可用黏结的方法处理。

对贴金、镏金的金膜脱落者，一般可在腐蚀物及污垢清除后，做缓蚀封护处理，其金膜残缺处一般不再补全，必要时亦可采用镏金或贴金技术将金膜残缺处补全。

（四）馏金修复工艺

为保持器物的艺术价值和陈列效果，对受损的馏金器可做修补复原技术处理。馏金工艺的主要工序为以下几点：

1. 配制金汞齐

将汞和金制成金汞合金的工艺称杀金，制得的金汞合金古称金汞齐，俗称金泥。其方法为：将金条或金锭锤锻成金箔，剪成碎片，放入加热到 400 ℃ 左右的石墨坩埚中；纯金箔在坩埚中微有白烟时，将坩埚取下，倒入水银，按一两黄金七两水银的比例，也有 3：7 或 3：8 的比例，以无烟木炭棍或竹棒、玻璃棒不停地搅动。此时汞蒸发，会冒出浓白烟。待白烟下沉，坩埚中水银冒泡，黄金即全部被汞溶解。将坩埚中的溶液倒入盛清水的玻璃烧杯或瓷盆中，使其急冷，金汞齐冷却后呈银白色浓稠泥状，澄去清水用手捞起将其捏捏成团。制好的金汞齐须置于容器中，用蒸馏水封护严密，以防汞蒸发。

2. 馏金器物的表面处理

先用铜丝刷将器物待馏金部位表面打磨干净，除去锈斑及污物，然后进行除油处理。除油剂的配方：氢氧化钠 30 g、水玻璃 30 g、磷酸三钠 30 g、水 100 mL。除油污亦可使用有机溶剂，将表面刷洗干净后，再用蒸馏水冲洗，并做干燥处理。

3. 残缺胎体的补配

对残损的馏金铜器，应首先进行缺件补配。薄的配件可用铜片剪切打制，厚而大的配件则须翻模铸造。经过上述工艺后应做表面修饰处理，用馏刀刮挤、红铜丝嵌铆及铜焊或电焊的手段，来清除裂痕砂眼和粗糙不平等缺陷。但不可用锡焊，因开金烘烤时，锡即熔化，再逐步用锉刀、粗纱布、细砂纸、磨炭和砂轮将配件磨细抛光。最后用 10% 的硝酸或有机酸溶液清洗，以便去除油污及腐蚀物。

4. 抹金

抹金是将金泥涂抹于馏金件上的工序。该工序的传统工具为抹金棍，此棍以红铜为原料，长 15~20 cm，表面打磨光洁，用锤将一端打成扁平勺状略翘起。将制得的铜棍扁勺部浸入热酸梅汤或稀硝酸溶液中，干净后再浸入水银内，反复涂擦，使铜棍前端沾满水银，铜棍即呈白色。水银沾满后晾干，再于金泥上反复擦拭，直至铜棍勺部蘸满金泥，即成抹金棍。

馏金工艺的另一件专用工具叫栓。它是用人发或牛尾毛制成的毛刷，将毛发束成扁平状，以布缠裹，外涂大漆封护，漆干后即可使用。

抹金之前，须配制盐矾水混合液或50%的硝酸溶液备用。抹金时用金棍抹点金泥，再蘸点盐矾水或硝酸溶液，逐渐将金泥涂抹于馏件表面，尤其是有细深花纹处，经反复细心抹涂，再用毛栓将金泥刷匀散开，使馏金件表面被一层均匀的银白色金泥覆盖。将器件放入开水中冲洗，再浸入蒸馏水中浸泡，以清除残留的酸液。

5. 开金

尽快将抹好金泥并清除残留酸液的器件，用加热设备做烘烤处理，加热能源可用优质木材烧制的无烟木炭，加热器具有火炉或用铁丝笼盛烧红的木炭，亦可用电炉。烘烤过程中要缓慢移动器件，使其受热均匀。

器件受热升温至300 ℃后，金汞齐中的汞会蒸发，黄金则收缩成小颗粒，可用硬棕刷在器件表面做捶、蹭、磨等加工处理，如此边烘烤边捶打加工，使沉积在器件表面的黄金与铜基体表面结合牢固。

此后将馏金件浸入3%硫酸溶液或乌梅水、杏干水等有机酸溶液中刷洗，最后用铜丝刷蘸皂角水，轻轻刷洗器件表面的污物。操作时宜缓慢，器件经刷洗后金光闪亮。皂角水清洗液的制备很简单，即将皂角折断，浸于蒸馏水中，约30分钟后，搅拌溶液出现白色泡沫后，即可使用。

6. 轧光

为增加器件馏金层的光泽度，使馏金层致密平整，可用特制的工具轧子，将其轧光。轧子用硬度较高的材料制成，有玛瑙、玉石等。轧子呈斜尖刀形，刀鞘圆滑，连有木柄。操作时，用轧子蘸少许皂角水，在馏金层上以弧形或平行方向轻轻划动，呈均匀且一定的顺序，不要方向混乱，影响光亮度。馏金器件须重复进行抹金、开金、轧光工艺多次，一般需三至五遍或更多遍，可获得较厚的馏金层。

馏金工艺为有毒作业，特别是传统操作方式烘烤时汞蒸气散发至工作室空间，污染和毒害更为严重。经改进的工艺，应强化环境保护意识，注意工作室的通风和排气回收处理，以降低作业环境中汞的浓度，避免环境污染。还应注意作业空间金汞齐的散失，经常检查并用金棍收集，以免扩大污染。工作室应定期做清洁处理，用碘熏蒸墙壁、天花板，用20%漂白粉清洁地面。

（五）错金修复工艺

1. 嵌金丝法

对器物的铜基体材质较好、缺欠金丝的錾口明显者，可选用相同细度的金丝嵌入錾口内，再轻轻压平。但不宜将突出的金丝错平，以防错磨时损伤铜器锈层和颜色。

2. 抹金泥法

对铜器胎体材质劣化者，为避免金丝嵌入錾口，因受力而造成器物受损，可将金汞齐涂抹于金丝缺欠处，以馏金工艺处理，操作中要注意不得损伤器物。

（六）贴金修复工艺

金箔脱落的饰金器物，一般也不做补配处理，须保持饰金残存的现状。但对要求做整体复原技术处理者，可用金箔贴补于残缺处。其方法是：首先，对修补的部位进行清洁处理；其次，涂上黏结剂形成具有黏性的地子；最后，用竹夹子将金箔夹起，置于待补地子上，碾压平整即可。贴金地子的传统黏结剂有鱼鳔胶液、豆浆液、大蒜汁、山药汁、冰糖水等。

（七）黄金合金制品的修复工艺

由于金具耐腐蚀性能，故纯金制品一般不会发生质变，但金的合金制品则不然。金的合金一般是在金中加入银、铜、钯等成分，使其硬度提高、颜色丰富、价格降低。对黄金及其合金色彩的评定，自古有"七青、八黄、九紫、十赤"之说，即七成金为黄中透青，八成金为黄色，九成金为黄中透紫，九成九的纯金为黄中透红。

金和铜、银的合金，呈淡黄色乃至带绿色。含银量超过20%的金银合金制品呈白色。金钯合金也为白色。金的合金制品长期在地下环境中，易劣化变质，含铜合金会出现绿锈，含铁合金则会出现红锈。有的腐蚀严重者，易变质成分已消失，仅留下艳丽的纯金薄层。

对以金铜合金为青铜器饰金材料者，由于铜质腐蚀产生绿色锈蚀物，可用15%碱性酒石酸钾钠溶液清除。对铜质腐蚀物亦可采用小型研磨器、喷沙机和不锈钢针等机械方法细心清除。当黄金薄层显露时，可用1%硝酸溶液清洗表面，但不能用其软化锈层，以防金层脱落。还应采取适当的手段稳定青铜基体，通常选用铜的缓蚀剂苯骈三氮唑乙醇溶液，防止铜胎继续腐蚀。还可使用经稀释的高分子材料黏合剂，沿铜胎与金膜的间隙渗入，也能对铜基体起保护作用并加固饰金层。若出现红色的铁质腐蚀物，可用盐酸去除。

二、银器的修复保养方法

（一）控制环境

防止硫、氯等腐蚀介质、氧化剂及紫外线对银的作用，收藏保存在空气洁净、无紫外线和干燥的环境中。贮藏文物特别是银器的库房和陈列室应禁用硫化橡胶地毯，保存银器的箱柜不能使用含硫的油漆涂布，文物柜内装饰的织物不可用含硫染料处理。当环境空间的含硫量达到百万分之二时，就足以使银器劣化。

未经保护处理的银器，用数层柔软的中性纸包裹，置于密封的聚乙烯塑料袋中，防止空气污染物侵蚀和紫外线辐射，其保存效果较佳。

银器的陈列柜应强调防污染、防紫外线。柜内的衬垫织物，可用经10%醋酸铅溶液浸泡晒干并烫平的丝织品，该微环境可保持银器的光亮。若该柜内有通风设施，可通过管口将经脱硫处理的洁净气体输入，而将柜内污气排出，使银器得以完好保存。

（二）清除锈垢

对银器的保护应依据维持原貌的原则，轻微的腐蚀层，虽外观欠佳，却往往是稳定的，且能对基体起到保护作用，故一般不进行清洁处理。但对有损器物的形貌，覆盖银器表面的纹饰图案和重要考古信息的锈垢，可用下述方法去除：

1. 溶除法

使用化学药物，将器物浸入药物溶液中，使银器表面的污垢锈层溶解去除。

经药剂浸洗后，必须使用蒸馏水反复冲洗，清除残留器物上的药液。清除银器污物的化学药剂有以下几种：

第一，氨水。氨水能溶解铜的腐蚀物，对清除银器上的铜锈斑很有效。

第二，硫代硫酸钠。硫代硫酸钠水溶液，可溶除银器上的氯化银腐蚀物。

第三，硫脲。硫脲为白色晶体，溶于水，加热可溶于乙醇，一般用5%的硫脲水溶液，可溶除银器表面厚积的氯化银。

第四，甲酸。甲酸俗名蚁酸，为无色、具刺激气味的液体，其酸性强，有腐蚀性，可溶解铜的腐蚀物，而不影响银器基体。一般用浓度为30%的甲酸热溶液冲洗20分钟，浓度为10%的甲酸沸溶液浸洗1~2小时，即可溶除银器表面的铜盐。

第五，醋酸。用2%~5%的醋酸水溶液清洗，也可除去银器表面的铜锈。

第六，柠檬酸。用5%的柠檬酸水溶液浸洗，可以溶除覆盖银器的腐蚀物。

第七，硫酸钾铝。硫酸钾铝即明矾，将银器放入明矾水中加热煮，即可将银器表面的腐蚀薄层清除。因明矾溶于水后水解，硫酸根离子与银器表面的银盐作用，会生成白色硫酸银，可溶于水而清除，但要注意避免腐蚀银器。

2. 擦拭法

使用去污材料涂布于银器表面，并用毛刷、绒布、棉签等，手工擦拭，即可清除器表的污斑锈垢。

第一，去污粉。选用不含磷酸盐的精细去污粉擦拭。

第二，洗涤剂。选用中性洗涤液或中性肥皂水，用毛刷蘸洗涤剂清除油污。

第三，牙膏。牙膏内含钛白粉、滑石粉等材料，故涂布于银器上，用软绒布擦拭，可起到机械去污抛光的作用。

第四，白垩粉。白垩粉即碳酸钙，白垩粉10 g加10 mL乙醇，调成糊状去污剂，用绒布擦拭器表即可去除银器锈垢。更简易的操作方法，仅在白垩粉中加数滴氨水和乙醇，即可有良好的清污效果。

第五，乙醇。用棉签蘸30%的乙醇水溶液，沿同方向擦拭银器，即可清除污垢。

3. 还原法

对银器的腐蚀物，也可用电化还原法清除。其程序为，将银器和锌粉、铝粉浸入5%的氢氧化钠溶液中，直至银器上的污斑消失为止。取出银器后用蒸馏水清洗干净，再用软布擦干。操作中注意观察，防止损伤器物。还原法适用于轻微腐蚀的银器。

（三）增韧整形

对变脆的银器，可用加热升温的方法提高其韧性，增加其强度。把器物放入电热烘箱中，温度从 250 ℃经两小时逐渐上升到 500 ℃，使其软化后，即可达到增韧的目的。若银器基体质地完好，不含盐类，可用电炉加热，温度控制在 600 ℃，操作中因温度偏低，加热时间稍长的效果更好。加温过高会导致银器的馏金色彩变淡。银器含铜者，加热后会生成黑色氧化铜薄层，此污斑可用 5%硫酸溶液去除。

对受外界压力而变形的银器做矫正处理时，要先加热增韧后再做处理。可用木材或锡锭，按照银器局部造型，制成模型做托垫，顶端衬羊毛毡或软牛皮，置于银器变形部位，使之缓缓矫正。也可用锤具打压，恢复原状。但要注意尽量少用锤打法，更不能用钢砧为垫捶打，因银质软，用力过度反而会导致器胎体变形，会增加整形的复杂性。

（四）缓蚀封护

银器受硫化物腐蚀形成的黑色硫化银膜，虽较稳定，但它的保护作用仅限于减缓银的硫化过程。在硫化物污染介质浓度高的环境中，银器的腐蚀仍会继续下去，严重者使器物变得又黑又脆，乃至银基体不复存在。对严重受硫化物或氧化物腐蚀而全部矿化的银器，用去除锈壳的方法已不可能，仅做局部清洗去垢，干燥封护后即可。可用高分子树脂材料、聚乙酸乙烯酯、三甲树脂等做封护剂。经前述各种方法处理的银器，最后均做封护处理为宜。

第三节　竹木漆器文物的保护

一、竹木漆器的结构

（一）竹木漆器的胎质

1. 竹材、木材纤维细胞的亚纤维结构

竹木茎干的主体是由无数个纤维细胞组成的，纤维细胞壁中以纤丝为主体。

纤丝是由许多微纤丝聚集而成，微纤丝则是由许多纤维素分子有规则地排列而组成的结晶区，木质素和半纤维素都以填充和黏结物形态包围在纤丝的周围。无数个厚壁纤维细胞通过胞间层组合成整体与细长柔韧的纤丝和微纤丝，共同决定了胎质的机械强度。

（1）木材的亚纤维结构

若干个β-葡萄糖脱水聚合—纤维素分子链—纤维素结晶格—微纤丝—纤丝—组成纤维细胞壁的主体—纤维细胞群竹木茎干的主体结构。

（2）植物纤维-厚壁细胞

竹木漆器的内胎主要使用的是树材和竹材的茎干，茎干由亿万个植物纤维细胞构成。这类两头尖、中间空、细面长的厚壁死细胞，富有绕曲性和柔韧性，彼此交织后有一定的结合力，使材料有较好的机械强度和耐腐蚀性。竹木材的质量与纤维细胞排列有关，材质中纤维细胞比例越大材质越致密，质量越好。

（3）细胞壁的构造

纤维细胞的细胞壁由胞间层、初生壁和次生壁三部分组成。

①胞间层。两相邻细胞之间有一层细胞间隙，被称为胞间层，胞间层把各相邻细胞黏结起来，使材质具有一定的机械强度。

②初生壁。初生壁是细胞壁的初生成分，紧贴着胞间层，很难与胞间层分开，与胞间层合称为复合胞间层。

③次生壁。次生壁是细胞壁的增厚部分，由里向外可分为三层，构成细胞壁主体的是次生壁中层，占细胞壁的70%，次生壁中层的微纤维与细胞纵轴几乎平行排列。

2. 竹材、木材的物理性质

（1）吸湿性

不同的竹木材因纤维细胞的种类、排列结构和多糖化合物分子链间非结晶区的疏密程度不同，吸湿性有很大的差别。

①纤维素与半纤维素分子的吸水性。竹木漆类文物之所以容易吸水，与竹木材主体成分纤维素和半纤维素的分子结构息息相关。从多糖化合物的化学结构来看，其分子链上有大量的羟基（-OH基团），-OH是较强的亲水极性基团，易于吸附环境中的水分子。但水分子只能进入非结晶区，与非结晶区的游离-OH形

成氢键结合力，这部分水被称为结合水。当大分子内的-OH被其他基团置换后，其吸水性会发生变化。

②木质素的吸水性。木质素是以若干个苯丙烷为主体的立体网状大分子结构，分子与分子间不可能靠得很近，排列疏松，容易吸水。

③毛细管吸水性。竹木材的吸湿能力除了取决于亲水性羟基的多少以外，还与纤维结构的各个单元，如微纤维之间、原细纤维之间乃至大分子之间有大量毛细管有关，由于毛细管作用所吸附的水，被称为毛细管水或游离水。

（2）收缩性与膨胀性

①材料的吸水膨胀性。由于材料内含有的游离水和结合水的含量受周围环境的水分和相对湿度控制。当环境中湿度过大时，材料吸水膨胀，被吸附的水分子存在于毛细管内、非结晶区的线形纤维素分子链之间和结晶区的表面。在材料的微纤维多糖分子中，其羟基吸附水分以后，会引起相邻分子的分离，使微纤维之间的间隙过大，产生横向膨胀。

②材料的失水收缩性。当环境干燥时，所吸附的水分就会散失，产生收缩。一般来说，竹木材遇到非常干燥的环境，先失去游离水，再失去结合水。材料所含水分的减少必然会使纤维素分子链之间的距离缩短，从而导致收缩现象。

（3）滞后性

在同一相对湿度下，吸湿时水分吸着量低于解吸时水分的蒸发量，也就是吸湿时的平衡含水量总比解吸时低，这种现象叫滞后现象。滞后现象是由于吸湿时同时发生润胀，从而破坏氢键，使分子链之间的距离增大；在解吸时发生收缩，分子链之间的距离缩小。这两种分子链的运动变化都会遇到阻滞，在吸湿时，由于内部的游离羟基少，即吸着中心少，也就是纤维素本身的结合点较多，所以本身吸着的水分就少；而在解吸时，由于内部的游离羟基多，即吸着中心多，也就是纤维素本身的结合点较少，所以吸着的水分就多。

（4）易劈性

竹质是由维管束的基本组织组成的，维管束不均匀地分布在基本组织中。维管束的主要细胞是木质纤维，其壁厚，腔极窄，形狭长，呈纵向排列。因此，它纵向强度大，横向强度小。基本组织由薄壁细胞组成，细胞壁薄而柔软，强度不高，由于维管束分布在基本组织中，因此易于开裂。

（二）竹木漆器的漆膜

古代的漆是天然漆，又叫生漆、国漆、土漆等，是漆树的树汁。漆树属漆树科，为落叶乔木。漆树原产中国，现广泛分布于亚洲温暖湿润地区。在我国以陕西、四川、湖北、贵州、云南、甘肃等省较多，河南、安徽、浙江、福建等省也有少量分布。

漆树自然分泌树汁，在潮湿的空气中充分氧化后，表面呈栗壳色，干涸后变成褐黑色，非常牢固，具有耐酸、耐热、防腐、绝缘的性能，在器物表面形成坚硬光亮的涂层，这一现象被中国先民所发现，利用它来涂抹、装饰包括竹器、木器、陶器在内的许多器具，这是生漆利用的开始。考古发现，我国的先民利用生漆最早在 7000 多年以前，在周代已有对生漆课税的记载。

1. 漆的种类

从出土的竹木漆器的漆膜进行鉴定发现，古人按照历史顺序使用的漆有三种：

一是生漆。从漆树上采割得到的漆液除去水分和杂质后即为生漆，例如，1978 年在浙江余姚河姆渡遗址第三文化层中发现一件朱漆涂饰木碗，是中国迄今所知年代最早的漆器。

二是熟漆。生漆经过搅拌加热精制而成熟漆。熟漆可与颜料混合调制成天然色漆。

三是油漆。油漆是桐油和生漆的混合物。以油漆涂饰的器物在春秋战国时期就已经出现。桐油的主要成分是桐油酸，具有很强的结膜性能，而生漆具有很好的保护功能和黏合能力，二者的结合可以说是我国先人在化学史上的一项具有民族特色的创举。

2. 漆的化学成分

天然漆为白色黏稠液体，其主要成分是漆酚、漆酶、含氮物质和树胶质。此外，还有一定量的水分和少量其他有机物质。各种成分的含量，随漆树品种、生长环境和采割时期等因素的不同而有所差异。我国生漆中各种成分的含量一般为：漆酚 40%～80%，含氮物 10%以下，树胶质 10%以下，水分 15%～30%以及少量其他有机物。

（1）漆酚

漆酚是生漆的主要成分，不溶于水，但溶于乙醇、乙醚、丙酮、二甲苯等有机溶剂和植物油，主要是几种具有不同饱和度的脂肪烃的邻苯二酚及间苯二酚的混合物。

（2）漆酶

漆酶俗称生漆蛋白质、氧化酵素，是一种氧化还原酶，存在于天然漆的含氮物质和树胶质中。漆酶的分子量为 $12 \sim 14 \times 10^4$，含有 4 个铜原子，为含铜糖蛋白。它不溶于水和有机溶剂，但溶于漆酚。漆酶能促进漆酚的氧化，使干燥结膜的进程加快，因此，它是天然漆在常温下干燥时不可缺少的天然有机催干剂。

（3）树胶质

树胶质属于多糖类物质，含有微量的 Ca、Al、K、Mg、Si、Na 等元素，溶于水但不溶于有机溶剂。从天然漆中分离出来的树胶质呈黄白透明状，具有树胶的清香味。树胶质主要是增强漆与器物的黏合，并影响漆的干燥性能。它还是一种表面活性剂，能起到很好的悬浮剂和稳定剂的作用，能使得生漆中的各种成分成为均匀分布的乳胶体，使其稳定而不易变质，便于涂刷，形成的漆膜也非常细密，稳定性大为增强。

（4）水分

水分在漆中占有的比重不但与漆树的品种、产地环境有关，还与采割、加工技术有关。一般来说，天然漆中的水分越少，其质量也就越高。水分是形成乳胶体的主要物质之一，也是漆在干燥过程中漆酶发挥作用的重要条件。即使在精致的漆中，含水量也在 4%~6% 左右，否则很难干燥结膜。

（5）其他有机物质

天然漆中含有的其他有机物质相对较少，如植物油（含量约为 1%）、甘露糖醇、葡萄糖和乙酸等，这些成分对天然漆的质量没有显著的影响。

3. 漆的结膜

漆的结膜就是漆的干燥过程，也是天然漆中各种成分发生物理、化学变化的过程，即漆酚中酚羟基被漆酶催化与烃链中双键氧化聚合的过程。成膜的过程中必须有 H_2O 和 O_2 的存在，且与温度、湿度有关，在适宜的温度、湿度条件下干燥成膜的速度快，膜的质量好。

天然漆干燥成膜有氧化聚合成膜和缩合聚合成膜两种不同的方式。结膜机理和方式不同，漆膜的结构和耐腐蚀性能也有所不同。

（1）氧化聚合成膜

在常温下天然漆的自然干燥就属于氧化聚合成膜的过程。在这个过程中，不但要有氧气的参与和适宜的温度、湿度（一般温度为 20~30 ℃，湿度为 80%~90%），还特别依赖漆酶的催化作用。

①酚型化合物氧化成醌型化合物

天然漆的漆酚在漆酶的催化作用下，酚基被氧化生成酚醌，如乳白色的漆液接触空气以后，其表面立即变为红棕色，就是因为酚基被氧化成酚醌，即漆酚在氧化的过程中，吸氧变成醌型的化合物。

漆酚醌的反应性很强，一次反应生成的漆酚醌又与未反应的漆酚进行二次反应，生成两种不同的二聚体，这时漆膜的颜色便由红棕色转变为褐色。

醌型化合物的出现，仅仅是一个过渡阶段。醌型化合物还要进一步氧化聚合生成长链状或网状高分子聚合物。漆酚二聚体与漆酚醌会循环连续反应生成漆酚多聚体，此时褐色进一步转变为深褐色。

②烃链的氧化

当漆酚形成多聚体时，R 基（烃链）也能被氧化，氧化聚合方式与一般干性油的氧化聚合方式相同，通过氧桥键联结成为网状高分子化合物。由于共轭双键的存在和分子量的增加，漆的颜色会逐渐由深褐色转变为黑色，黏度也会进一步增大。但是此时漆酚的分子量还不是很大。键的长度也没有达到形成固化膜时的长链或网状聚合度，漆膜也只是处于指触干燥程度。由于漆酚烃链含有的双键不止一个，因此在氧化聚合反应的过程中，漆酚的烃链还会进一步形成三维空间体型结构的高分子化合物，最后达到固化成膜。

（2）缩合聚合成膜

缩合聚合成膜是一种人工干燥的方法。它是在隔绝空气和高温（100 ℃）的条件下使漆液干燥成膜的。它以不吸氧的缩合反应和不吸氧的聚合反应为主要形式，由于漆酶在温度超过 70 ℃时已经失去活性，所以在高温下形成的漆膜没有醌式结构的出现，漆膜的颜色比常温条件下也要浅得多，硬度也比较大，最后的生成物是网状体型结构的高分子聚合物。

这种干燥方法关键在于温度的控制，低于 100 ℃效果不好，高于 180 ℃以上又会导致漆膜炭化，130~180 ℃时硬化效果最好。采用高温硬化法的优点就是漆层的附着力非常强，几乎不能剥离，漆色透明，颜料不易变色，干燥后没有漆味，最适宜于金属胎或陶瓷胎的表面涂饰。

4. 影响结膜的因素

漆酶的活性决定着漆的干燥结膜的质量。漆酶的活性主要受以下因素的影响：

（1）大气的温度、湿度

生漆需要在一定的温度、湿度（20~30 ℃，70%~80%）下才易干燥，过冷或者过热、过干或者过湿的环境都不利于生漆的干燥。温度在 75 ℃以上，漆酶的活性在一小时内会被完全破坏，无法促进漆结膜。

（2）介质的酸度

最适合漆酶的 pH 值为 6.7，当 pH 值在 4~8 以外时，漆酶的活性会消失。酸、过氧化氢、氢氰酸、羟胺、硫化氢、氰化钾、重氮化钠等物质会部分或完全破坏漆酶的活性，影响结膜质量。

（3）漆的含铜量

漆酶是一种含铜的多元酚氧化酶，含铜量为 0.24% 时漆酶的活性较大。漆酶能促进多元酚和多氨基苯的氧化，而不能促进一元酚类的氧化。出土漆器漆膜中分离出的漆酶呈白色，活性较低，所以膜的牢度会退化。

5. 漆膜的作用

漆是一种保护器物表面免受腐蚀侵害、装饰美化的化学材料，漆经过一定的方法被涂饰在器物表面上，干燥以后形成牢固附着的坚实的膜。漆的作用主要体现在以下几方面：

（1）保护作用

古人已经知道，由竹材或木材所制造的各种器具和工具，长期暴露在空气中，很容易受到水分、光线、氧化剂、微生物、害虫等因素的破坏而逐渐腐蚀毁坏。在这些物体表面涂上漆而形成的漆膜具有耐久、耐腐、耐热、耐油、耐溶剂等优良性能，能使材质与空气隔绝，起到防腐、防污、防潮、防虫等作用，并能延长器物的使用寿命。

（2）装饰作用

生漆的涂膜坚硬而富有光泽，具有光亮美观、鲜明艳丽、色泽悦目等特点，如明代宫廷用来盛放点心的剔彩春寿宝盒，式样典雅美观，色彩富丽鲜明，雕工纤细精美，纹饰寓意吉祥，花纹繁密清晰，既是实用的盛器，又是珍贵的艺术品。

二、竹木漆器腐朽的原因

（一）漆膜的腐朽和损坏

1. 漆膜化学降解老化

（1）漆膜老化的概念

天然高分子聚合物漆膜在外界不利环境的作用下会发生不可逆的降解反应，降解老化主要是聚合键断裂、网状聚合物解离，烃链分裂也会引起老化。降解包括分子链的断裂和交联，两者都改变了漆膜原有的性质，使其性能下降。断链使漆膜变得脆弱，交联使漆膜失去弹性，生漆漆膜降解的快慢是由漆膜的自身性质和外部环境因素综合决定的。

（2）漆膜化学老化的机理

漆膜化学老化是一系列复杂反应的结果，常常伴随着分子量的很大变化，漆膜中的化学键在各种机械力、热、光和化学反应物的作用下断裂，并产生自由基，这些自由基或重新结合，或在有氧条件下，与氧结合在一起形成过氧自由基。过氧自由基有时相互加成，有时与自由烷基加成，而不再加成的就会发生断链。

（3）漆膜老化的化学成分改变

少量漆膜的降解和其他聚合物一样，通过氧化、水解、断链的过程，主要生成醛、酮、羧酸等以及可挥发性物质，降解活期的漆膜孔洞增加可以容纳水分。而且因为降解，漆膜分子中极性键特别是-OH 和-COOH 的增加会使吸水性增强。这时的漆膜具有类似木材的性质，会受水的影响发生膨胀、收缩和卷曲。

漆膜的老化降解通常从表面开始，然后再深入内部，因此，在膜的体积和性质未发生明显变化之前，表面上就可能出现各种老化现象，如龟裂、变色等。

2. 漆膜物理形变的过程

（1）膜内水分不均匀蒸发

在外界环境相对干燥的情况下，漆膜中的水分开始蒸发。由于漆膜的透水性较差，从而膜中水分的蒸发为一种不均匀状态，蒸发量大的部位收缩量也大，反之亦然。因此，最终会导致漆膜的物理形变。

（2）漆膜张力不均匀开裂

在干燥环境中，漆膜外表会首先干燥收缩，并由含水率较高的较脆软状态逐渐硬化。这一过程使外表具有一定的力量向中心拉扯，当拉扯力达到一定程度时，漆膜的自身强度和柔韧性也会发生改变，表现为漆膜首先硬化，然后漆膜从原有的肉眼不可见的细微虚弱处断开。

（3）漆膜的翘曲

开裂后的漆膜内侧与空气接触面增大，水分的蒸发随之加强，内表面在干燥过程中也逐渐趋向于收缩，但这个收缩力是随水分的蒸发缓慢产生的，不可能一下大于外表面已产生的预应力，所以内表面水分蒸发的部位无法产生应有的收缩，而难以干燥固定形状，干燥后的漆膜就会产生翘曲。

对于那些较薄漆膜的竹器文物，翘曲现象比较明显；而对漆膜较厚的木器文物，由于漆层中间老化降解度略小，漆层强度相对较大，就不容易发生卷曲。

（二）胎质的腐朽和损坏

1. 胎质的物理损坏

（1）胎质的胀缩向异性导致变形开裂

木材的胀缩向异性是指纤维素分子和半纤维素分子-OH基吸附水后，就会引起相邻链的分离，产生膨胀；反之，吸附水散失就要收缩，但木材的这种干缩湿胀在各个方向上不一致，加上木材内部和外表的水分分布不均匀，因此，在环境湿度急剧变化的情况下，就会造成木材各种表面和端面的裂隙和多形态的扭曲和翘曲，如此反复，就会使胎质变形、开裂和剥落，并不断加剧，严重的就会造

成崩溃解析。

（2）材质细胞结构发生变化

竹木器文物由于长期吸水膨胀和失水收缩会引起细胞结构发生各种变化，加速胎质损坏。

（3）材质的物理性质发生变化

组织结构的变化必然会引起物理性质的变化。木材的紧密度、强度、干缩率都是木材稳定性的依据。由于受外界环境的影响，材质的物理性能和耐久性下降。

2. 胎质化学成分的改变

（1）纤维素、半纤维素分子的化学降解

在环境中的水和酸的作用下，多糖分子发生水解反应，氧桥断裂，聚合度下降，而且分子上的氢氧基增多，分子吸水性增强；还原性醛基增加，铜值提高，受到弱碱作用会变黄；纤维强度和耐久性均下降。

（2）纤维素、半纤维素、木质素分子的氧化降解

在环境中水和氧化剂的作用下，胎质的三种有机化合物内活泼基团都可氧化，生成醛基、酮基和羧基，使化学成分发生改变，耐久性变差。

3. 质材的生物腐蚀

（1）微生物的危害

竹、木材料的主要成分是多糖类有机化合物，容易受到真菌、细菌、放线菌等微生物的侵蚀，其体内产生的胞外酶将不溶于水的高分子多糖化合物酶解成溶于水的小分子单糖化合物，作为生物的养料，使制成材料发生不可逆的损坏变质过程。

如木腐菌类的菌丝能分解纤维细胞的细胞壁做养料，造成木材组织呈筛孔状或粉状。腐蚀竹材和木材的真菌主要有三大类：木腐菌、着色菌和霉菌。

①木腐菌的危害

木腐菌的破坏性最为严重。木腐菌分为白腐菌和褐腐菌。白腐菌主要破坏细胞中的木素或改变木素的性质；褐腐菌主要破坏纤维素结构，打断分子氢键，降低聚合度，使木材变成褐色，成粉末状。木腐菌从根本上改变了木质文物的理化

性质，造成了颜色变化、气味改变、强度明显下降，使文物寿命大为缩短。

②着色菌的危害

着色菌的菌丝分泌的大量色素会导致文物变色。与木腐菌不同，着色菌的菌丝通过木材的细胞纹孔进入木材内部，一方面破坏纤维素强度，另一方面又使文物表面和内部浸染上绿、黄、粉红、红、褐、黑、灰蓝色等各种颜色。

③霉菌的危害

霉菌也是使文物染色和纤维素分解的重要菌类。根据专家对湖南长沙走马楼出土的竹简进行鉴定发现，其表面着生的霉菌主要为橘青霉、黄曲霉、黑曲霉等。

（2）昆虫的危害

危害竹、木质文物的昆虫有很多，常见的有白蚁、天牛、小蠹虫、扁蠹、象鼻虫、竹大象、竹广肩小蜂等。不同的害虫带来的危害也有所差异，有的只伤及表层，有的会蛀入内部。这些有害昆虫都是咀嚼式口器，消化道内消化纤维素和木质素的能力很差，因而，食量大，对文物破坏严重。轻则形成虫孔虫道，重则使器物千疮百孔，不堪入目，丧失科学研究和艺术价值。有些害虫虽然不取食器物，但以器物为巢，它们的幼虫孵化后反而在内部取食器物。此外，害虫的排泄物和携带的细菌也增加了对器物的危害。

（三）地下环境对古代竹木漆器的影响

对于埋藏于地下的漆器，土壤中的含氧量、水分、盐和酸碱度会使漆器发生降解。氧气是漆膜氧化、降解的十分重要的因素。土壤中的含氧量取决于器物埋藏的深度、水位高低和土质等。水位变化较大的区域，土壤忽干忽湿，并且由于水的活塞作用，会使土壤在某一时期的含氧量极高，造成保存状况的不稳定，不利于漆膜的保存。

三、古代竹木漆器的脱水定形

（一）古代饱水竹木漆器的特点

古代的竹木漆器长期在地下水中浸泡，含有大量水分。由于材质经过水解、氧化、纤维素分解酶和微生物的作用，其大分子结构遭到破坏变为小分子材料，有些通过漆膜破裂处流失，有些则与水以氢键方式结合。水的浸入占有了原有的木质素、半纤维素和纤维素的位置，支撑着木材原有的外形结构，使器物出土后仍保持原有的器形。主要特点如下：

1. 含水量高

古代饱水竹木漆器一个最重要的特征就是含水量很高，一般绝对含水量都会超过150%，有的甚至高达700%~1900%。而砍伐下来的新鲜竹木材的绝对含水量只有40%左右。

2. 机械强度低

饱水竹木漆器内胎的主要化学成分是纤维素，纤维素结构又分为结晶区和非结晶区，它们维持着器物的外形。但是这些器物在地下埋藏了千百年的漫长岁月，地下水使纤维素遭到破坏，成链状的多糖物质内的糖苷键发生断裂，纤维素大分子变小，使器物在宏观力学性能上大为降低。同时，器物内部的木质素、半纤维素、可溶性胶质等成分由于解离而增加了溶解度，这使得纤维束与纤维束之间（微纤维和细纤维）的氢键结合力大大减弱，所以出土的古代饱水竹木漆器在外力的作用下很容易破碎或成为粉末。

3. 漆膜起皱脱落

古代漆器的漆膜是由生漆与油类混合后涂刷而成的。在千百年的地下环境影响下，化学性质比较稳定的漆膜网状结构破裂，发生老化；加之内胎质地的老化，从而使漆膜出现开裂、皱缩、胶化、脱落等现象。

（二）古代饱水竹木漆器脱水加固

古代出土饱水竹木漆器由于制作工艺不同，使用材料的质量各异，加之出土前地下环境、出土时代的不同以及地区差异等方面因素的影响，因此，不同的竹木漆器出土时的饱水情况及破坏程度也不相同。对此，只能根据不同的对象和情况，采用不同的脱水定形处理方法。

1. 干燥脱水

所谓干燥是指将饱水竹木漆器的含水量降到对器物本身无害的标准，并非不含任何水分。在空气正常相对湿度为 50% 左右的条件下，质胎的平均含水量以 12% 为好，但竹胎的正常含水量应相对高于木胎。

在古代饱水器物的脱水处理中，一定要遵循循序渐进的原则，每一次的处理工作都应先用与器物类似的残片进行试验，若没有残片时可用同时出土的其他器物做试验，在取得一定的数据（如绝对含水量、平均收缩率等）后，再制订出最佳的脱水处理方案，对于特别重要的器物更要慎重进行。

（1）自然干燥法

自然干燥法就是将饱水器物密封在一个湿度比较小的环境中，使器物内部的水分极其缓慢地蒸发，以达到脱水的目的。具体的做法可将饱水器物放在干燥的沙子中、密封的玻璃器皿内或用塑料薄膜包裹放在地下室阴干。

这些方法简单易行，特别适合质地较好、含水量不是很高的器物。对那些体积大、材质厚的器物，也只能使用自然干燥法，但要注意定期检查，一旦发现干裂、霉变或腐烂时要，及时处理。

（2）硅胶干燥法

硅胶是无色半透明至乳白色的固体，多制成颗粒状，无臭，无腐蚀性，不溶于水，化学组成成分是 $mSiO_2 \cdot nH_2O$。硅胶的空隙率为 70%，吸湿能力为自重的 30%。硅胶可分粗孔、细孔、原色、变色等类，粗孔硅胶吸湿速度快，易饱和；细孔硅胶吸湿速度慢，但维持的时间长，一般在文物保护上都使用变色细孔硅胶。变色硅胶为蓝色颗粒，内含无水 $CoCl_2$，吸饱水分后，水合 $CoCl_2$ 为粉红色，所以根据硅胶颜色的变化可以判断其吸水程度。

硅胶干燥法就是将小型竹木器物与硅胶密封在同一个玻璃干燥箱内，利用硅胶的吸湿性来吸附器物内的水分，硅胶要不断更换。饱水硅胶经过干燥处理后还可以重新使用，硅胶干燥处理饱水器物的方法不仅操作简单，而且费用低廉。安徽省文物保护机构的专家曾用此法脱水处理了几件两汉时期的木胎漆器，效果较好。但是腐朽严重的饱水竹木漆器采用此种方法进行脱水的效果很差，需要采用其他方法进行处理。

（3）冷冻真空干燥法

冷冻真空干燥法是将饱水器物放置于低温条件（-40～-20 ℃或者更低）下冷冻，使器物内部的水分全部结成冰，然后在真空状态下使冰不经过液态情况下直接气化，变成水蒸气，再用真空泵将水蒸气抽出，从而使器物脱水。

（4）醇-醚联浸脱水法

这是目前我国多数文博单位对古代饱水竹木漆器进行脱水处理的常用方法。它是用一种可以与水互溶的醇类有机溶剂浸泡器物，将器物内部的水分逐渐置换，然后再用醚类的有机溶剂将醇类置换。其基本原理是由于第二种有机溶剂（如乙醚）具有低沸点和表面张力较小的特性，因此，它在饱水竹木漆器物质内部与纤维束之间的结合力较弱，挥发后不会引起纤维之间的强烈收缩与破损。此法由于脱水处理效果很好，所以被广泛采用。但需要有机溶剂的量较大，要做好防毒、防火措施，以防发生意外事故。

（5）超临界液体干燥法

超临界液体干燥是近年来迅速发展起来的新技术，也开始应用于饱水文物脱水。它是利用气体在临界温度以上无论加多大压力都不能液化的特性，控制饱水文物内部的液体在临界点之上，使气、液界面消失，在无液相表面张力情况下进行的干燥过程。

2. 加固定形

加固定形是指在一定条件下使用一些有机或无机材料逐步渗入饱水器物内部起填充加固作用，使得饱水器物在脱水时能保持其外形的稳定。

（1）无机盐渗透法

利用明矾等无机盐在较高温度的水溶液中溶解度大的特点，将器物浸泡在无机盐的热水溶液中，使盐类逐步渗入器物内部起填充作用。但使用明矾填充后，由于空气中的温度、湿度变化，可能有少量盐分析出，需要加以改进或结合其他方法并用。

（2）单体树脂浸透法

将饱水器物浸泡在单体树脂溶液中，因单体树脂液分子量小，渗透性强，很快渗入器物内部。通过 γ 射线的照射，单体在器物内部聚合，生成热固性聚合物，从而起到对饱水器物内部填充加固的作用。如用甲基丙烯酸甲酯，渗入器物内部，γ 射线照射后，器物内部空隙中的填充物为聚甲基丙烯酸甲酯。

3. 脱水加固综合法

综合法就是将几种脱水加固的方法综合起来使用，对于一些饱水器物往往能取得比较好的效果。

（1）醇–乙醚–树脂法

醇–乙醚–树脂法又叫溶剂–填充法。对古代饱水竹简的脱水处理较好，这是因为若竹简腐烂程度很严重，仅采用溶剂法是不够的，还必须与树脂填充结合起来。

所用树脂一般以天然树脂为主，如松香、乳香胶等。为了能使树脂渗入器物内部，浸泡液的树脂浓度必须由低向高增加（间隔时间视器物质地情况而定）。树脂的用量应控制在 10% 以下，常用的树脂量是浸泡液重量的 3%～5%。加入过量的树脂会使浸泡液的黏度增大，影响渗透效果，反而达不到填充加固的作用。

（2）冷冻–真空–树脂法

冷冻–真空–树脂法也是常用的一种综合法。当器物内部脱水和有机溶剂挥发以后，可在真空状态下加入含有树脂的溶液，使树脂渗入器物内部，达到脱水加固的目的。

（三）竹木漆器文物的修复

1. 除污和脱色

（1）除污

一般出土竹木漆器都会带有泥污和霉斑，可先用蒸馏水洗去污泥，再用较稀的 H_2O_2 溶液或 2% 的草酸溶液清洗暗黑的斑点，用清水多次漂洗干净。

（2）脱色

有时候出土后的竹简因为不适应外界条件变化而发生变色，导致字迹辨认不清。要使器物色泽变浅，字迹清晰，可在修复开始前先用蒸馏水将竹简清洗干净，浸入 5% 的草酸溶液中，等到竹简色泽变浅、字迹清晰时，再用蒸馏水将竹简上留存的酸溶液漂洗干净到中性。

2. 竹木胎的补缺

对已残碎的木器和断裂的竹简的修补主要是补洞和黏接。

（1）补洞。补洞指用环氧树脂调拌木屑填补空洞。木屑须预先经高温消毒，或用氧化铝等杀虫灭菌剂处理。修补后可再适当做旧，做到新补的部分同旧物原貌一致，浑为一体。

（2）黏接。黏接可用溶于甲苯或丙酮的聚醋酸乙烯酯溶液，或聚醋酸乙烯乳胶液将碎片小心对接在一起。

若内胎较为糟朽，先用4%的乙二醇聚乙烯醇水溶液，将器物里外两面进行涂刷，待干燥时，器物便能具有良好的弹性和光泽。

3. 漆膜的修复

漆膜必须在干燥情况下进行修复，修复漆膜要根据膜的损坏程度分别采取相应的有效方法：

（1）漆膜的回软

漆膜是漆器彩绘图案的载体，也是文物精华的所在。由于保存不妥，许多竹木漆器漆膜发硬发脆，一触即破，也有些漆膜会翘曲卷边。在不改变漆膜化学性质的前提下，可选用水、乙醇、丙三醇、丙二醇做回软剂。这些溶剂具有极大的吸湿性和热稳定性，与许多化学物质不起作用、不水解、不变质、不变色，可用作增塑剂和软化剂。经过比较，将温度控制在 $40 \sim 60\ ℃$，以水、乙醇、丙三醇的回软性最好。处理过的漆膜有很好的塑性和弹性。

（2）漆膜的补缺

①细小的裂纹可用树脂胶乙醇溶液灌注填充，也可用硝基清漆加稀料稀释后渗入裂缝直到饱和为止，还可用稀释的树脂渗入灌注，溢出的液体要及时擦掉。

②黏接残破漆膜和填补较大裂缝可用环氧树脂。漆膜上残缺的花纹图案，须用中国漆修补，每涂刷一遍，干涸后用砂纸打磨，再打蜡抛光。

③对木胎糟朽严重、漆皮尚存的器物，可采用更换木胎的办法，即先将卷曲残碎的漆膜从朽烂的旧胎上剥离下来，按旧物形状和大小仿做一个新胎骨，再采用黏接剂或蜂蜡、树脂液将漆皮粘上复原。

④内胎尚好、漆皮脱落的器物，可采用乳香胶、松香、石蜡或蜡90份、聚环乙酮树脂9份、榄香树脂胶1份配比后，加热熔化，作为胶黏剂，再把脱落的漆皮热贴到破损部位。在漆皮上放几张棉纸，在棉纸上加热加压，待黏合剂冷却，漆皮便牢牢地贴在胎骨上。

第四章　博物馆藏品的保护与文化传播

第一节　博物馆藏品保护工作的新进展

一、博物馆藏品创新保护的思路

众所周知，随着互联网时代的到来，人们获取信息的手段和方式迎来了新的变革，促进了全球化的进一步发展。要在现代社会中追求自我，延续本国文化的完整，从传统社会保留下的文物就会成为民族特殊性的来源。信息传递飞速的今天，在博物馆文物管理过程中，急需对文物保护探索出新的路径。

文物作为最能体现国家性和民族性的历史产物，有着重要的研究价值、文化价值、审美价值，因此对文物进行保护具有十分重要的意义。在互联网时代，信息传递方便快捷，对文物的保养和修复能够得到更加专业的指导和监督，使文物的美感和承载的历史文化呈现在大众视野中，从而提高对文物的保护程度，为保护中华民族历史悠久的文化做出贡献。

（一）建立网络指导与共享体系

1. 网络指导体系

由于文物年代久远，遭受破坏之后，修复文物所需要的原材料难以获取，文物制作原工艺难以传承，而文物的修复原则是不改变文物原状，最大限度地保留文物的历史、艺术、社会等价值，在修复时要做到最小介入和最大兼容。因此，文物修复工作主要对照现存的同类型器物并查阅古籍记载，使其尽量恢复最多的历史信息，以最小干预的方式达到"修旧如旧"的目的。历史文物在经历腐蚀、风化等自然环境的侵蚀后保留至今，而现代社会的科技运用使得环境条件与过去相比有更大的不同。为了防止现存文物被进一步破坏，需要结合现代科技使用更为有效的物理方式和化学药剂对文物进行保存。但是任何原材料的使用都要经过时间的检验，保护和修复材料在老化后有可能给文物带来更大的破坏或影响。因此，文物保护材料的选择已经陆续有一些标准，其物理性能和化学性能都有着更加严苛的要求。

连接各个博物馆的内部网络，统一上传需要修复的文物资料，由文物修复专家组成研究讨论小组，对各个博物馆的存储文物进行审查，通过远程网络连接，对需要修复的文物进行修复难度等级划分，选出修复工艺难度较低的文物，通过网络视频连接对博物馆内的文物修复人员进行实时指导，同时，达到人员培训和文物修复的目的，提高了工作效率。对于修复工艺难度较大的文物，在专家小组派出人员进行文物修复时，以直播的方式将修复工艺流程转播到其他博物馆内，将传统工艺展示给更多普通人并为专业的文物修复者提供更多的修复案例。由于文物修复和保存难度大，需要丰富的历史知识、娴熟的工艺手法、专业的物理化学应用，在网络指导体系的建立下，不同学科之间的交流联系更加便捷，对文物的修复和保存工作也将更加完善。

2. 网络共享体系

文物有可移动和不可移动之分，为了有效地保护文物，各个博物馆之间极少进行文物转移，所以各个地区的博物馆所收藏的文物多代表本地区的历史文化，展现出了区域特色。在互联网时代，人们通过网络所了解的信息更多，而博物馆在展现本地文化特色的同时，也应该为人们提供更多文化历史信息。在寻找本地重点文物的同时，使用网络共享的方式将更大范围内的重点保护文物展现出来，通过提高人们对重点文物的关注度，实现对类似文物和区域内文物的裙带保护。

（二）博物馆手机软件的制作与宣传

在互联网时代，手机成为重要的信息传递工具，手机上也装有各式各样的商业推广软件，在博取大众关注的同时引导人们以经济利益为主进行商品选择。近些年来，电视媒体的鉴宝类节目以及新推出的鉴宝类手机软件，虽然在一定程度上提高了人们对于文物的认知程度，使得散落在大众之间的文物能够被重新收集，得到国家的统一保护，但是也进一步引导人们对于文物的思考模式，更加偏向于经济利益而非文物本身所具有的文化价值和历史意义。这样的思考模式对于文物的长远保护是不健康的，有可能出现文物保护的两极化和利益化，不利于文物保护的初衷和民族文化的传承。因此，博物馆手机软件的制作目的和宣传方式绝不能是商业化的，不适合将文物贴上价格的标签来博取人们的关注。

博物馆手机软件的制作和宣传方式，应该以公益模式进行，增加大众对于文物的相关知识，在功能上，除了拥有博物馆收藏文物的基本信息，还应该具有文物检索功能，使人们在查询某一历史时期时，能够展示出文物不同时期的工艺特点，随着时代的发展，体现出工艺的进步和文化的传承，加强文化价值的认可和引导。

综上所述，文物的保护不仅需要通过互联网进行文物修复的技术交流，更加需要通过网络传递文物的文化价值。文物本就经历了数百年的历史，在这数百年里保存完好本就不易，每一件文物都将当时的历史背景、工艺手法、文化传承下来，让后人得以了解，所以每一件文物都是独一无二的，即使被现代人赋予了价值属性，但是不代表文物是可以被现代的金钱衡量的。

二、博物馆藏品的数字化保护

（一）博物馆藏品展陈的防震保护与措施

博物馆展陈文物的地震损害主要来自三方面：博物馆建筑结构的破坏、文物展柜（台）的破坏和文物自身的破坏。所以，对展陈文物防震保护的研究主要应从博物馆的主体建筑、展厅所使用的展柜（台）及所展出的文物等几方面入手。

1. 博物馆建筑的防震保护

当博物馆建筑在地震作用下被破坏时，保管于其中的文物也会遭受破坏，因此，对博物馆采取防震保护措施是避免文物受损最有效的手段。

2. 展柜（台）的防震保护

（1）展柜（台）防震保护的意义

减轻文物震害的另一个重要手段就是对文物展柜（台）的防震保护。对展示文物的展柜（台）防震保护主要是在展柜（台）底座安装控制设备，该控制设备能在地震作用下起到一定的减隔震作用，从而达到减轻或避免展柜（台）上文物损毁的目的。

展陈文物传统的防震措施仅限于文物与展柜（台）座的固定连接，当展柜（台）座被破坏时，文物不可避免要受到损伤。为保证展柜（台）上的文物免受震害，应对一些不适合采用传统防震措施的展陈文物或者采取传统防震措施达不到良好防震效果的展陈文物采用展柜（台）隔震技术。展柜（台）隔震技术是指在文物展柜底座或展台底座安装隔震装置，使得在地震作用下，隔震装置能发挥减隔震作用，达到减轻或避免展柜（台）上文物的震害。展柜（台）隔震是减轻文物震害的又一种重要手段。

（2）展柜（台）的防震措施

相比于传统的文物防震措施，文物展柜（台）隔震技术主要是通过隔震装置的基本周期错开地震波卓越周期来实现，使文物受到的地震力迅速减小，而不产生明显摇晃（或滑移）的状态。特别是对于自身胎体比较脆弱或有裂痕破损的文物，展柜（台）隔震技术相比传统防震措施加固文物要安全许多。此外，隔震装置一般安装在文物展柜或展台底部，对展柜、展台及文物三者同时起到保护作用，隔震效果明显、使用较方便且不影响展示效果。日本、美国、意大利等国家现已研制出了不少展柜（台）隔震装置，文物展柜（台）隔震装置在国外博物馆展陈文物中都已普遍应用。目前，已开发研制出水平隔震装置、竖向隔震装置及三维隔震装置。

水平隔震装置包括滚轮式、滚珠式、滚轴式、滑块式、线性弹簧式、磁石式、SMA 丝弹簧式、恒力弹簧式、叠层橡胶式等不同类型文物隔震装置。竖向隔震装置则包括空气弹簧隔震装置、负刚度机构隔震装置、弹簧+线性导杆隔震装置、平行四边形链杆机构隔震装置、恒力弹簧隔震装置及扭簧隔震装置等。三维隔震装置包括双线性弹簧-滚珠导杆隔震装置及弹簧-线性导杆隔震装置等。故对有破损的、高宽比较大的、强度较差的、多层浮置的等防震安全隐患较大、地震易损的展陈文物，可通过"隔震+传统防震"相结合的方式进行防震。对独立展柜则采用文物展柜隔震或展台隔震方案并辅以传统措施，即在文物展柜底部或展台底部设隔震装置，降低地震作用，满足文物防震安全性能指标的要求。

3. 藏品自身的防震保护

对藏品自身的防震保护主要是利用文物自身的强度、刚度或柔性，采取一定的方法来抵抗地震作用下的破坏，达到防震保护的目的。国外博物馆对藏品自身采取抗震措施的研究及应用比较普遍。

展陈文物既要考虑文物安全，还要考虑其展览效果，故展陈文物的防震相比于库房文物的防震难度更大，所采取的防震措施也有限。

4. 展陈藏品的防震措施

（1）科学改进传统防震措施

在充分分析展陈文物各楼层文物防震安全性的基础上，博物馆的展陈文物防震应首先考虑传统防震措施。对本身无破损且高宽比较小的文物，可以直接利用传统防震措施对展陈文物进行保护。传统防震措施作为目前我国博物馆展陈文物防震预防性保护的主要技术手段，在一定程度上能够减轻或者避免地震对展陈文物的损坏，提高展陈文物的抗震性能，但对一些防震效果不佳或影响文物陈列效果的传统防震措施须进行改进。例如，传统的文物防震措施大多采取"抗"的方法来防震，就是着眼于文物自身的强度、刚度和柔性，采取固定、降低重心、增大接触面摩擦系数等方法来抵抗地震的破坏。但大多数博物馆所使用的传统防震措施都是依靠布展的经验，认为只要在布展后文物不发生摇晃或固定在展柜台上就满足了防震保护的要求，而不是立足于对文物陈列地点、楼层或者文物本身进行地震危害性分析的基础上。

传统防震措施所采用的材料的性质、使用数量、加固位置等都没有相应的参考标准。所采用的防震措施具体能抵抗几级地震，或者在不同烈度地震作用下的震害形式如何，尚未经理论或实验论证。故面对强度较大的地震时，有些措施往往达不到较好的防震效果，不能满足文物防震安全的需求。传统文物防震措施对于单件的展陈文物有一定的防震作用，但是对于多件或者组合文物、多层浮放文物及有镶嵌物的文物而言，则有一定的局限性。文物震害形式多种多样，地震作用的方向具有多维性，而传统的文物防震措施不能从整体角度减轻文物震害。传统的文物防震措施偏向于文物与展台的固定连接，而没有考虑展台的损害。在大多数博物馆展厅中，很多展台就直接浮放于展厅楼面，当地震发生时，展台与文物可能同时产生运动，展台上放置的文物就会因展台滑移或倾覆而损坏。如果因展台过高、展台台面材料摩擦系数较低及展台所使用的材料强度过低等原因造成展台在地震作用下受到破坏，那么展台上的文物就不可避免地会遭到损坏。

故对展陈文物采取防震措施时，应根据实际情况对展陈文物的地震危害性进行分析或进行相关试验论证，在分析试验的基础上采取合适的文物传统防震措施或对现有的、不合理的文物传统防震措施加以改进。防震措施的使用应全面考虑地震的破坏作用，尽量避免破坏文物本身或影响文物陈列展览效果，确保展陈文物能达到预期的防震效果。

（2）建立数字化防震管理机制

在中国这样一个地震多发的国家，如何加强博物馆展陈文物的防震预防性保护，降低地震对展陈文物的损坏程度，应该是博物馆的日常工作之一。博物馆应在本单位现有管理体系的基础上，借鉴国内外博物馆在展陈文物防震方面的先进理念，建立具有本单位特点的博物馆展陈文物防震保护及风险评估的数字化管理体系，逐步探索展厅的防震管理、监测、分析、处理、优化、预案等一系列风险预控机制，博物馆展陈文物预防性保护水平，加强博物馆展陈文物防震研究。把展陈文物的防震作为布展时的一项重要工作，切实可靠地保护文物安全。同时，加强对博物馆员工的防震教育及防震安全演练，做到一旦发生地震不慌不乱，及时发现问题和解决问题。

（二）博物馆藏品的数字化保护与管理

博物馆中以数字化对文物进行保护工作和管理的方案，依照的是数字化的应用信息系统的建设。随着经济的发展，人们越来越追求高质量的生活水平，从原来的追求吃饱穿暖逐渐转为追求更高的精神文化。而博物馆又是一个增长文化知识的好去处，这就需要不断对博物馆所展览文物的保护工作进行更好的规划，让博物馆能够在有计划保障的情况下运行下去，实现长久发展的目的。

1. 藏品的数字化保护

（1）数字化保护是发挥文物价值的前提条件

在计算机文化不断发展的推动之下，博物馆数字化管理以及文物保护已经成为这个领域的新鲜事物，博物馆的数字化文化建设正随着当今信息技术的发展而发展。数字化在当今博物馆当中的应用是文物保护工作以及发挥文物价值的前提条件，这也是博物馆工作的重中之重。近些年，博物馆公共开放力度逐渐加强，进入博物馆游览的游客日益增多，给文物保护工作带来了一些难题，在博物馆当中人为损坏文物的事件已经成为一种常态。然而想要解决这样的问题，就必须实施文物的数字化保护工作。在展览文物时进行三维的激光扫描、远近景拍摄和纹理方面的测量以及虚拟投屏，将文物虚拟地呈现在展览的观众眼前，减少游客与文物的接触，从而达到文物保护的目的。

（2）数字化保护是发挥文物价值的客观条件

文物可以作为历史文化的载体，在科学研究及公共教育方面都具有非常重要的价值。文物的价值非常之高，能够根据相应的文物来考察一个时代发生的事件。发挥出文物的价值是博物馆内展开各项工作的重点，而对文物实行科学的研究并进行对外开放的展览是实现文物价值的必经之路。数字化的文物保护工作在很大程度上提升了文物对外开放展览的便捷程度。博物馆在进行文物展览时可以采用一些数字化产品，这样就能够两全其美，既不损害文物，还能够供人们参考研究。博物馆借助数字化文物保护工作，使文物能够被拿到别的地方展览，有效地降低了在外展览当中的成本问题，更加提高了对外展览的水平及宣传教育的效果。

（3）数字化保护是传播中国文化的重要举措

新兴的数字技术是可持续地为广大观众保护和传播文化遗产的关键因素，并且是在中国创造价值活动的核心，这些活动对创意经济有贡献。博物馆中正在采用越来越多的新兴数字技术，这些数字技术是以对象为中心的，设计时并没有考虑到用户。也就是说，数字展品的设计是自上而下的，并且重点放在物品上，而不是访客的需求上。因此，评估中国文化机构中数字技术的采用和使用已成为当务之急，以此来了解其数字化福祉，以及成功实现中国为其制定的宏伟计划。

2. 藏品的数字化管理

（1）创新保护方式

随着岁月的不断流逝，文物可能在形态上发生了一些改变。文物数字化保护的目的就是为了能够让文物通过数字化创新的形式来进行文物保护。文物修复工作又是文物保护工作中非常重要的一个环节，而传统的文物修复工作既费时间又费人力，更容易让文物出现二次损伤，因此具有很大的不确定性。博物馆利用数字化对文物进行保护的主要目标之一就是能够充分发挥现代化信息技术的作用，为文物修复工作提供一种保障，让其能够自动还原，自动匹配大小，从而提高文物修复工作的工作效率，以及创新文物藏品保护的方式，从而以创新的文物保护方式来加强对博物馆文物的保护，能够很好地实现博物馆可持续发展的战略，并且还能够将博物馆逐渐推向大众的视野当中，让博物馆成为一个大的公共教育设施。

（2）建立审查模板

博物馆在进行数字化管理时，需要馆内的工作人员将数字化管理的系统融入文物的出入库管理模板当中。对馆内藏品的现状、数量和摆放位置等进行审查，然后记录藏品在馆内进出库的时间以及去向和出库的理由等。在藏品归还馆内时也要进行相应的审查工作，确保其没有被损坏。这一流程的主要作用就是能够让工作人员清晰地知道藏品在馆内的什么位置，而且在外出展览时不必将文物本身直接带走，可以通过数字化信息进行展览，从而减少在运输过程中由于各种原因对文物造成的损坏，还能够直接避免人为造成的损坏，从而让文物能够在博物馆长久地保存下去。

（3）信息数据系统化管理

利用多媒体技术对博物馆内文物的资料、图片以及视频等信息进行整理，从而实现多角度的保存和备份，能为游客提供更加准确的查询服务。这项工作还能够实现博物馆的办公自动化、管理的现代化，以及提高馆内工作人员的工作效率。对馆内文物进行数字化管理，不仅能够很好地了解库存当中文物的种类以及其相应的资料，还能够为博物馆提供一种可持续发展的能源。而且博物馆在进行数字化管理时，还可以与馆内的防盗、防火系统相结合，从而形成一套完整的管理体系，从而将博物馆的信息资源与互联网相互结合，建立一个数字化博物馆。这就成为博物馆能够与时俱进以及开拓和创新的必然选择。

（4）提高博物馆的科技水平

在博物馆对文物实行数字化管理，能够促进科学研究视野的发展。依靠计算机的统计功能，能够在几秒钟之内就完成馆员几天才能够完成的统计工作，从而能有效节省一些研究人员的时间，让他们能把更多精力投入文物保护的研究工作。在文物展览时也可以多媒体技术，从而让展览场地变得更加丰富、更加生动。

（5）定期进行状况调查

对博物馆文物定期进行状况调查，旨在为文物的存储和展示制定最佳策略，是博物馆和保护工作室的重要工作。为了有效地保护易受伤害的文物或艺术品，需要采用无损、高度敏感和定量的方法来检测和记录初期的损坏情况。在缓慢进展、环境引起的表面劣化的情况下，早期损坏检测尤为重要，因为这种检测可以在物体的结构完整性受到威胁之前就采取预防措施。监视方法只要足够灵敏且足够准确，就可以用作"预警"系统，从而有助于检测在展览品存储或运输过程中的有害影响、振动或气候波动。通过散斑干涉法可以适当地满足上述要求，散斑干涉法是公认的并且广泛用于测量亚微米位移分量、应变、变形和扩散散射表面的振动。干涉技术提供了高速和实时的测量，因此对分析文物的表面完整性特别有吸引力。迄今为止，散斑干涉法在检测各种遗产物体中的断裂和表面缺陷方面特别成功。尽管与标准的状态调查方法（例如，宏观摄影或敲击方法）相比，散斑干涉测量法具有无可争议的优势，但实际上也存在两个严重的问题，严重阻碍了该方法在更大范围的表面诊断中的应用：第一个难题是对斑点干涉图的定量分析，同时又要自动进行解释；第二个难题是在实验室外（在画廊或保护工作室中）进行的状况调查过程中要达到很高的精度。

自动解释测量值的问题至关重要。为了满足保存者和策展人处理艺术品的期望，任何表面分析方法都必须灵敏，而且必须对所记录干涉图像上的条纹局部所代表的特征提供明确的解释，仅当解释过程完全自动化时才有可能。

（三）博物馆藏品保护中的 VR 技术

VR 技术在社会各界得到广泛运用，是计算机技术与通信技术不断发展的成果。博物馆文物保护工作，要不断优化现有工作技术，吸纳社会发展的技术成果，提高文物保护工作的效率与品质，满足人们不断增高的社会需求。

1. VR 技术的特点

VR 技术全称为虚拟现实技术，是通过三维图像等计算机技术、音频、影像、人工智能、传感、测量以及微电子等多种技术结合而产生的一种现代化的智能技术。可以通过有关技术的辅助来达到有关内容的模拟，从而让整个计算机设计出虚拟现实环境，由此进行对象的交互性操作，让人们在虚拟操作的情境中感受到如同现实环境、事物一般的逼真场景。由于该技术通过计算机生成有关环境模拟现场，通过有关设备的辅助来提升人们视觉、听觉与触觉的感受，让人们通过虚拟成像的方式感知有关实际社会与事物的情境，参与到与环境、具体文物的有关交互活动中，减少现实情境中交互状态的高成本消耗。该技术可以呈现出不能够在现实中看到的情景，在线状况能减少情境化感受的成本，提高环境模拟感受的可能性。相比于传统单纯的三维模拟技术，VR 技术的真实感受更为强烈，能让参与其中的人有更强的环境沉浸感，由此产生更为真实的互动反应。在该技术的环境相互作用中需要充分调动人自身的感知能力，才能更好地获取更为逼真的信息，由此让 VR 技术更符合现实状况所需。其技术的实现仍旧需要依托现实人们对环境事物的了解程度，人们了解程度越深，所呈现出来的效果就越逼真。

2. VR 技术在博物馆藏品保护中的应用目的

我国历史文化悠久，上下五千年，以往所保存的文物，无论是在数量上，还是在品类丰富性以及品质程度上都有巨大的历史价值。而要做好这些文物保护工作，不是一日之功，需要长远考虑。但现实情况之中，较多的文物保护，一方面，要进行整体状况的维持；另一方面，又要做好现代人学习参观的诉求开发。要做好文物的展示工作，就面临着文物保护的更大风险。尤其是较为珍贵的文物，更容易受到品质的损坏，甚至会遭到盗窃等风险。为了更好地保护以及陈列，让其发挥更大的价值，让人们可以更好地欣赏文物成果，VR 技术的价值就越来越受到重视。

人们在感知外部事物环境以及有关文物信息时，更大程度上是通过视觉功能来获取，而 VR 技术就是视觉技术的集大成者。它可以更好地还原有关文物的外观形态，甚至模拟有关情境。而这种技术的应用最初源于 20 世纪信息时代的到来，计算机与互联网技术的快速发展，给有关技术的发展提供了更大的机遇。虚拟现实与增强现实技术也越来越被人们所熟知，随着技术的成熟，有关成像交互技术也越来越受到人们的关注，营造出更为真实的场景感观。有关头戴式的显示设备也更大程度地结合有关软件运用，提升了 VR 技术的真切感。随着国家整体经济形势增强，人们对文化等软实力的关注度也不断攀升。VR 技术在一定程度上推动了文化产业的发展，提升了博物馆文物保护与展示工作的开发价值，让悠久的历史文化被人们所熟知，推动了整个国家的文化知识产业。

在博物馆文物保护中，VR 技术可以展现多种内容，例如，文物不仅仅是单纯的一个古老的物件，更大程度上还可以涉及整个历史环境、建筑等多方面内容。而 VR 技术可以将有关文物所使用的时代呈现出来,通过虚拟技术模拟还原一个真实场景去感受文物本身,提升整体文物等文化活动的感染力。而常规在博物馆中进行文物的单独呈现,往往只能关注单个文物作品本身,不能够有更强的沉浸感,也不能够更为直观地感受到文物所处年代的实际环境,这样对文物所展现的功能价值缺乏更为直观的感受。过去博物馆文物呈现工作上,更多地采用实物陈列或者替代品陈列的方式,在一定程度上满足了人们对文物了解的需求,但随着人们对整体文化体系了解诉求的不断攀升,缺乏感染力的文物呈现方式已经不能够吸引人们。而 VR 技术因为提供更具有感染力的环境渲染场景,通过更为直观的感受来刺激人们的综合感官,尤其是视觉感官、听觉感官等,都极大地提高了文物呈现方式的趣味性,让人们对博物馆有关文物活动有更为浓厚的参与兴趣。VR 技术模拟可以降低贵重文物呈现的风险,尤其是有关整个大场景的陈列风险更大,这种情况下可以通过 VR 技术来模拟,给予人们一定的感官体验。一般这种情况下还原真实场景的成本高,现实意义较低,这时就可以运用 VR 技术来替代,减少后期管理工作的压力,同时提升人们对有关事物了解的需求。VR 技术还可以配合现实场景中的文物呈现,满足更多人学习参观的不同需求,同时也减少博物馆有关单位在文物保护工作方面的压力。

3. VR 技术在博物馆藏品保护中的应用形式

（1）在线或异地展示

在线展示、异地参观的 VR 技术应用,在现在疫情之下的环境下更具有推广价值。新冠肺炎疫情的出现让人们对于室内参观活动有较强的畏惧心理,博物馆活动的开展也受到了一定的限制。面对这种情况,VR 技术可以更好地进行异地参观,在线展览可以通过虚拟实景技术呈现出实体博物馆内的参观路径与参观效果,可以通过图像、视频、语音、文字等多种内容呈现博物馆参观的效果,让公众有更为便捷的信息查询体验和更为真实的游览服务辅助,让人们足不出户就可以体验到犹如在博物馆实景参观的感受。

当下,计算机技术的普及运用,通信技术的成本越来越低,与现实情况有较好的融合。一般情况下,在线参观博物馆方式灵活便捷,整体用户方操作没有较难的技术门槛,一般各年龄层人员都可以轻易获取。尤其是这种在线看展览的方式可以更大程度上复原已经不复存在的文化遗址与建筑,进行场景的复原,而后通过 VR 技术做对应的环境布局，配合有关声光电来增强人们的感官感受，可以模拟古人具体的生产生活环境，让参观者在线预览时犹如身临其境，穿越到古时候。尤其是当下人们对于穿越剧的喜好，这种身临其境地体验古代生活的活动，更能吸引人们的关注。而 VR 技术可以让人们身临其境地去感受古代生活的细节，还可以配合有关手游软件的开发利用，来提升整体博物馆文化活动的推广。

（2）数字化修复处理

除了常规的虚拟现实场景复原以及在线参观，VR 技术对于文物修复工作也有较好的辅助作用，可以通过较多碎片式的文物经过人工复原来减少有关文物修复所投入的时间与精力，确保其整体的拼接更为准确。VR 技术可以整理现有的文物碎片，进行自动拼接指引，节省了大量人力与时间，文物工作者较为推崇。尤其是文物容易损坏，有掉色与剥脱等问题，需要做好人工修复来复原呈现的效果。而 VR 技术可以预先将修复之后的效果呈现出来，让修复工作者做不同情况的选择判断，保证修复工作顺利展开，以及获得相对理想的最终修复效果。这种预见性的 VR 人工修复工作，提高了整体博物馆文物修复保护工作的技术水平。同时 VR 技术还可以更为全方位、多角度地展现文物，对其文物存放管理工作进行预见性的判断。尤其是博物馆文物中较多文物是孤品、单品的情况，其唯一性的状况下如果产生修复偏差，则难以弥补其损失。而运用 VR 技术进行数字化修复处理，可以综合性判断不同修复办法之后的可行性与效果，而后选择其中最优的办法来处理应对。

（3）藏品虚拟化展示

在实际博物馆文物工作中，为了有关文化交流以及有关工作的开展，需要进行文物展示工作，VR 技术的应用可以避免实体文物展示中的运输以及多种损坏问题。采用技术还原逼真的文物效果，能为有关文物的收藏与处理提供一定辅助。尤其是博物馆在进行有关文物的收回以及交易活动中，通过 VR 技术来还原其实际状况，能避免实物交易处理中导致的风险问题。同时，VR 技术可以通过实际情况进行作品影像的旋转、放大或者缩小，对交互式参观等工作也提供了较大的辅助。尤其是文物触碰中容易有脱色与剥脱等问题，数字化的展示可以有效地减少不必要的损伤。

4. VR 技术在博物馆文物保护中的应用价值

对于专业的文物鉴赏人员而言，VR 虚拟技术与实物呈现方式的价值有本质的差别。VR 技术更大程度上是呈现一种多样化的形式，满足不同程度的需求，但是并不能完全替代博物馆文物呈现中的实物实际呈现价值。对于博物馆文化没有较高要求的人员，VR 技术可以更好地满足其感受力。例如，可以通过 VR 虚拟技术程序，让人们更近距离地感受文物所展现的具体时代环境、场景，甚至配合有关游戏元素来提升与文物互动的效果。但对于专业的文物鉴赏人员而言，他们的兴趣更多集中在文物真实的细节本身，这种细节甚至会因为不同环境的变化产生改变，有更强烈的真实感，而 VR 技术设置的程序固定，缺乏真实性的物品与环境的互动状况。因此，对于该技术的应用，只能满足部分人群的需求，并不能够满足所有文物鉴赏与工作人员的诉求。在此方面也不可以过度夸大 VR 技术的价值，真实与虚拟之间仍旧有各种感官上的差异。

VR 技术应用在博物馆文物保护中发挥了一定辅助作用，要意识到新时代技术对文物工作的支持，避免资源技术的闲置。要辩证地看待技术带来的价值，充分利用优势，补充其劣势不足。

三、博物馆藏品信息资源开发与动态管理

（一）博物馆藏品信息资源的开发

在市场经济条件下，博物馆要针对藏品开发与利用存在的问题，采取相应的措施，建立健全藏品开发机构，增强陈列展览吸引力，提高藏品利用率，同时，拓宽利用渠道，积极开展藏品信息开发与利用，培养人才梯队，开展藏品研究，增强自营创收能力，解决部分资金困难。

1. 健全藏品开发机构

在市场经济条件下，博物馆需要建立健全藏品征集机构和藏品信息开发机构。为杜绝藏品征集工作存在的盲目性、随机性，各级博物馆要建立健全藏品征集机构，配备专业人员，尤其是热爱藏品征集工作，熟悉本馆藏品情况，具备一定的藏品鉴定水平，了解市场运行规则和征集渠道的专业人员，掌握藏品征集的

专项经费，专款专用已势在必行，将博物馆有限的藏品征集经费用到刀刃上。

当前，很多博物馆的藏品信息开发还没有落到实处，博物馆要抽调既熟悉本馆藏品又熟悉信息采集、计算机网络等新技术的工作人员，组成专业的藏品信息开发机构，逐步对本馆藏品信息进行统计整理，录入数据库，这样既便于日后的藏品管理，又能与其他博物馆共享藏品信息。

2. 加强陈列展览工作

举办陈列展览是博物馆藏品利用的主要方式之一，对于一些博物馆而言，甚至是唯一的利用方式，在我国尤其如此。那么，在市场经济条件下，通过举办陈列展览提高藏品的利用率，吸引更多观众，发挥博物馆职能，可从以下几方面去努力：

（1）重视观众的娱乐需求

在市场经济条件下，博物馆的陈列展览工作要重视观众的娱乐需求。当前，人们的物质生活极大丰富，开始有更多的时间投入休闲娱乐中去，但吸引人们的休闲娱乐方式很多，博物馆要想吸引观众，利用陈列展览开展教育活动，就必须重视观众的娱乐需求。人们在繁忙的学习工作之余走入博物馆，在获得知识的同时，追求高层次的文化娱乐是可以理解的。

国外博物馆的观众调查工作，也证实了观众的娱乐性要求是参观博物馆的主要目的之一。在欧美一些国家，人们提出了博物馆功能的"三 E"原则，即 Educate（教育）、Entertain（娱乐供给）、Enrich（充实生活）；在澳大利亚，博物馆界则较普遍地把"娱乐消遣"与维护和保存社会文化遗产、通过研究提高知识水平、通过陈列教育公众列为博物馆的四大社会功能；在日本，一些博物馆学者开始赋予博物馆传统职能 RICE（调研、收集、保管、展览）以新的内涵，即娱乐、信息、传播和鼓励，而且还把文化娱乐功能写入了博物馆法规之中，认为博物馆是在具有教育意义的前提下，供民众利用，进行有利于社会教育、调查研究、观赏娱乐等方面所必需的事业。

在市场经济条件下，我国博物馆的藏品陈列展览工作也要重视观众的娱乐性要求，兼顾陈列展览的知识性、参与性与娱乐性。天津自然博物馆在这方面进行了有益的探索。天津自然博物馆基本陈列改造后，设有 40 多项多媒体、机械、触摸、连线问答等参与项目，生态景观 15 个，仿真动植物模型 165 件。6400 平方米的展厅里，根据馆藏藏品分为序厅、古生物一厅、古生物二厅、水生物厅、两栖爬行厅、海洋贝类厅、世界昆虫厅、热带植物园等，展示标本达 4000 余件，内容极为丰富。陈列展览动静结合，增强了趣味性和观赏性，能调动青少年和广大观众的参与意识和视觉、听觉、触觉等感官，深入浅出地传播科学信息，启发观察与思考，学到课堂上、书刊上学不到的知识。在展览设计中，努力为观众营造舒适愉快的环境，完善了残疾人设施及为老年人服务的项目。专业人员还特意留出部分空间作为观众休闲的场地。讲解人员一改过去"观者自观，讲者自讲"的枯燥说教方式，热情大方，既注意因人施讲，又较好地把握信息传播的准确性，使观众在休闲娱乐中陶冶情操，增长知识。

（2）陈列展览要定位准确

在市场经济条件下，博物馆的陈列展览要定位准确。博物馆要对自己的办展实力和服务范围有清醒的认识，结合自身优势，办出社会效益与经济效益俱佳的陈列展览。

20 世纪 90 年代以来，精品陈列被博物馆界人士广泛推崇，这体现了市场经济条件下，人们品牌意识、市场观念的增强。形式固然是一方面，但陈列展览的内涵的现代化才是更有意义的。因此，各级博物馆只要结合自身的优势，选择恰当的形式，就能推出优秀的陈列展览。

另外，各级博物馆要对自己陈列展览的服务范围有清醒的认识。博物馆自身想要面向世界、服务全人类的想法是非常好的，但从实际情况来看，很多博物馆的影响力是非常有限的。因此，实力雄厚的大型馆要在服务全国人民的同时，积极参与国际文化交流。中小型博物馆要结合自身优势，积极为辖区内的人民群众服务。

临时展览是适合中小型博物馆开展宣传教育活动的有效手段。临时展览由于形式灵活多变，选题时代感强，陈列周期短，所需资金少，成为各级博物馆提高藏品资源利用率，发挥教育职能，服务社会发展的好方法，尤其适合中小型博物馆开展教育活动。

（3）创新陈列展览的形式

在市场经济条件下，随着人们文化水平的提高和经济实力的增强，收藏文物和搞藏品研究的人越来越多，而且其中不乏专业人才。博物馆的基本陈列和临时展览要考虑普通观众的接受能力，办展时要兼顾知识性与观赏性、娱乐性，往往难以满足为研究目的而来的观众需要。为满足这一部分较为专业的观众的需要，可以考虑采用仓储式陈列的模式。

仓储式陈列虽然还没有正式出现在博物馆学的陈列方法中，但它并非一种全新的事物。例如，在法国巴黎塞纳河畔的卢浮宫，就是把其宫中所有的藏品，按不同的质地，以长期储存和便于观众观赏的形式陈列，这种陈列就是博物馆仓储陈列。另外，在埃及、意大利等国，这种陈列方式也被广泛使用。它的特点是在接近库房的条件下对藏品进行展示，有利于藏品的保护，同时，简化了陈列设计，提高了藏品的利用率，使大批长期闲置的藏品得到了利用。但它有其特殊的要求，如果不能保证，对藏品保护无疑是极其不利的。这种陈列方式应该首先保证藏品的安全和可持续利用，不然就违背了博物馆收藏和保护文物的基本职能。首先要具备丰富的藏品和足够大的场地，而且这种场地应该同时具备陈列室和库房的特点，另外，这也给保护藏品的安全带来了极大的挑战。

（4）加大陈列展览宣传力度

在市场条件经济下，博物馆面临着行业内外的激烈竞争，如博物馆与娱乐业、旅游业等的竞争；各博物馆之间的竞争，如北京、上海等地多家博物馆与本地和外地多家博物馆之间的竞争。因此，博物馆的陈列展览想要吸引更多观众，扩大社会影响力，真正发挥宣传教育职能，积极进行陈列展览的广告宣传工作。

3. 拓宽藏品的利用渠道

博物馆藏品利用不能仅限于陈列展览，博物馆要积极拓宽藏品利用的渠道，博物馆之间的藏品借用和博物馆与其他单位之间的藏品借用是提高藏品利用率和发挥藏品作用的好方法。

藏品借用业务既可克服藏品紧张和使用需求增加的矛盾，也可充分利用博物馆藏品。小型馆苦于没有成系统的藏品，难以举办陈列展览，而一些大型馆却因展出场地有限，使一些藏品长年得不到利用。这样一些博物馆将其他博物馆长期闲置于库房中的藏品借来展出，既满足了当地观众的兴趣，活跃了博物馆工作，又因借用品不是很珍稀的物品，从而还可节省博物馆的经费开支。博物馆借用特定的藏品，组织专题展览，向观众介绍异域文化，促进不同文化传统的人民相互了解，从而收到良好的社会效果，充分发挥博物馆的社会教育职能。

藏品借用不仅限于博物馆之间，还可以将藏品借给高校等研究机构，为科学研究服务，发挥藏品的作用，当然借用双方应保证藏品使用过程中的安全。这样既为科学研究提供了依据，又提高了博物馆藏品的利用率。

另外，根据社会上流行的"收藏热"，博物馆可以用实物为"教具"，举办一些关于文物鉴赏的讲座或有偿培训。这既能提高藏品的利用率，又是自营创收的好办法。

4. 培养专业学术梯队

在市场经济条件下，藏品研究仍然是博物馆日常业务的重要内容，这不仅是专业水平的体现，也是藏品利用的基础。没有对现有藏品细致深入的认识，是不可能做好藏品开发与利用工作的。这项工作归根结底要靠人来完成，培养专业人才，建设学术梯队，才是做好藏品研究和开发藏品信息的根本。

培养专业人才，建设学术梯队，是一项需要长期坚持的工作。首先，博物馆要对自己当前所拥有的专业人才数量和构成有清晰的了解，这样才能确定人才培养和引进的努力方向。例如，经过统计发现馆内缺乏研究某一方向的专业人才，而馆内又拥有大量的这类藏品，那就要博物馆根据自己的规模和实力，提供合理的待遇条件，引进该方向的专业研究人员。

博物馆除引进人才外，还可以在馆内培养良好的学术氛围，自己培养人才。例如，很多在博物馆工作多年的老同志，具有丰富的实际工作经验，这对博物馆来说是一笔财富，要充分加以利用，可以老中青相结合，利用结对子的形式，进行传帮带，帮助刚刚进入博物馆的年轻人，快速地熟悉博物馆业务，逐步培养起合理的人才梯队。再如，博物馆进行藏品信息开发需要大批既有专业背景又熟悉现代信息技术的复合型人才，而博物馆内很多文博背景的工作人员对信息采集、计算机网络技术不熟悉，不能胜任这项工作，那么可以考虑引进一两个计算机网络方面的专业人才，在日常工作之余，对这些只具备文博知识的人员进行培训，使他们逐步掌握现代信息技术，从而能够胜任藏品信息开发这项工作。

在馆内培养良好的学术氛围，注重学术梯队建设，是博物馆做好藏品研究和藏品信息开发的重要经验。

5. 多样化的自营创收工作

在市场经济条件下，无论是藏品的开发，还是藏品的利用，都需要资金支持，没有良好的资金支持，这些工作是难以开展的。为解决博物馆藏品开发与利用中经费短缺的问题，博物馆在争取政府资金支持的同时，要积极地自营创收，自己解决一部分经费问题。当然，这种创收工作是在博物馆做好本职工作，做好主业的前提下进行的，这样的自营创收才能真正具有意义。如果博物馆没有做好藏品征集、研究、陈列展览等工作，没有发挥宣传教育的社会职能，那创收工作不但没有意义，反而会影响博物馆在公众中的形象。

博物馆自营创收的途径是多样化的。例如，市场经济条件下，兴起了收藏热，收藏者很多都缺乏专业知识，难辨文物真伪。博物馆可以发挥专业优势，积极开展有关文物复制、仿制、鉴定的工作和举办各种专业知识讲座、培训等活动。在完成本馆的本职工作以外，还可以同时承接其他单位有关文物的拍照、洗印、修整、复制，以及书画的装裱、陈列展览的设计制作等各项业务，尤其是对市场需求较大的展览项目提供有偿服务。这些活动得到的报酬可以用来支持藏品开发与利用工作。博物馆制作与本馆藏品和陈列展览相关的明信片、纪念品等一直都是博物馆用来增加收入的好办法。在市场经济条件下，博物馆不单是知识的殿堂，也应该是休闲娱乐的好去处。因此，博物馆应该建立一系列配套服务措施来方便观众的参观，如设置停车设施、物件寄存设施、电信通信设施、餐饮设施及休息设施。尤其是餐饮休息娱乐设施，满足观众的需求的同时，又增加了博物馆的收入，是一举两得的好办法。

（二）博物馆藏品的动态管理

1. 藏品管理的主要内容

管理是指通过计划工作、组织工作、领导工作和控制工作的诸过程来协调所有的资源，以便达成既定的目标。博物馆藏品管理是博物馆事业发展中的一个重要问题，藏品管理的好坏在一定程度上决定博物馆的发展前景和工作的优劣。我国博物馆事业经过一百多年的发展，在藏品管理上不断地积累总结和吸收经验，逐渐形成具有中国特色的藏品管理方式。现阶段，我国博物馆藏品管理明确要求做到"鉴定明确，账目清楚，编目详明，保管妥善，制度健全，查用方便"，主要是以传统的成熟的管理方式为基础，并且结合新兴技术手段对藏品进行管理。目前，藏品管理的主要内容分为以下几部分：

（1）藏品的征集管理

藏品征集是指博物馆根据自身的性质、特点的需要，通过各种途径，有目的地不断补充文物或标本的基本业务工作。藏品的征集工作是博物馆藏品管理的基本工作内容之一，博物馆不仅在建立时需要积累一定数量的藏品，而且在建成后还需要不断地补充和丰富藏品的种类数量。只有这样做，才能保证博物馆各项业务的顺利开展和业务水平的不断提高，这就是要求博物馆进行有效的藏品征集工作。藏品征集之所以成为藏品管理的基本内容之一，是因为博物馆藏品的数量和质量直接影响博物馆的业务水平和社会效益，藏品征集为藏品管理提供了物质基础。

藏品征集工作并非是盲目随意进行的，它要求藏品征集要具有明确的目的性、科学的计划性和超前的预见性。明确的目的性是指对藏品的征集要根据博物馆的性质，从展览陈列的需要和保护国家科学文化财富的角度出发，有目的地展开藏品征集，逐步建立完整的藏品体系。科学的计划性是指藏品的征集计划应该建立在调查研究的基础上，主要是指博物馆馆藏品现状的调查、展览陈列和研究需求的调查以及有无征集对象和途径的调查。加强预见性是指博物馆对藏品的征集要具有超前意识，藏品的征集范围不应局限于历史时期的文物，现代物品也应该在藏品的征集计划之内，为了未来而征集藏品。

博物馆藏品征集的主要途径包括考古发掘、民族学调查征集、社会调查征集、购买、接受捐赠、交换、调拨、接受移交等方式。无论是通过哪一种途径征集来的藏品都要对与其有关的情况加以详细的记录，记录要求真实、详细和准确，同时与藏品有关的文件、资料，要完整地保存，随同藏品作为第一手资料一同移交保管部门，这是建立藏品档案的基本内容，也是藏品管理的开始。藏品的原始记录应包含名称、质地、时代、保存状况、用途、地点、流传经过、征集者和征集时间等。这些记录是下一步展开藏品管理的基础，如果这些原始记录可靠翔实，就为藏品的入库准备阶提供备了十分有利的条件。

藏品征集是藏品管理的第一步，它为后续工作提供了物质基础。

（2）藏品的入库管理

藏品的入库管理是指藏品征集完成后对藏品的鉴定、定名和定级。对藏品鉴定、定名和定级后，可以确定藏品在入库后采取何种管理方式和保存标准。藏品征集来后，在入藏前的第一项工作就是进行鉴定，鉴定是博物馆藏品研究的首要内容，鉴定的主要任务是辨明藏品真伪，考证藏品内涵，评定藏品价值，且包括藏品的定名和定级。藏品鉴定为博物馆藏品的科学管理、展览陈列和研究利用提供了藏品的价值、名称、年代、级别等鉴定成果。一般而言，藏品鉴定的重点是传世文物，当然自然标本、革命文物等也都需要进行科学的鉴定。我国对文物藏品进行鉴定的方法主要有传统的凭借经验鉴定方法，调查研究和考证方法以及通过运用现代先进的技术设备检测等方法。

现阶段藏品定名，国家已经出台了统一的基本规定。自然标本的定名标准是按照国际通用的有关动植物、矿物和岩石的命名法规。历史文物的定名标准一般应包括三个基本组成部分，首先是时代、款识和作者；其次是特征、纹饰或颜色；最后是类别、器形或用途。同时在定名时应注意对于有历史、艺术价值的而本身有残缺的藏品，应注明"残"；文物不能进行分割的定名时应该标在一起；对于成组的、完整无缺的，要定集体名称，失群文物应在单体名称前标明集体名称；凡属于文物的附属部分，不标在名称之内，但应在注中说明；文物的质地一般在定名时可不标明。

藏品是根据藏品本身的价值划分等级和区别对待的，对于珍贵文物，要重点保护。我国将文物藏品分为珍贵文物和一般文物两种。珍贵文物的划分分为三个等级：具有特别重要历史、艺术、科学价值的历史遗存为一级文物；具有重要历史、艺术、科学价值的历史遗存为二级文物；具有比较重要的历史、艺术、科学价值的历史遗存为三级文物。一般文物是指具有一定历史、艺术、科学价值的历史遗存。此外，在藏品和非文物之间还有参考品，参考品大体包括：对研究器物的质地、器形、铭文或纹饰有参考价值的各种器物残片；对鉴定研究上具有参考价值的近、现代作伪的文物。文物藏品在划分完等级之后，应该将一级藏品编印简目和建立藏品档案，并且上报有关国家文物行政管理部门；同时，藏品的定级不是一成不变的，随着人们对文物内涵价值认识的提高，藏品的原定等级可能会发生变动。

最后应注意，在藏品鉴定中形成的各个结论，是后续的藏品登记、藏品编目和藏品建档各个项目填写的主要依据，所以藏品鉴定又是藏品科学管理、科学保护和整理研究的前提和基础。

（3）藏品的库内管理

藏品库内管理是指与博物馆藏品相关的登记、分类、入库排架、编目、统计、建档、检查和清点。该阶段是藏品管理的核心阶段，也是藏品管理中的最重要阶段。藏品管理的目标主要有两个方面：一是保障藏品的安全，防止藏品的丢失与损毁；二是方便藏品的研究、利用，使藏品的各方面价值得到最大效用的发挥。

藏品登记是检查藏品数量和藏品管理质量的依据，藏品登记就要建立起一整套完整、准确、详明的藏品登记账簿。藏品登记账簿主要包含藏品总登记簿、藏品分类登记簿、藏品出入库账簿、藏品修复登记簿、参考品登记簿、借出品登记簿等，其中最重要的是藏品总登记簿。博物馆藏品总登记簿必须由专人负责，永久保存。总登记簿在登记时要按照严格的格式，逐条逐项填写。具体格式内容包括藏品登记号、藏品年代、藏品名称、藏品数量、藏品现状、藏品的来源、藏品登记凭证等。藏品总登记簿是博物馆藏品管理的依据，博物馆的每一件藏品都必须依据入馆凭证，核对藏品，及时登录藏品总登记簿。

藏品分类是藏品管理、研究和保护的中心环节。藏品分类是按一定的标准，把具有相同特征的藏品聚合在一起，不具有这一特征的藏品筛选出去，并另行分类，以便于藏品的科学管理、整理研究和提供使用。博物馆藏品分类目前无论国内还是国外都没有统一的分类法。因此，藏品的分类需要先制定分类标准，确定了标准，根据藏品的自然属性或社会属性的不同，才能制定分类方法和标准。藏品的分类方法比较多，目前国内主要的分类方法有时代分类法、地域分类法、工艺分类法、质地分类法、属性分类法、来源分类法、价值分类法等方法。藏品分类是为藏品的入库排架做必要的准备工作。

藏品排架是在藏品分类后，按类入库排架，同一类别的藏品放在一起，原则上按登记号的顺序依次排架或入柜。但由于藏品的繁多复杂、形状多样、重量体积相差悬殊，这也就使得一些特殊的藏品必须单独存放，不可能按顺序号对号入库。藏品在入库排架后应经常检查，发现问题及时处理，以保障库房内每一件藏品的安全。预防藏品发生丢失、损坏，是每一位库管人员的责任，也是藏品管理的基本要求。藏品排架是为了实现对藏品科学有序的管理。

藏品编目就是编制藏品目录。藏品目录就是按一定的分类标准将藏品分为若干类，并且按照一定的次序排号，说明藏品所具有的基本特点，鉴别藏品所具有的价值，同时考证藏品源流，使使用者可以按照类目查询到所需的藏品，以便进行藏品本身和有关问题的研究。我国藏品的目录形式主要为书本式目录和卡片式目录两种。藏品目录按使用对象分为公用目录和工作目录两种。公用目录是博物馆藏品管理部门对外提供使用的能够检索藏品的使用目录。工作目录是供博物馆藏品保管部门内部人员工作使用的目录。藏品目录应包括前言、目次、正文、辅助资料四个部分。每一个博物馆都应有自己的藏品目录，同时，在各个博物馆藏品目录的基础上形成全国的藏品目录，这将大大促进藏品的综合研究，推动博物馆事业的发展。

藏品统计是对博物馆库房藏品实行精细化管理，通过精确的数字来反映藏品各个方面的实际情况。藏品统计要制定统一的统计表格，按要求收集和积累原始数据，查证核实后再逐项填写，统计的数字要求准确无误。统计的基本内容包括藏品年度综合统计、藏品变动分别统计、藏品动态统计、藏品保护统计、藏品损坏统计等。藏品建档是指为藏品建立档案，其内容应包括与藏品有关的研究资料，鉴定、修复和使用记录，以及藏品的照片、拓片影像等资料。藏品档案是一个逐渐积累的过程，因此自藏品入藏之日起就应该对与藏品有关的资料进行收集，这些资料是对藏品进行科学管理、保护、研究和展览陈列的依据和保障。

藏品检查和清点又称为盘库，即对库房内的所有藏品，按藏品总登记簿记录，逐一清点核对，以保证藏品的安全，达到账物一致。盘库是博物馆保证藏品安全采取的必须手段，每一个博物馆都要定期对库房内的藏品进行盘查。藏品清点是藏品管理中最为艰巨的一项任务，因须对库房内的所有藏品进行逐一的清点，对于藏品丰富的博物馆而言这将是一项工作量巨大的任务，因此，藏品仓库要提前准备，有计划有步骤地进行。藏品盘库通常采取的是分库、分类、分批次进行，按排架目录逐一清点。

（4）藏品的展陈管理

藏品的展陈管理是在整个藏品管理过程中最为密集的阶段，由于展览和陈列是博物馆的基本职能，而展览和陈列是以藏品为依托的。在这一阶段中，藏品会产生存放位置、运输、保存环境等诸多因素的变化，这也就导致了这一阶段对藏品管理的频率上升。藏品的展览和陈列是以藏品为基础的，是藏品价值的表现形式。博物馆展览和陈列是在一定空间内，以文物标本为基础，配合适当的辅助展品，按照一定的主题、序列和艺术形式组合而成的，进行直观教育、传播文化科学信息和提供审美欣赏的展品群体。对藏品进行展览和陈列使得藏品从库房排架上走入大众的视野，这是藏品管理的目的之一。在藏品展陈阶段的管理主要包含藏品库房提取、藏品出入库、藏品的运输、藏品展览陈列等内容。

藏品的库房提取是指藏品保管部门根据展陈部门制定的展陈大纲，在库房内核实提取展陈大纲上所需的文物，根据藏品存量的实际情况给予展陈部门以反馈，对于不在库房内的藏品告知展陈部门改换其他藏品以代替。对于库房核实存在的藏品，在提取的过程应填写藏品提用凭证，该凭证应包含以下内容：提取部门、提用目的、提用藏品的具体信息，以及提取人和时间等必要信息。这是藏品出库的准备阶段。藏品在存放库提取完成后进入中转库，等待进行出库点交。

藏品的出入库管理是指藏品的使用部门与藏品管理部门对藏品进行移交的过程，在此过程必须对藏品的数量和现状进行认真核对，点交清楚。藏品的出入库必须办理出入库手续，对于一级藏品、保密性藏品、经济价值贵重的藏品须经主管副馆长或馆长批准，其他藏品经藏品保管部门负责人批准，藏品在用毕后应及时归库，以保障藏品安全。藏品的出库手续根据藏品用途的不同，由藏品提借人填写不同的出库单据，所有单据都必须仔细填写，保证准确无误；在填写完成后将所填单据送交主管领导签署意见；藏品在提借出馆时，要在藏品出库单上加盖博物馆馆章，藏品出库单包含藏品出库通知单、藏品出库清单、藏品出库回执单以及藏品出库存根四个部分。库房保管人员在仔细审核出库单无误确认签字后，方可将藏品点交给提借人。库房藏品保管人员必须妥善保存藏品出库单据，在接受藏品归库时，要严格按照藏品出库单据记录内容逐一核验，以保障藏品的安全。藏品的出入库手续办理虽然烦琐，但是这也是保障藏品安全的有效手段。

藏品运输是藏品在由库房转移到展厅这一过程中，为保障藏品的安全而采取的管理手段。藏品管理的第一要务就是保障藏品的安全，在藏品的运输过程由于各种不确定的因素，会对藏品产生威胁，这就需要藏品的管理人员采取措施，应对各种情况的产生，保证藏品的安全。首先，运输中的藏品的要有囊匣的保护；其次，在管理运送中要选用经验丰富的藏品保管人员进行，在长途运输中要选用有信誉保证的公司进行；最后，对于藏品运输的过程中应提前考察好路线，对于各种可能产生的情况加以预见，使对藏品安全的威胁因素降至最低。

藏品展厅管理是指在展厅内为藏品提供一个适宜藏品保存的环境，同时确保藏品在展厅内没有被盗和人为损坏的危险。藏品在展厅内管理不同于库房内的管理，库房的环境是相对封闭的，而展厅内是一个开放的环境，同时，藏品由库房移动至展厅藏品保存的环境也发生了变化，这就对藏品的保护和管理提出了更高的要求，这就要求藏品管理人员在保障藏品安全的前提下，藏品能够正常展出。藏品展厅是一个开放的环境，需要接待参观者，而参观者的素质也参差不齐，这就对藏品的安全构成了威胁，因此，在藏品展厅管理和保护的过程中应充分考虑游人对藏品安全的威胁，保障藏品在展厅没有被盗和人为损坏的情况产生。

2. 博物馆的信息化

（1）博物馆信息化的概念

博物馆信息化程度的高低，是衡量博物馆发展状况的重要表现，是博物馆现代化的标志。信息化是充分利用信息技术，开发利用信息资源，促进信息交流和知识共享，提高经济增长质量，推动经济社会发展转型的历史进程。信息化是以信息资源为核心，以信息技术为手段，促使信息资源的开发利用和交流更加高效，进而推动经济和社会的发展达到一个新的水平。

博物馆信息化就是要充分利用信息资源，不断推动博物馆各项事业的蓬勃发展。博物馆信息化是指现行的博物馆工作的各个部门和一切职能都能够利用电脑成为日常工具，并且构成一个以藏品信息数据为核心的网络平台。博物馆信息化应该涵盖收藏保管、研究、陈列、教育和行政管理等博物馆工作的各个方面。博物馆信息化是一个涉及技术、管理、服务、理念等多个方面、多个领域的长期系统工程，不是买几台计算机和开发几个信息系统就可以实现的。因此，在博物馆信息化的实施过程中应该树立全面系统的观念，从整个社会发展的角度，全面地思考博物馆信息化，要清楚博物馆信息化不是一朝一夕能够实现的，更不可能一步到位，而是一个渐进的发展过程。博物馆在信息化的过程中不仅要吸收借鉴其他行业信息化建设积累的成功经验，使自己在建设的过程中事半功倍，而且还要总结自己在信息化建设道路上的经验与教训，加深对博物馆信息化的认识，从而推动博物馆信息化发展水平的提高。

（2）博物馆信息化的内容

信息化就是通过数字技术将文化遗产转化成数据。博物馆信息化是一个渐进的、不断完善和发展的过程，在这个过程中应注意以下内容：

首先，数据库的建设。由于藏品是博物馆赖以生存和发展的基础，博物馆数据的建设应以藏品信息数据为核心。数据库应是存储文字、图片、音频、视频等多媒体类信息的多媒体数据库。博物馆数据库不仅包含藏品档案数据、古建筑和古遗址数据、古文献数据等基础型数据库，而且还应包括各门类藏品研究的专业型数据库。数据库的建设是博物馆信息化的基础。由于藏品、古建筑、古遗址和古文献等具有形式多样、形态复杂的特性，外加藏品管理的特殊操作规定，因此博物馆数据库的建设是一个长期性、持续性的工作。数据库的建立是博物馆藏品动态化管理的基础。

其次，通用网络平台的建设。网络平台的建设是博物馆信息化的重要内容之一，只有建立方便简洁的网络平台，才能够满足博物馆工作人员在不同条件下的办公需要，方便各个部门之间的沟通，提高办事效率。网络平台的建设，能够使博物馆数据库发挥最大的效用。在博物馆通用网络平台的建设过程中应充分考虑博物馆内部部门较多、专业区别较大的特性，在网络平台的构筑过程中从各个部门的性质出发，采用分布式服务器和分布式数据库的拓扑结构。这样不仅有利于信息的传输和处理，也有利于网络的分阶段实施和扩充。同时，也应该考虑馆内网络平台与外部连接的问题，这样不仅能够满足公众查询的需求，又能满足馆内人员移动办公的需要。

再次，人才的引进与培养。人才是博物馆各项事业发展的原动力。博物馆信息化的过程中对博物馆管理人员提出了更高的要求，不仅要具有丰富文物保管与修复、陈列展览、文物研究、社会教育等方面的专业知识，而且还要具有现代信息技术知识。在博物馆信息化的发展浪潮下，博物馆应该结合自身实际，加强人才的培养。在对馆内员工进行深造的同时，与社会教育部门和高校合作，共同培养信息化中需要的高层次人才，是博物馆信息化的必然要求。只有充分重视人才的培养与引进，才能对信息的加工更专业、科学、有效，推动博物馆信息化事业蓬勃发展。

最后，管理理念与模式的改变。博物馆信息化在提高博物馆行政效率、管理效果的同时，也改变着博物馆旧有的管理理念与管理模式。例如，在传统的管理模式下，博物馆对藏品管理需要大量的人力、物力，而且在盘点藏品的过程中不仅耗时耗力，对藏品安全构成了威胁。在博物馆信息化条件下对藏品进行管理中，通过信息化手段能够实现快速有效准确的盘点，既省时又省力，与藏品的零接触，保障了藏品安全。博物馆信息化不是单纯地添置新设备和技术组合，它还涉及管理理念与管理模式的改变，同时伴随着博物馆工作体系、管理机制、规章制度的改革和提高。在信息化的潮流下，博物馆要抓住机遇转变管理理念与模式，增强创新意识，使博物馆走向更加辉煌的发展道路。

3. 博物馆藏品动态管理

（1）藏品动态管理的概念界定

博物馆藏品动态管理是指有关藏品的保护管理、整理研究、展览陈列和提供使用等工作，藏品管理人员不必深入库房，可以利用现代信息技术，通过计算机对藏品的保管、使用和研究等状况进行远距离的实时动态的管理。藏品管理人员的基本工作内容就是对藏品的保护、管理和研究。在传统的管理模式下，藏品管理人员经常要深入库房一线从事这些工作，不仅费时费力，还会出现差错，有时还会对藏品造成损坏。管理人员大部分深陷藏品管理中，根本无从谈对藏品的研究。藏品动态化管理模式在博物馆信息化的基础上，充分利用物联网技术，实现了在不进入库房、不接触藏品的条件下，对藏品的年代、质地、完残、存放位置、使用状况等各项信息一目了然，同时能够对藏品的保存环境进行实时监测。这不仅能够将管理人员从藏品管理琐碎繁重的工作中解脱出来，还能够提高藏品管理的效率，保障藏品安全。

藏品动态化管理是以物联网技术为支撑，以藏品信息资源的开发利用为重点，保障藏品安全为核心，在节省人力、物力的基础上，增强管理效率为目的的新型藏品管理理念，是博物馆信息化现代化的重要体现。在博物馆信息化的要求下，推动藏品信息化，藏品的信息化又为实现藏品的动态化管理提供了便利条件。藏品动态化管理的根本目的是在节省人力资源的基础上，运用现代信息技术，提高博物馆藏品的保护、管理和使用效率。

（2）藏品动态管理的工作内容

博物馆藏品动态化管理的目的就是利用物联网技术，实现对藏品实时、动态的管理，而实现这一目的就需要完成以下几方面的工作：

首先，藏品档案数据库的建设。藏品动态化管理的核心是信息资源，通过对藏品各种信息的搜集建立藏品档案数据库，利用动态管理系统加以整合，为藏品管理人员提供管理决策的信息。藏品的信息采集是进行藏品动态管理的基础性工作，这些信息应是以文字、图片、视频等多媒体信息反映藏品的实际状况。在采集藏品信息时应该注意的是，由于事物是不断变化和发展的，藏品的信息也是处于不断变化的过程中，因此对藏品信息的采集要注意信息的有效性。藏品信息数据库的建设是实施藏品动态化管理至关重要的一步，只有做好这一步的工作，才能保证动态化管理的有效性。

其次，动态化管理系统。动态化管理系统是在藏品档案数据库的基础上，结合物联网技术而开发出来的，对藏品进行实时动态管理的系统。它包含两个部分：软件设计和硬件架设。软件设计就是动态化管理系统的操作界面设计，硬件架设主要是在库房内进行，通过对库房架设无线网络、对藏品分配不同的电子标签等工作实现对藏品的实时监测。该系统会改变博物馆藏品管理上各自为政的局面，如库房的安保系统、环境监测系统等，都是藏品动态管理系统的一部分。动态化管理系统是动态化管理的中枢，该系统将藏品管理与藏品信息融为一体，在藏品管理中不断积累藏品信息，再通过藏品信息标准化的要求不断规范促进藏品的管理工作。为充分保障藏品的信息资源安全，藏品动态化管理系统必须设立多重层次、多种手段的安全措施。如对不同的使用者提供不同的权限，不允许非藏品管理用户随意地查询藏品的详细信息，在藏品检索时也只提供浏览信息。

再次，管理组织结构的创新。藏品动态化管理是一个系统工程，它不仅是技术创新，而且更代表着一种先进的开放的藏品管理理念。不能简单地认为，藏品动态化管理是在原有组织结构下进行的计算机化和网络化。组织创新是管理创新的基础，所以博物馆在藏品动态管理建设的过程中，必须根据动态管理的要求对组织结构进行重新设计，使其符合要求。

最后，新技术手段的应用。物联网技术的成熟与发展，使得博物馆藏品动态化管理由理念走向现实。物联网是以感知为核心的物物互联的综合信息系统，是继计算机、互联网之后信息产业的第三次浪潮。在此次信息产业浪潮中，博物馆为推动博物馆事业的不断向前发展，充分把握机遇，大胆地在藏品管理中运用新技术，使得博物馆藏品管理事业出现跨越式的发展。博物馆藏品动态化管理就是新技术手段应用的成果。科技是不断进步和发展的，在未来的日子里，为了保证藏品管理事业的蓬勃发展，藏品管理人时刻关注新技术的产生与应用，在条件成熟之时，将其应用于藏品管理中。

（3）藏品动态管理的技术条件

博物馆藏品动态化管理能够实现的根本技术条件是物联网技术的成熟与发展。物联网是以感知为核心的物物互联的综合信息系统，其创造性地继承和发展传感器网络、泛在网络、普适计算、云计算、RFID（Radio Frequency Identification）等信息技术的优点，涵盖形式多样的应用领域，提供打破不同行业各自发展现状的方式，创造不同产业相互结合的机遇，反映了人们对物物互联、感知世界的普遍的共同的需求。物联网在电力、农业和物流等对国民经济发展起基础和重要作用的行业，已有许多较为成熟的基于物联网技术的解决方案用于优化生产、提高企业的生产力和竞争力，物联网服务生产企业可以有效地提高企业的生产效率和管理水平。在藏品管理中应用物联网技术，可以利用温度、湿度、光照多种传感器对藏品的保存环境进行实时的监控和管理，提高藏品保管安全效率。

物联网是以感知为目的，实现人与人、人与物、物与物全面互联的网络。其突出特征是通过各种感知方式获取物理世界的各种信息，结合互联网、移动通信网等进行信息的传递与交互，采用智能计算技术对信息进行分析处理，从而提高对物质世界的感知能力，实现智能化的决策和控制。物联网的核心能力是全面感知、可靠传输和智能处理三个方面。全面感知就是通过利用感知技术手段能够随时随地对物体进行信息采集和获取；可靠传输是指通过各种通信网络进行可靠的物体信息交互和共享；智能处理就是利用各种智能计算技术进行海量的信息分析和处理，进而实现智能化的决策和控制。藏品动态化管理只是应用物联网技术的初级阶段，随着物联网的不断发展和完善，藏品管理也必然由动态化走向智能化。未来的物联网将真正实现从任何时间、任何地点的互联到任何物间的互联的扩展。

第二节 博物馆的媒介及其文化传播

一、博物馆的媒介与传播模式

(一) 博物馆媒介的本质

媒介是传播学的核心概念之一，大致有两种含义：第一，指信息传递的载体、渠道、中介物、工具或技术手段（如语言、文字、报纸、电视等）；第二，指从事信息的采集、加工、制作和传播的社会组织（如报社、出版社、电台、电视台等）。

博物馆在精神文化方面对观众的启迪，体现在营造环境空间及意境文化的氛围方面，不同城市的博物馆对观众而言有不同的感受和体验，它成为观众领略、理解、诠释和尊重文化的媒介，将人类历史和精神文明代代传承。博物馆在传达各种信息的过程中往往需要借助其他媒体的力量，这充分体现了传播的价值和力量。

在大众传播蓬勃发展的今天，新媒体手段层出不穷，艺术博物馆的传播在媒介融合环境下愈加重要，其承载的民族历史、文明在国际传播、城市传播中发挥着越来越重要的作用，其教育传播、艺术传播在新媒体的推动下也呈现出更加丰富的样式。

艺术博物馆作为媒介，自身具有不同于报刊、影视、网络等媒介的独特特征：一是符号图像显性/隐性；二是媒介与受众空间的关系；三是传播者对受众的行为与注意力的控制；四是对过程与动态展开叙述的时序；五是作用感官的方式。艺术博物馆同样具有上述媒介特征，但是因艺术品作为展品意义上的隐含性，它还具有一些特殊的媒介特征。

艺术创作和欣赏原本是私人的事情，而艺术作品本身也是感性表征的审美产品，然而在社会结构的现代化变革中，人类的艺术传播活动不仅促发了社会结构的现代转型，而且在艺术的公共传播实践中建构起艺术文化的公共领域。中国进入大传播时代以来，艺术传播活动在传播媒介的语境下产生了一种新型的社会文化形态——大众文化，社会公共文化空间中存在着多元文化形态。传播媒介是艺术作品的公共传递介质，由传播机构和传媒介质构成。一方面，传播机构是艺术的公共传播通道，通过选择、制作、复制、传递和展映等方式，将艺术作品由私人领域引领至公共领域，从而建构起艺术传播的公共空间；另一方面，传媒介质是文化传媒产品的媒界，在为艺术作品提供物质容器的同时，也使艺术作品获得了文化传媒产品的身份。

在全球化视角下，许多人认为一件艺术品或者某一文明绝非孤立隔绝的事物，而是与其他文明通过各种方式产生关联并相互交流影响，因此用民族国家意识浓烈的经典研究模式来处理艺术史问题显然不够全面。在身处"全球化转向"的历史时刻，需要面对的问题是艺术史和视觉理论在此时应该发挥怎样的作用。媒介本身一方面充当"经典"的组成部分，另一方面又在挑战"经典"，这将对艺术史继续在全球化大潮中传承经典又有所创新，构建多元文化下的艺术史体系提出新的要求。

（二）博物馆的媒介特征及构成

1. 博物馆的媒介特征

（1）持续的内容生产

博物馆的使命就是在这瞬息万变的世界上收集和展示有价值的艺术品，提供一个展示当下与过去之间不间断的文化传承的场所，这是艺术博物馆作为媒介的传播主体最重要的特征。传播学中常常提到"内容为王"，无论是传统媒体还是新媒体，媒介形式永远替代不了传播内容的重要性。

对艺术博物馆而言，受众来这里的原因是"参观展览"，常设展览和特展巡展都是持续不断的内容生产。艺术博物馆通过展览的策划，促发新的观点，启发新的学术导向，催发新的知识增长点，在一种视觉的交互作用场中形成新的表述意义。另外，根据知识生产的链条与方式（研究—收藏—档案—策展—展示—陈列—公众交流—社会传播）可知，艺术博物馆的"策展人"相当于其他大众媒体中的"把关人"——艺术展览的内容将取决于策展人的专业水准，处于艺术博物馆"内容生产—展览设计—公众交流—社会传播—知识获取和情感启迪"整个链条的最前端。艺术知识是累加型的，通过不断的积累，可以实现从量变到质变、量的关联到质的飞跃。

（2）博物馆具有文化信息交换体系

博物馆不同于一般的媒介如报刊、电视，它是依赖观众日积月累的"依恋"而达到大众化的传播效果，实现文化的传承性和民主化。博物馆是传播地域文化的重要载体。对艺术博物馆的内容传播而言，其又具有"显性"和"隐性"两种形式，其中，"显性"内容是历史文化与艺术信息类的知识，能够通过展览介绍、艺术品的标签、展览图册等以文字形式呈现出来；另外，还包括艺术家的信息、艺术创作的风格流派等与艺术史相关的内容。艺术博物馆这种媒介本身也是文化的组成部分，它参与建构着城市文化和国度文明，同时，又通过巡展和特展与其他艺术博物馆进行着异域文化信息的交换与跨文化传播。在这个交换体系中，受众的品位通过对展览的评价和参与度反馈于艺术博物馆和策展人；艺术博物馆以各种形式的展览和社会公共文化活动构建起艺术与生活、历史文化与当代文化的交流互动平台。

（3）博物馆具有针对受众的意义阐释

媒介是表意的工具，通过表意过程建构意义，呈现给听者关于世界的图景。艺术博物馆中的各种展览具有多种不同的意义系统，契合了文化取向的传播观，即"将传播看成共享意义和空间的建构过程"。艺术博物馆不仅促使受众形成对艺术史的洞察力，而且也是人类对自身的审视。其"隐性"内容具有隐喻性质，即在艺术品和展览中隐藏的价值观、精神能量、情感等内容，需要受众去意会，而且受众中也有各不相同的阐释群体，每个意义系统都需要单独阐释，不同受众获得的启迪相差巨大。

博物馆是一种"代表地点和身份认同的地点"，同时也是这种集体记忆的"文化客体化"。在博物馆中总是有特定的文化产物被挑选出来进行公开地保存和展示，并最终传承于后世。博物馆空间的展示总是显示着时间的绵延，展品的时间维度与特定的文化记忆相联系，参观者在其间的参观活动则作为对某种集体性文化的回忆，同时也进行个体的意义投射。博物馆媒介空间通过规制其间的展陈和参展活动，参与特定的共同体对自己的历史与身份的讲述。在这个过程中，议程设置理论发挥着重要作用，即展览是否符合当下的社会语境、地域文化、公众接受程度、民族价值观念等等。新媒体技术被引入博物馆后，促成博物馆与参观者之间建立起协商、对话关系，从而拓展出更为丰富多样的参观者叙事话语，在赋予受众能动性和选择性的同时，使得针对受众的意义阐述更多元化和多样化。

（4）博物馆具有情感共鸣艺术语境

艺术是情感与形式的统一，艺术活动的终点在于内在价值的获得，艺术传播寻求各种表现形式以增强表现力，其目的是唤起受众的情感共鸣，这是艺术传播与大众传播的区别。在艺术传播活动中，依据拟态环境理论，一是创设艺术品语境和氛围；二是艺术品被放在展厅里的时候，会因为空间以及陈列方式的变化而衍生出新的语境。有些作品对观者的影响会随着观赏的深入而愈加强烈，特别是其中富含的深意和道德张力，正是内涵和形式的完美统一赋予了作品这些情感力量。

2. 博物馆媒介构成

（1）空间

空间是艺术博物馆媒介的首要构成元素。有了建筑和空间，才有承载文化和内容的场所。媒介空间可以分为三个层次：一是有形的可感知的物质空间；二是主观的意象空间；三是物质与经验的交错空间。

艺术博物馆具备这三个层次的空间，并且不同层面具有相应的议程设置：一是国家、地域文化和民族信仰的层面；二是博物馆建筑风格和建筑外部空间的层面；三是艺术博物馆内部空间及展线的议程设置。空间是可见实体要素限定下所形成的不可见的虚体与感觉到的人之间所产生的视觉的"场"，是源于生命的主观感觉。空间是一种传播环境，包含情境创设、拟态环境、空间叙事等，多种元素共同营造出艺术博物馆外在的传播力。

（2）文化

博物馆是文化融合的重要标志，也是文化传播的平台，中西文明相互学习、相互借鉴密切了双方的联系。这个过程的实质是传播，借助了很多让人过目不忘的艺术品媒介，最终进入受众的情感层面。视觉文化分析切入艺术博物馆的传播领域，以展览、展品、展板等显性的传播内容作为研究对象，深入探索艺术博物馆的艺术场域营造及视觉传播策略。而在这些显性物背后的"文化"更具有隐性的特点，涉及观看展览与情感传达、受众对艺术展品的文化记忆与文化认同、艺术博物馆的集体记忆、运用艺术博物馆传播民族地域文化等深层次内容。在所有媒体的展示中，作品与观众的互动揭示了人与物的情感传达。

（3）内容

艺术博物馆内容传播体系的重要组成部分是视觉传播的内容。无论是视觉空间，还是艺术展品，抑或是展板多媒体文字说明，视线所及之处均涵盖视觉传播。视觉传播的主体是参观者，客体是观看的"物"，而其中"观看之道"却因人而异、千差万别。在艺术博物馆逐渐从精英阶层走入大众视野，实现艺术民主化、大众化的时代，国内外的艺术博物馆均采用各种方式吸引受众。无论是媒体增加发布展览信息，还是设计更多的交互活动，甚至是延长开放时间，受众走入艺术博物馆后的首要问题，还是艺术素养的提升以及视觉艺术享受。

（三）博物馆的传播模式

博物馆文化传播的媒介形式有两类：一是面对面模式，即"观众—文物实体"文物信息模式（在博物馆里直接观看展品）；二是间接模式，即"受众—媒介—文物"文物信息模式（在博物馆里观看辅助媒介，或者在博物馆外通过大众媒介获得文物的信息，感受展品的内在价值和文化内涵）。因介质不同，可以细分为三种模式：①受众—平面媒介—文物信息（介绍展板、报纸杂志、展览海报）；②受众—电视媒体—文物信息（电子屏幕、电视鉴宝、博物馆类的节目）；③受众—网络媒体—文物信息（虚拟博物馆、博物馆网站、移动客户端、社交媒体）。

这些不同的媒介传播形式适合于不同的博物馆文化的传播，比如以面对面静观视觉艺术为主的艺术博物馆，以体验参与媒介传播的历史文化博物馆，通过电视、网络媒体展现国际一流展品的博物馆等。

1. 博物馆内部混合模式

基于媒介理论的视角，博物馆的"媒介空间"是指由各种传播媒介所构筑的，包括物质的、精神的，以及真实的和想象的空间。它不仅涉及媒介中的内容，还包括承载这些内容的媒介形式。下面以瑞典首都斯德哥尔摩的诺贝尔博物馆为例；诺贝尔博物馆旨在传播知识以及通过有创造性的学习与展览方式、利用现代的技术和优雅的设计，创造围绕自然科学文化的话题和讨论。

（1）提供一个创造性的环境

在博物馆内，观众可以对照时间背景，漫步时空，体验诺贝尔奖的百年发展之路。很多有工作人员引导操作的实验台构思，源于诺贝尔奖的思想创意。

（2）多维度的呈现方式

通过天花板上独特索道的移动，向观众随机展示每位获奖者的画像及颁奖词；而脚下，也有与观众合影拍照的诺贝尔奖章。

（3）启发思考的影片

诺贝尔获奖者的工作是一段成功与失败交错的历程。这些短片讲述了诺贝尔获奖者不断寻找新的思路来解决研究中的难题、永不言弃的精神。

（4）博物馆餐厅

在创造性的环境中，观众往往会发现许多非正式的会议场所，用于自发性的非计划会议。诺贝尔博物馆餐厅是维也纳、柏林和巴黎餐厅文化的一个缩影，餐厅椅子的下面还有获奖者的签名。

（5）即时研究

诺贝尔博物馆是一座知识宝库，让身处其中的观众积极开展研究，举办有关当前热门问题的研讨会、演说和讨论。

（6）博物馆商店

诺贝尔获奖者的"创造性"也可以在博物馆商店中找到。这里是了解更多有关诺贝尔获奖者及各奖项领域知识的乐园。

（7）个人创造力

通过短片，展现诺贝尔获奖者在科学、文学与和平领域的突破性成就；此外，还将展示获奖者的相关成果。

从这个博物馆内部空间和媒介应用来看，媒介空间、辅助展板、展品、视频、体验活动、语音导览等得到了广泛应用。受众在博物馆内的参观是在混合传播模式下进行的，各种传播形式并没有严格的区别。但首要的一点是切合主题，所有媒介要服从主题之内的需求、定位、内涵、结构，要把陈列语言表述清楚，陈列的空间、环境、氛围、色彩、造型、灯光、标牌等都要服务于主题，这就是博物馆的媒介定位问题。此外，单一媒介传播策略还要服从于混合传播效果。

2. 博物馆外部间接传播模式

（1）博物馆类电视节目

当前，纪录片、综艺节目的热播，折射出国人对节目背后延伸出来的传统文化的关注。《国家宝藏》节目融合传统访谈、小剧场、纪录片、现场展示等多种艺术形式为一体，多角度、多侧面讲解历史与文物。这类电视节目同时具有积极的互动性和快速传播的网络特征。

（2）网站和微博

网站和微博的媒介特征为"互联网+文博"。一些网站和微博用户量很大，有很大的传播市场。

（3）话剧、戏剧和情景剧

不仅有电视节目，博物馆还把自己的历史编排成了话剧，比如，故宫博物院的《海棠依旧》在北京保利剧院的公益演出，让观众真切感受到文博人的坚守与传承。教育戏剧是一种沉浸式体验方法，是将戏剧方法与戏剧元素应用在教学或社会文化活动中，让观众在参与互动中不断思考，在听觉、视觉、感觉中不断涌出具有创造力的想法。

（4）在线课程

线上教育在正规或非正规教育领域都不是一个新鲜词汇，即便是国内博物馆也在线上教育上有过初步的开发和探索，提供了面向公众的线上教育内容。中华文化的传播是一个渐进的过程，博物馆在这个过程中也在不断发掘新的形式，积极与国际机构合作，把自身所承载的优秀传统文化推广向世界。

二、博物馆文化传播的内容

（一）博物馆文化传播及其特点

传播与社会密不可分，社会不仅因为传播而存在。更确切地说，社会就存在于传播之中。传播与共同体关系紧密，与人们创造并生活在其中的社区类型所产生的问题有关。对民众来说，传播是一系列日常行为：交谈、传达、享受、讨论、获取信息。人们能感受的生活质量就是由这些活动以及它们在社区中所进行的方式所决定的。

随着社会的进步、文化生活的需要，博物馆作为重要的文化传播媒介进入大众生活。博物馆包含历史、美学、文学、教育等文化内涵，是人类文化的殿堂和各地区文化发展的象征，博物馆在各个地区通过传播相应的文化，春风化雨，凝聚人心，使处于同一文化区域的人在无形中形成群体意识，强化了地区和文化认同。

博物馆文化传播通过文物等符号，构成了人类的生存环境。自我生活中所说的"传播"，以及惯常的思想和研究，实质上都是与传播的传递观紧密联系在一起的，比如当读者审视报纸时，媒介是一个发布新闻、知识和提供娱乐的工具。而传播的仪式规则着眼于不同的范畴，当通过报纸了解世界的时候，读者就已经投身于这个世界，并且产生了对于世界的观点，所以，传播并不在于信息的流动，而在于构建读者的生活，媒介为生活提供了一种整体的形式和调子，最终构建一个群体共有的文化共同体。博物馆文化传播正是遵循这样的规则，在观众中建构起特定的文化空间，根本目标是通过文化氛围塑造同一文化共同体。

早期的博物馆传播模式沿袭拉斯韦尔的大众传播模式，整个传播过程分为传者、受者、信息、媒介、反馈五个要素。这一阶段博物馆主要强调自身的收藏、保存和研究功能，因而在整个传播过程就是信息的传递过程，博物馆馆体及其全部工作人员处于传播者身份，通过陈列、展览等媒介形式传递文物藏品信息，参观者作为接收者处于被动的一方，反馈在这个传播模式中作用甚微。在新传播技术的赋权下，互动性成为博物馆文化传播的新特征和吸引点。博物馆都设置多媒体展厅，利用各种先进的电子设备全方位呈现文物，让文物"活起来"，与此同时，设计一些有趣的小游戏，加强与观众之间的互动，增强了对于展出意图及其背后文化的理解。博物馆文化传播体现的趋势是互动化，当然这是技术支撑之下的互动性，博物馆文化传播更深层次的要求应当是文化取向的互动。

现代人是作为知识的主体和知识的对象而被建构出来的，博物馆等文化机构组成了大众民主制度下一系列能动地塑造公民文化能力的新的文化与权力关系的一部分。承载文化记忆是博物馆的天然属性，文化记忆是伴随当下环境所进行的再现与重构。在数字技术的帮助下，博物馆文化传播方式从实体转换为在线数字的虚拟形式，文物的展现方式、观众的互动方式和与现实环境联结的形式均发生较大变化，新的文化记忆在与观众的动态互动中被建构。

文化是流动的、柔性的，但力量却是最强大的。博物馆文化传播在当下被赋予更高的使命，即建构文化共同体，其中体现了博物馆文化传播具有建构性。大到国家，小到社区，本质上都是一个整体的存在，共有的文化维系着群体的团结。即使一个临时组建的团队，也需要共同认可的信仰和目标来维持整体内部稳定。分布广泛的博物馆成为每个国家、每个地区，甚至每个行业、企业凝聚文化力量的选择，博物馆成为所属集体的必要中介，通过文化传播建构所属群体的文化信仰，增强共同体的凝聚力。

（二）博物馆文化传播的治理功能

1. 博物馆文化传播对主体的塑造功能

博物馆是改造人的行为、塑造主体和社会的文化技术机构。博物馆从内部塑造公民一系列新的权力、新的知识与权力关系，即通过"文化治理"来实现博物馆的自身价值，首先体现在它对公民主体性的塑造上。

博物馆成为塑造主体的场所是通过改进自身组织和公众关系实现的，博物馆将珍贵的文化"知识化"，由此诞生一系列具有审美和教化功能的学科，如考古学、人类学和艺术史等，这些学科打开了新的视野和话语体系，它们被有序嵌入博物馆空间，成为思想和秩序的表征，博物馆为这些知识的出现和传播提供了条件，引导参观者以新的方式认识自己、处理事情和塑造事情，使个人进入新的秩序之中，这里代表着自由、民主和审美。自由免费进出博物馆使公众觉得自己成为权力的主体，通过参观主动塑造自我，管理自我，成为具有良好道德、规范行为方式和现代文明理念的主体。

2. 博物馆文化传播对共同体的培养功能

20 世纪中叶开始，博物馆"社区化"成为美国、日本等博物馆业发展较为成熟地区的新趋向。这一概念中的"社区"范畴既涵盖行政区划意义上的物理空间，更涉及以共同自然、人文、历史等认知为前提的"共同体"概念。博物馆文化传播普遍围绕共同体问题，致力于通过艺术文化项目实现以共同体主体为中心、深度人文关怀以及构建区域秩序等目标，解决共同体塑造问题、增强集体意识和集体凝聚力。

在以"共同体"为中心的理念引领下，博物馆文化传播不再被限定于收藏、展示文物的传统范畴，文化传播的内容可以根据实际需求灵活转变，通过实施文化行为引导解决共同体问题，形成服务于共同体的全新机制。

在这个过程中博物馆文化传播不再是单向的传递，参观者化身成员参与到博物馆文化生产和传播的环节中，博物馆的角色也发生了转换，由"呈现者""传播者"转向"同行者""引导者"和"治理者"。博物馆文化传播不仅是发掘馆内文物，传播有限的知识和观念，"共同体"成为博物馆文化传播全新导向，内涵还涉及与政府职能部门、专业机构的配合，共同探讨同一区域下环境、人文等问题的解决方案，围绕共同体设计文化与教育项目来实现对个体兴趣激发和启蒙意识，满足共同体文化需求的同时，也实现了文化治理公共问题的目标。

第五章　博物馆陈列展览流程与形式设计实施

第一节　博物馆陈列展览流程

一、博物馆陈列展览的构成要素

关于陈列展览的构成要素，自我首先要意识到，陈列展览是在一定"空间"发挥作用的。场地空间的大小，制约着陈列展览的规模。"空间"，亦即场所是第一要素；第二要素是意欲向观众传递的"思想"，包括意图、观点、想法；第三要素是"展品"，包括文物标本类的实物资料和信息类的资料；第四要素是通过展品来传递思想时所需要的"设备"，包括展具和传播装置；第五要素是制作这些设备所需的"资金"，即支付材料和人工费的经费预算；第六要素是陈列展览工程所需的"时间"。亦即陈列展览的构成要素有六项："空间""思想""展品""技术""资金""时间"。无论缺少其中的哪一项要素，都办不成或办不好陈列展览。

（一）空间

博物馆选址是建筑设计前期工作中的重要环节。选址宜在地点适中、交通便利、城市公用设施比较完备的地段，其周围应没有污染源，场地干燥，排水通畅，通风良好。具体有以下十项原则。

第一，建筑设计符合工艺设计是博物馆建筑设计的根本原则。博物馆在提出建筑设计任务时，必须首先进行博物馆工艺设计的研究。工艺设计重点研究的内容主要是参观线路、内部工作人员行走路线及藏品运送路线三线的合理安排，展厅、库房及其他业务用房面积的适当分配，文物、标本保护温度、湿度的参数及各项相应的装备、设施等。

第二，在确定先工艺设计、后建筑设计工作程序的同时，博物馆工作者与建筑师之间应建立密切合作的关系。

第三，建筑方案的确定应该经过科学的严密论证，广泛与博物馆保管人员、陈列人员、研究人员、宣教工作者、文物保护科技工作者等进行综合讨论研究，并听取城市规划、气象学、环境学、社会学等方面专家学者的意见。

第四，博物馆建筑设计的重点是展厅和库房的设计。其中，展厅设计重点是妥善解决平面与空间布局中系统性、顺序性与灵活性相结合的问题，以及采光、照明问题。库房设计重点是建筑防潮、保温、密封性，保证库房小气候稳定问题。在展厅与库房之间应考虑到藏品运送的安全，凡藏品所经之过道、走廊、门厅、庭园均不宜设置台阶，二层以上的库房、展厅均应设置客货两用电梯。

第五，博物馆建筑防盗、防火必须严格遵照国家的防范规定。博物馆与四邻建筑应保持相当距离，以隔离外来火灾。

第六，博物馆建筑外貌应当反映博物馆的性质特征，不同地区不同性质的博物馆应该具有个性特色。现代博物馆建筑要反映现代博物馆的风貌，在提倡博物馆建筑形式民族化的同时，反对建筑创作上的形式主义。

第七，博物馆设计不仅要满足当前的使用要求，而且要预计将来的发展，博物馆事业总是随着社会进步和文化建设的需要而发展的。博物馆建筑总平面规划，应为将来的发展准备好扩建增建的余地。

第八，根据博物馆的性质、级别和所在地区的地质情况确定相应的防震等级，做好建筑物的防震处理。

第九，博物馆建设经费的筹划与分配不仅要研究当前基建与设备投资的合理分配，而且要考虑到装修投资及建成后常年维护管理和能耗的经济性。

第十，如利用古建筑改为博物馆，须保持古建筑本身及周围环境的风貌，并遵守各项文物法规、消防法规等，做好防火、防盗及陈列展览等基本功能方面的设计。但藏品库房仍以新建为宜。

展厅和库房是博物馆建筑的主体，相比而言，展厅处在博物馆"前台"位置上，是博物馆的"面孔"。观众到博物馆参观主要是在展厅里活动，它是公共性的开放场所。展厅的使用功能复杂，既要保护展品不受自然或人为因素的损伤，又要有大量人流行走和活动的空间，对建筑结构要求很高；既要便于观众参观，又要具有一定的艺术气氛。所以，展厅处于最重要的地位，是博物馆建筑设计的重点，对陈列展览工作乃至整个博物馆的形象都有直接的影响。

陈列展览区的平面组合应满足陈列内容的系统性、顺序性和观众选择性参观的需要；观众流线的组织应避免重复、交叉、缺漏；除小型馆外，临时展厅应能独立开放、布展、撤展；当个别展厅封闭维护或布展调整时，其他展厅应能正常开放。可以看出按照观众习惯，陈列展览的观众流线一般应顺时针设置，并且要区别不同的展厅空间。

博物馆的建筑与陈列展览的关系有以下几种不同的情况：

对于新建博物馆而言，从博物馆建设流程来看，一般是博物馆建筑设计和施工在先，完成交付博物馆后，博物馆再着手进行陈列展览设计。如果是这样的情况，那陈列展览的内容策划和形式设计就只能迁就博物馆的建筑空间。当然，随着博物馆建设工程项目越来越多，操作上也越发合理规范。现在博物馆业主方一般都会给建筑设计单位提供《博物馆建筑设计任务书》，提出具体要求，关于展厅的要求，最理想的状况是先有博物馆陈列展览脚本，然后根据具体的展示要求提出详细的展厅计划，可能局部需要净高较高，局部需要一个大面积没有网柱的空间等。建筑设计任务书在博物馆项目建设环节占有举足轻重的地位，它作为建筑设计过程中的主要依据，一方面，显示出设计深度，即博物馆业主方对工程项目设计提出的要求，其最终成果既要达到满足需求的设计理念；另一方面，又展示出规划报建必须达到的基本条件。

而改扩建的博物馆建筑又有不同。改建往往是将文物古建、工业遗产等原有空间改作博物馆建筑空间使用，这样的改建往往要保留原有建筑的整体风貌与结构，所以不能大刀阔斧改造，有时这样的空间会对随后的陈列展览造成一定影响。而扩建往往是博物馆意识到现有建筑面积过小，不能满足博物馆使用要求而增加面积，这种情况往往会考虑全面，尽量避免原有建筑的使用弊端。

对于临时展览而言，其基本上是在现有的临时展厅中完成，面积、层高、柱距都是确定的且不能变更，因此没有太多选择，展览的内容策划和形式设计只能适应现有的临时展厅空间，有时可能还要做出让步和牺牲。

（二）思想

博物馆陈列展览是博物馆展览人员与观众沟通的桥梁，通过这个媒介，展览人员把意欲传达的思想进行有效的传播。从设计的定义也可以看出，设就是设想，就是策展人员的思想。陈列展览的思想必须做到以下两点：

一是要传播的思想必须深入浅出。传播的基础就是通俗易懂，没有这个基础，再好的思想对于观众来说都毫无意义。因为一切思想必须是要交流的。没有交流就谈不上思想。没有交流的思想就是个人的空想。如果一个陈列展览不能够引起观众的共鸣，对观众产生影响，就是没有高度和意义的。

二是要传播的思想必须切实可行。如果策展人员的思想天马行空，空间局限，或技术手段不成熟，或形式不能够落地实现，那再有创意的思想也只能停留在想象阶段了。

（三）展品

谈到博物馆的展品，容易联想到那些放在展柜里的文物或标本。其实，所有在陈列中发挥传媒作用的物品均属展品范畴，不管它是否由藏品转化而来，都是陈列展览的展品（传播媒介）。当代博物馆的展厅已不再是那种纯粹收藏形态的罗列，除了由藏品转化而来的文物标本展品外，还有很多其他不具收藏价值的物品在同时发挥着传播媒介的作用，如说明牌、图文展板、照片、模型、多媒体等，这些后于陈列设计而产生的信息展品基本上没有永久收藏和科学研究的价值，只具有单一的信息传播功能。我国博物馆界通常称这类展品为"辅助展品"，所谓"辅助"只可理解为辅助人们理解主题思想之意，并不意味着它们所占的展出空间、体积尺寸、传递含义的重要程度等比实物真品低一等。随着博物馆陈列展览从"器物定位型"向"信息定位型"的转变，信息展品的开发利用问题变得越来越重要，在许多场合，它们往往扮演着主要角色，可称"信息展品"。从研究角度来看，"实物真品"可称为第一手资料，"信息展品"可称为第二手资料。

无论如何，博物馆陈列展览是一个有机的系统，各种展品都必不可少，各类展品都分别具有各自的价值和作用。根据这种观点，可将展品分为以下几类：

1. 实物

通俗地讲，就是观众口中所谓的"真品"。在种类上分为植物、动物、矿物、金属等，是由单独加工或复合加工而成的。在来源方面可分为收购、考古发掘、地面采集、借入、捐赠、寄存、交换、移交等。实物真品一般都具有永久性收藏价值，因而在展出时首先必须考虑相应的展品保护措施，使用展柜等各种手段的目的在于防止自然因素（灰尘、紫外线、温湿度等）或人为因素（触摸、碰撞、偷盗等）致伤展品，这成为实物展出的附加条件。但也要知道，这种防护措施并非出于陈列展览信息传播功能的需要，它们往往会成为影响传播质量的制约因素。例如，英国自然史博物馆"人类在进化史中的位置"陈列中，有一件古人类头盖骨展品，其背面有一颗牙齿是信息要点，应该展示给观众看，但因其珍贵性不得不置于玻璃柜中展出，这样一来，观众又难以看清牙齿。设计者采用制作复制品放在展柜外供观众触摸的辅助措施，达到了展品保护与信息传播的双重目的。同时，也有实物展出不采取隔离措施。

另外，按实物展品的原始功能可划分为美术作品和科技性展品，这对陈列展览工作而言是很有意义的，因为这一区别制约着陈列展览表现手法的不同构思方向——美术作品是可以同观众直接产生交流对话的，而科技性展品却因形态外观不能直接传达内涵意义，因此在传播上有着明显的局限性。所以，在美术陈列展览中，实物真品既是手段又是目的；而在科技陈列中，实物真品应更多地被视为一种手段，期待它们发挥的重要作用是"物证"，使观众确信观念性陈列主题思想的真实性和可靠性，而不应指望实物真品能如美术作品那样单凭自身就能产生视觉语言。

2. 复制品

它是忠实再现客观事物的二维或三维辅助品。在陈列展览中使用复制品主要有以下几种原因：

一是有些实物是收集不到的，但却可能有相关的照片、图纸、文献记载流传下来，根据这种间接信息材料复制出来的东西，可以充当辅助展品。

二是一些文物等级较高，质地又对展出环境相对敏感，出于文物保护的原因，有些实物不宜公开展出或较长时间展出，则复制品就可代为发挥作用。

三是出于传递特殊信息的要求而使用复制品。如在地质标本陈列中，有时想要向观众传递岩石标本重量的信息，这种形态是难以传达的，与其在说明牌上标写重量，不如制作相同重量的复制品放在柜外供观众亲手掂量。

四是欲展出的实物并非本馆藏品，但在陈列展览中又占据重要地位，由于国别地域的原因不能借展，或即便短期借展，到期也要归还，所以只能通过复制品展出。

除上述原因外，在实际展览中，还有特殊情况需要使用复制品。诸如雕塑、石刻等原物重量太大，展厅地板承重有限，从安全角度考虑，往往也会使用复制品代替原物展出。

在陈列展览中利用复制品时，至少有两个问题需要考虑。首先是科学性、准确性问题，若想使观众获得正确认识，那么复制品要在多大程度上与实物相近呢？作为信息展品，复制品主要是为了传播知识信息而制作的，那么制作时就要按预传信息内容排列出准确性程度的主次关系，不必一切要素都以原物为准。例如，博物馆展出的墓葬棺椁的复制品所要传达的信息内容主要是外观的形制、尺寸以及纹饰图案，那么复制品在这些方面应力求精确，而观众看不到或看不清的地方，如棺木材料，则不必仿真，否则就是无效的高额投资，且不便于陈列工作中必不可少的频繁移位。

另一个是需要考虑展出方式的问题。用复制品展出，应避免给人分不清真假的印象，且应该在说明牌上注明复制品字样。将复制品放在伸手不可及的展台上或用玻璃隔起来展出，有时欠妥。因此，在展厅中经常会听到观众询问展柜中物品的真假，只要观众能理解不能展出实物的原因，是能够接受复制品的，但要注明，博物馆不能存心以假乱真，误导观众。

3. 模型

当陈列展览所需的展品属于无法获取真品的事物（如太阳系星座结构、地球内部结构等），或者实物体积过于庞大或过于微小时，即可用模型进行三维显示。模型犹如立体的图解，其制作比例可以是原大的，也可以是放大或缩小的；根据陈列需要，有的是模仿真品外形，有的则脱离原物外形，只要使观众理解模型本身所负载的信息即可，因而在表现形态上具有很大的可塑性。模仿真品外形的，包括地形模型、建筑模型、民宅模型、古建筑模型、古生物模型、小动物的放大模型、船舶模型、汽车模型、飞机模型等。脱离原物外形的包括系统模型（如原子核、遗传因子、天体运行、结晶）和剖面模型（如古塔、墓葬、房屋、造像、楼阁、蒸汽机车、汽车、船舶、高炉、原子炉、坑道、隧道、地球、火山、人体、动物）等。

模型的优点在于能够强调特征，显示内在相互关系或空间相互关系，以及显示质感和形态信息，将一些日常生活中见不到的现象呈现给观众，它既有形象成分，又有抽象成分，能使观众一目了然。例如，体积太大观众不可能看到的地球模型、平时无法看到的动物骨骼模型、普通人肉眼无法看到的分子结构模型、建筑缩比再现某个民族聚落的模型、不可移动文物的微缩模型等，都有独到的长处。

4. 照片

那些体积过大或过小的原始资料，即使有也收集不到的东西、过去的事物、遥远地区或海底的事物、宇宙的事物等不可获取物，如果属于静态中也充分具有展示价值的事物，就可通过照片形式加以处理。照片是平面材料中最写实的，其用法颇能随机应变，与模型相比所需费用也不多，比其他手法更接近事物原貌。应用于陈列展览时，从一件事物到整体环境，无论什么东西都能显示出来。尤其在显示三维姿态和说服力（照片不夸张）方面颇具特色。照片与实物一样，不用中间媒介即能传递事实，并且容易使观众理解实际状态。

5. 图解资料

在陈列展览工作中，除去纯粹让人们阅读的文字资料以外，所有用二维表达形式制作的展品均为图解。图解可大致分为两类：一类是用绘画手法处理文字和资料的表达手法，多用于辅助陈列；另一类是以自身力量达到传播目的的表达手法（如国际图形语言系统图表），多用于导向牌等陈列环境提示。

图解不如照片写实，但它能传播必须同时掌握和理解的若干概念，尤其图解能够把意欲传播信息的要点通过符号化的形式传递给观众，并能显示出现实世界中不可能发生的，以及一般情况下不能看清楚的事物信息。从而可以说，图解在帮助传播上发挥着重要作用，它比文字具有更广泛的可读性。

图解是用平面性图形辅助观众进行理解的资料，包括绘画、插图、图表、坐标图等，其制作费用不高，对制作者的绘画技能要求也不高。主要问题在于确定合适的抽象程度，恰到好处地表达某种概念。

6. 解说资料

这是通过文字及声音传递的信息。文字设计包括各层主题内容、标签、说明牌、地图和地形沙盘的地名等。此外，展览说明书（导引手册）也有文字设计问题，还需要为外国观众准备多语种解说。

解说文字是陈列的基本构成要素之一，它属于自然语言，其长处至少有以下三点：

一是自然语言作为推理形式的符号体系，其内在结构决定了其表达含义的明确和固定，进而决定了它可以表达确切的事物、确切的关系、确切的过程和确切的状态，可以充当交流沟通的媒介，甚至成为感觉经验赖以形成的构架。它在解释实物方面具有"穿透力"。

二是自然语言作为人们日常生活必备的工具，博物馆观众在词语性符号的译码能力方面只存在程度差别问题，但几乎都有这种能力。

三是自然语言有不同的抽象层次，解说文字只要在观众能明白的抽象范围内进行，并在此范围内的各层次上移动，就能使传播有效。

其作用主要有信息功能（明确表达事物）、说明功能（向观众说明怎样操作互动性展品）、解释功能（讲述事物为何会如此）、说服功能（使观众开动脑筋，从特定角度思考）、娱乐功能（把陈列变为喜闻乐见的事物）。

在撰写解说文字时必须从观众的视角出发。文博同行专家能够充分理解的解说文字，未必就是优秀的解说文字。解说文字应该能够适应知识和阅读能力不均衡的各层次观众的状况，解说文字是否容易接受，会受到观众自身的知识水平和阅读能力的很大制约。

（四）设备

在展厅里，设备与空间关系很大，可分三类，一是主要起物理作用的大件设备，包括天花板、地板、展墙展板、展柜、展台、支架等；二是具有传意（心理）作用的设备，包括版面、模型、布景箱、音响和影视幻灯等设备；三是照明装置。

1. 展墙展板

与建筑墙壁不同，这是指陈列展览所用的展墙，包括隔间假墙、展柜内各种造型的板壁，还有用于展示平面材料的大型支撑性假墙。展墙造型有平面的、多面的、曲面的、球面的等，表面着色或敷以装贴材料。其主要功能有适当分隔展厅空间，增加展线长度；可用展墙形成适当的参观走线，保持循序参观；可支撑悬挂各种展品和图文展板，起到立面展示的道具作用，便于观赏；统一展览格调，对各种杂乱因素起到化零为整的包装作用。

随着技术与材料的进步，博物馆越来越多采用活动式设计的展墙和展板，可根据展厅环境与现场进行自主设计或订制，更可通过移动展墙展板进行自由摆放或者自由组合。方便布展，使用率高，正反两面均可利用。

2. 展柜

从空间位置来看，展柜大致可分为沿墙通柜、独立柜、坡面柜、入墙柜、悬挂柜等。沿墙通柜一般有多种样式，有带有背板样式的，也有两侧透明玻璃的展柜。独立柜也称中心柜，大多为独立式的，适合展示相对重要的展品，有时根据需要也可将若干独立柜拼合使用。坡面柜桌面有一定的倾斜度，从各个角度都可欣赏到展品，适合展示书法、绘画等纸质历史文件以及其他片状或扁平形状的物品，或须近距离观赏的小体积类的文物。入墙柜是凹陷进墙里去的，其凹陷深浅程度依据展柜的实际需要而设定，门的开启方式根据需要选用。悬挂柜通常安装在墙壁上，观众可近距离观赏展示物，适用于展示书法绘画、纺织品、金属货币等扁平形状类型的文物。

展柜通常整体为金属结构，做防锈处理。主框架基座为钢结构，钢材料选用3.0 mm 厚度以上的冷拔方钢管及1.2 mm 厚度或以上的冷轧钢板（其中展柜承重部分应采用厚度不小于1.5 mm 优质冷轧钢板、外饰面应采用厚度不小于1.2 mm的冷轧钢板），展柜基座设计有水平调节装置，外表面为钢的饰面板，喷塑颜色可选择。展柜玻璃通常采用6 mm+6 mm 双层夹胶防爆超白玻璃和6 mm+6 mm 夹胶防爆膜、防紫外线减反射玻璃。6 mm+6 mm 双层夹胶防爆超白玻璃夹胶后玻璃透光率不低于89%。减反射夹胶玻璃的可见光透射比不低于96%，可见光反射比不高于2%，紫外线透射比不高于1%。玻璃外露边缘精抛光，不被看见的边缘不要求抛光，但须磨边。磨边规格为 0.7 mm×0.7 mm。外露角必须倒为安全角。同时，要注意展柜的密闭性、环保性等。

另外，根据具体陈列展览的情况，有时需要制作异形柜和多媒体展柜等。博物馆通常使用的展柜为中规中矩的方形展柜，但有时为了美观或特殊传播的需要，会制作使用异形柜。英国格拉斯哥的动物学博物馆中的昆虫展柜就是模拟昆虫造型制作，让观众一进入展厅就立刻清楚展柜里的展品跟昆虫有关。澳门通信博物馆为了更多更好地展示邮票，普遍采用抽屉式展柜。

多媒体展柜是以展柜为载体，在玻璃上投影多媒体，扩大传播信息，同时，在视觉效果上增强展览的趣味性和震撼力。使用展柜的目的是要达到保存与使用这对矛盾的统一，即在不损伤展品的环境中让观众观看。陈列展厅环境中可能致伤展品的有自然因素，如尘埃、亚硫酸气体、硫化氢、臭氧、二氧化碳、紫外线、温度、湿度等。人为因素主要有故意偷盗和无意地撞击展柜使易碎展品受损，以及工作人员在施工过程中疏忽碰撞造成的损害。要求展柜设计能满足对上述各种因素的防护功能，其结构自然也就比较复杂。

首先要强调的是展柜的密封性能，达到防尘和阻隔有害气体侵入的目的。在柜内保持小气候相对稳定的措施，也是建立在展柜结构密封基础上的，主要解决柜内恒温恒湿问题，目前，主要是在展柜底下的设备层放置恒温恒湿机。

3. 展台、支架

展台是在裸露展出时放置展品的台座，支架是将展品保持在最安全且便于观看的高度上的支撑或固定装置，在展柜里也常采用小型支架，工作中常称其为道具或积木。这种设备一般制成规格化的几何形体，优点在于可应付多变的展出要求，而且不用时便于拆开堆放。但缺点是，实际上，陈列设计并不受一定规格的制约，所以基本陈列的展台和座架需要根据展品尺寸和造型做专门设计和订制，而临时陈列则可采用便于灵活组配的规格化造型。

一般来说，体积较大的展品应使用矮展台，小型的展品（如佛像、陶器等）则适合使用较高的墩柱式展台。有些展台还需要根据展品的特征进行设计订制。有时在静态的展示中追求动态的表现，展台也会设计成可升降等形式，当然这种方式如果运用不好，脱离了展览传播目的，反倒效果不好。

为了确保文物在展柜的放置更加美观、安全，需要支架做依托。要根据文物的特点，选择不同类型的支架。通常来说，支架的材料有金属、玻璃、有机玻璃、木头等，同时也使用钓鱼线、细软管等辅助材料固定文物。

（五）资金

博物馆是为社会及其发展服务的，不以营利为目的的公益性文化教育机构。如今的博物馆新馆建设动辄建筑面积就上万平方米，一般约有一半的面积为展厅空间。面对社会公众日益增长的对美好生活的需求，以及新时代博物馆被赋予的责任与使命，博物馆的建设与发展以及如此大面积的陈列展览区域的布展势必需要雄厚的资金支撑。

目前，博物馆的资金来源主要有财政拨款、自身经营创收、社会捐助等途径。其中，财政拨款是大多数博物馆资金来源的主要渠道，成为博物馆运营的基础；经营创收（如文创产品的经营销售收入、教育活动收入、场地出租收入等）效益有限，且在目前探索文创途径的环境下一时很难有大的收益；虽然社会力量对博物馆事业的赞助日益增加，但这毕竟不是长久之计。因此，目前无论是中央补助还是地方财政拨款，博物馆的建设往往都还是由政府买单。但近些年博物馆事业迅速发展、数量剧增，再加上 2008 年开始实施的博物馆免费开放，中央及地方政府的公共财政资金压力越来越大，传统的博物馆资金模式已经满足不了当下博物馆建设运营的新需求，博物馆的建设及可持续发展势必需要寻求更加多元化的资金渠道。

PPP（public-private partnership），又称为 PPP 模式，即政府和社会资本合作，是公共基础设施中的一种项目运作模式。在该模式下，鼓励私营企业、民营资本与政府进行合作，参与公共基础设施的建设。PPP 模式作为一种新兴的融资模式，其实质是政府通过给予私营企业一定期限的特许经营权和收益权，将市场竞争机制引入公共基础设施建设，以达到更有效地向公众提供公共服务的目的。这一模式将由参与者双方共同承担责任和融资风险，同时满足各方的利益需求。一方面，政府解决资金问题，能够降低运营成本，提高运营效率；另一方面，企业也能够从中获得一定收益。

政府长期以来都在博物馆建设中占主导地位，即使引入了社会资本，受理念和思维的制约，社会资本在其中的地位是否能得到有效发挥以及应用，也是影响

PPP 模式效能的重要因素。政府需要认识到博物馆引入 PPP 模式的根本目的，即更有效地满足公众对博物馆功能及服务的诉求，更合理地配置政府公共财政资源和社会资源，达到转换政府职能、保障更多有效供给、提高资源使用效率的目的。

（六）时间

近些年，中国的博物馆建设如火如荼，数量剧增，大多往往都是赶时间的工程。一些展览都选定五一、十一、元旦等节假日或"国际博物馆日""文化遗产日"等行业的节日开馆，因此，留给陈列展览策划、设计、施工的时间几个月到一两年不等，但总体来说，陈列展览的实施周期时间不长。一个好的陈列展览并非一蹴而就，肯定是经过周密的策划、详细的论证、充分的研究等过程。即便是临时展览，也是经过认真策划筹备的。

二、博物馆陈列展览的基本流程

博物馆的陈列展览工作要按序进行，换个说法就是，若某项工作未完成，则无法开展下面的工作。当然，根据工作的种类和性质，也有部分工作可以与其他工作同步进行，但从总体上看，某一步未完成则不能着手下一步的工作也是很多的，博物馆陈列展览，就属于这种只能循序开展的工作。

陈列展览工作流程的划分方法因馆而异，因场合而异。即使同样划分，在局部上也会有所不同。无论怎样，一般而言，博物馆的陈列展览工作总要沿着"着手""具体化""试行""改善"等几个步骤进行。

（一）主题的选定

陈列展览筹备工作通常是从一个或几个人（或团队）想要举办一个陈列展览开始的，首先要议论的话题就是，将要举办的陈列展览主题是什么。主题选择是否合理关系到陈列的成败，是相当关键的一步。

一个好的陈列展览主题，必定是有个性特点的，而非司空见惯的雷同；同时，又必定与人们的现实精神生活需求相关联，能够激发人们的参观欲望。这一切还必须建立在不脱离博物馆藏品和本馆使命、性质、任务的原则基础之上，使得选题成为一个看似简单而实际上难度较大的工作步骤。

"器物定位型陈列"一般都是器物性主题，这样的展览选题从博物馆的内部工作程序来看相当自然，即选什么题，要看有什么藏品，以及该类藏品的数量能否撑起一个相当面积的展出空间。器物性主题一般不会脱离馆藏。但问题是，这种主题与大众生活距离较远，在广大的汉族地区各个博物馆藏品大多都是青铜器、陶瓷、玉器、书画、杂项，所以存在很多博物馆雷同的现象。这两个因素对陈列效果的负面影响是很大的，就我国博物馆的实情而言，各地博物馆首先是作为执行国家文物保护政策的机构在各地开展工作的，收藏政策上的一致性以及文物类别的大同小异，都是造成各地博物馆藏品类别大致相近的原因。如果采取器物性的选题方式，势必会形成多个博物馆主题雷同和缺乏个性特色的局面，使人产生司空见惯的感觉。同时，器物性主题将着眼点落在实物上，显得过于专业化，很难使广大普通观众感到与自己有相关性，从而对博物馆陈列的反应比较冷淡。总之，器物性的选题方式所导致的陈列是一种近乎"罗列"的东西，并不符合当今社会人们的普遍需求。

现实中只有具体的而没有抽象的陈列，但陈列的主题不应局限于感性具体，而应经过抽象过程达到思维中的具体。只有依靠信息才能使主题产生个性特色，才能把"物"和"人"联系在一起，因而也才能产生真正意义上的"陈列"。"器物定位型"只能告诉人们"有什么"，而"信息定位型"却能告诉人们"怎么样"。反映在选题方式上，就不是那么简单地着眼于有什么藏品办什么陈列，而是在深入研究藏品的基础上，看哪些藏品能够抽取出怎样的信息；信息的内容绝不限于器物的年代、造型、质地等属于感性具体成分的简单描述；而要看器物组合能够说明什么样的社会问题。社会历史的发展在各地区有不平衡性，反映在博物馆藏品的数量和质量上也有不平衡性，各馆应扬长避短，根据自己所拥有的特色藏品做信息深加工，集中反映当地历史上的重要阶段、重大事件以及重要的经济或文化现象等，就能形成好的主题陈列。由此组成的单项陈列规模不见得很大，但可能不止一两个，而是若干个主题，它们共同构成一个馆的基本陈列内容。

在选题时应该想到这样一个问题，有藏品可以很容易地加以"罗列"，但不容易"陈列"。从技术上说，罗列是从藏品着手选题的，考虑的仅仅是实物藏品的数量与展出空间的平衡统一问题，这一点比较容易做到。而陈列是从藏品所能说明的问题着手选题的，势必以藏品研究为前提，着重强调的是信息传播的质量，要考虑到兼顾大众化的趣味和接受水平，陈列内容富有个性特色和教育意义，发挥馆藏优势，符合本馆性质和任务等一系列问题，这就不那么容易了。

总之，在陈列选题方面，过去那种脱离馆藏基础一味追求"大""全""通"的做法固然不可取，而完全被动地受制于藏品的做法也不尽如人意，应该引起重视。

（二）开发与设计

这是陈列工作的书面规划阶段，分为内容策划和形式（艺术）设计两个先后相继的步骤。内容策划负责逻辑地编排展品，决定欲传信息；形式设计则偏重形象的艺术造型，负责表达信息。内容策划主要是陈列大纲与展示脚本编撰。形式设计包括概念设计、深化设计。概念设计主要是设计理念、平面图、动线图、轴测图、效果图、典型立面等，而深化设计涉及施工图、水电、新风、空调、消防、多媒体以及施工组织设计。

陈列是内容和形式结合紧密的综合体，两者的关系并不像企业的产品与产品包装的关系。在内容和形式严格分工的情形下，容易使一些必须综合考虑的问题被人为地割裂开来。实际工作中，两类工作者大多在为满足物质条件（硬件）奔忙，而陈列的信息和媒体功能开发却不够充足，使本应具有创造性的设计流于按部就班的工作，这是一个普遍存在的问题。

业界以往只用"设计"而不用"开发"一词，在实践中，设计是把制图形式作为工作语言的，而筹展工作到了制图阶段，就已经相当具体了。通常认为，在内容策划与制图之间还应该有一个中间环节，即根据特定主题内容，在头脑中创造出新形象的过程，以文字形式描述出来。这个步骤，本书称之为"开发"，与设计有所不同，它仍以文字形式作为工作语言，强调内容和形式的综合与创新，不像设计制图那般"匠气"。其目的在于将头脑中创作出的未来陈列形象通过文字形式表达出来，成为下一步图纸上造型的工作依据，这在广告学中被称为"创意"。

博物馆陈列展览是将与展览主题相关的科学研究成果，转换成可供直接感受和容易理解的实物陈列形式，从而达到普及和推广知识的目的。所谓"转换"，就是为某种特定的信息（所指）寻找或制作一种表达媒体（能指），由于所指和能指的关系具有任意性，因而在媒体设计中包含着很大的创造性；其实人文社会科学类博物馆也有类似之处，藏品和藏品研究成果（大多是十分抽象的表达形式）是可供人们利用的资源，但普通人并不能直接利用，需要有既懂科学又善于表达的陈列工作者为中介，将资源"开发"成可为普通人利用的形式。而科技馆的陈列设计往往是从已有信息（科技原理）而没有媒体（展品）的状态起步的，而人文社会科学类博物馆的陈列设计却大多是从既有信息（科研成果）又有媒体（展品）的状态起步的。所以，人文社会科学类博物馆很容易使人感到陈列筹备充斥着硬件的工程性，很少有软件的设计性。从整体上看虽然能组成一个陈列，但从微观角度分析，许多展品与解说的组合方式只是最简单的，但并不是最佳的，甚至还是错误的。

由此看来，博物馆陈列如果不以展品形态的审美为目的，则大多存在着按主题要求从展品身上抽取出某一方面的信息，并按信息的特性寻找一种最佳表达方式的问题。设计工作应组织多方面专业人员共同在这一点上投入较多的创造性劳动，以生产出具有更高魅力的陈列。如果陈列设计者觉得实物展品与文字说明的组合本身就已构成能够自动向观众说话的完整媒体，那就大错特错了。因为诉诸观众视觉的器物外观所能传达的意义是有限的，非传媒性展品的内涵信息往往与外观造型没有必然联系；书面文字固然是人们最常用的交流方式，但在博物馆陈列中未必是最好的传播方式。所以，设计者首先应该认识到藏品和科研成果尚处在有待开发的资源状态，不经过传播意义上的信息加工则无法为普通观众所利用，这与相关学科人员看待藏品的态度有很大的不同。

（三）施工与布展

在本阶段，设计人员成为施工组织者，操作性业务主要由工程技术人员承担。施工阶段是以设计阶段的成品为输入，其输出的成品就是可以对观众开放的陈列展览。这是一个由主观到客观的过程，筹展工作的大部分内容都在这一阶段进行。作业种类很多，参与者也很广泛，是需要团队协作的成果。如果说陈列设计阶段主要是科学性和艺术性的问题，那么施工布展阶段则主要面临技术性和经济性的问题。

在陈列展览工作没有市场化之前，我国博物馆以往大多是由馆内人员承担陈列施工的，在管理上存在许多问题。专职的制作人员太少了，无法应付陈列工作需要，太多了又会形成非施工阶段的人员浪费；从其他部门抽调专业人员临时布展，不仅会使人产生一种被频繁拉差的反感，而且施工水平也不能保证；材料采购少了怕不够用，采购多了则会形成积压浪费；业余水平的制作往往会造成较多返工浪费；低水平的施工不仅牵扯设计人员的精力和时间，而且反过来会制约设计质量的提高。目前的陈列施工一般都会交由专业的陈列展览公司完成，取得了较好的效果和有益的经验。

（四）开放与评估

施工布展阶段通常一直要持续到陈列开放之前，一旦观众入馆参观，就意味着陈列展览工作转入开放和评估阶段。在本阶段要同时开展两项活动，一方面，是将展览工作人员长时间艰苦努力工作的成果奉献给观众观览；另一方面，是博物馆开始对成果的成功度进行定量化的评估。当本阶段开始时，展览工作人员才能为按期开放而松一口气，但也正是从此刻开始担忧人们将会怎样评估自己所付出的劳动。

要使陈列持续发挥预期功能，就不可放松日常维修和保养工作。开放期间的维持管理工作对象除了检修机电设备外，还要保持环境清洁；若有须加保护的展品，则要掌握因温度、湿度、照明、震动和灰尘等致伤展品的问题。如能在施工阶段就预想到开放期间可能产生的问题，并事先想好预案，就能降低开放期间维持管理的难度。展品安全是开放管理工作的重点，我国博物馆普遍采用巡视员的人工方式，其优点是可靠性高，但缺点是容易干扰展室中应有的自由气氛。若真正为观众着想，就应设法使安全监控工作在观众意识不到的前提下进行，目前，绝大多数博物馆已用电子监控设备取代人工监视方式。

关于陈列展览效果的评估工作，可以采用两种途径：一种是观众调查，通过问卷、访谈、行为观察等方式来了解观众的实际受益程度；另一种是邀请馆外专家学者来馆考察座谈，从专业角度对陈列工作发表意见。评估工作的目的在于总结成功的经验，使以后的工作不低于当前的水平，同时从中发现存在的问题，为修改和调整工作提供依据。相对而言，观众调查的结果是比较客观的，也是一种自我检验，只要方法科学，观众都会接受，因而主要是技术性问题。

而馆外专家的评估工作却不那么简单，因为对陈列工作提出否定性意见往往会被当事人看作有损自己声誉和地位的一种威胁，尽管这不是评估者的本意。要想改变一种学术观点似乎并不难，但要改变刚制作完成的陈列，则意味着在人财物力上有一定数量的浪费并且可能追加投入，尤为可怕的是过多的否定性意见会引来别人对工作人员业务能力的怀疑。所以，即使展览工作人员感到否定性意见完全合理，往往也要寻找理由加以反驳。在陈列评估中，不少人也颇能理解这一点，情愿用片面的赞扬声保持友好的人际关系，置评估工作流于形式而不顾，这种现象比较普遍。

实际上，否定性意见才是最有价值的，问题在于怎样才能使陈列展览人员接受意见。博物馆组织专家来评估展览的目的，是让别人来帮助自己想一想用什么更好的方法来调整完善目前的陈列展览。所以，评估者一方面要勇于发现错误和不足，并提出建设性方案；另一方面要考虑通过无损于当事人声誉的途径表述自己的意见。有些批评意见能够立刻反映到修改方案中去加以采纳实施，也有的因各种限制无法采取补救措施，但至少会成为教训，使陈列展览人员在今后的工作中避免重犯同样的错误或失误。无论怎样，评估中的批评意见都应被视为有建设性的和充满善意的，因而也是最值得珍重的。其实最好的方式是不要等展览完成开放后再进行评估，在展览施工布展过程中，甚至是选题、内容策划阶段，就要多次召开专家论证会，广泛征求各方意见。

（五）修改与更新

把陈列展览开放后的一段时间作为试运营期，让自己的劳动成果接受实际检验，从中了解工作中的失误或不足，并针对存在问题加以修改调整，应视为完善陈列工作的必要步骤。在实际工作中，修改工作很容易被人们忽略，表现在人、财、物力的规划安排上不为修改工作留出余地，使得修改工作仅仅限于对细节问题（如错字、漏字、展品与说明的张冠李戴等）的简单处理，而对较大的问题则束手无策。开放与评估是发现问题的试行过程，修改则是解决问题的完善过程。发现问题而不做修改，则评估工作也就失去了意义，陈列也只能处在不够完善的境地。

陈列展览更新，是从更为宏观的整体角度看问题的。从某种意义上说，博物馆陈列总是处在未完成的境地。因为博物馆必须跟上社会的发展和变化，及时反映科学研究的进步，并顺应人们日益增长和变化的文化需求，要与社会共同进步，而不能停滞不前。

在博物馆，随着本馆科学研究成果的不断积累，水平的不断提高，往往会使现有陈列内容或形式变得不能再使人们满意；随着科技的进步，也将产生以陈列形式反映新科技信息的必要性，这些都属于陈列展览更新的"软件"原因。另外，还有一些属于"硬件"的原因，如陈列展览设备老化、损坏乃至建筑的改建和扩建等。大规模陈列更新是我国许多老博物馆面临的问题，实践中人们比较注重硬件的更新，而对软件更新考虑得不够多，这是今后需要注意的。

三、博物馆陈列展览实施模式

近些年，中国博物馆每年大约举办各类展览 3 万场。而数量如此庞大的陈列展览，实施模式根据各个博物馆情况不同而异。具体来说，博物馆陈列展览的实施有以下几种模式：

第一，内容策划、形式设计、施工布展全部由博物馆自己完成。这种情况并不多见，一些国家级、省级博物馆实力相对较强，陈列展览部工作人员配备较为齐全，所以每年的临时展览从内容策划到形式设计，再到施工布展全由自己独立完成。

第二，内容策划、形式设计由博物馆自己完成，施工布展通过招投标等形式委托专业的陈列展览公司完成。如条件较好的地市级博物馆，陈列展览部门会有专业的设计人员，因此，每年的临时展览由博物馆自己进行内容策划，规划平面图，进行概念形式设计，然后通过公开招投标选择一家具有施工资质的公司协助博物馆进行施工布展。

第三，内容策划由博物馆自己完成，形式设计、施工布展通过招投标等形式委托专业的陈列展览公司完成。无论国家级还是省级博物馆，一般基本陈列的形式设计、施工布展都会委托专业的陈列展览公司完成，因为工程量太大，单靠博物馆自身的力量很难完成。博物馆根据馆藏情况，依托自己强大的科研基础，编撰切实可行的展示脚本交给陈列展览公司。

第四，内容策划、形式设计、施工布展全部委托专业的陈列展览公司完成。地市级博物馆筹建新馆，对于基本陈列，内容策划或委托省级博物馆的专家，或委托专家学者组成撰写团队，然后形式设计、施工布展工作再找专业的陈列展览公司完成。有的博物馆索性将内容策划工作也纳入招投标程序，由具有策划实力的专业公司领衔完成。但这样的做法要慎之又慎，内容策划是博物馆陈列展览的关键，如果没有好的展示脚本，成功的展览也就成为空谈。

以上几种模式各有利弊，各个博物馆应该根据展览的实际情况，陈列展览部门自身人员的实力等情况合理选择，充分发挥各方作用，把陈列展览工作做好。

就外包给展览公司实施而言，又分为公开招标、邀请招标、竞争性磋商、竞争性谈判、单一来源采购几种形式。

公开招标是政府采购的主要方式，公开招标与其他采购方式不是并行的关系。公开招标的具体数额标准，属于中央预算的政府采购项目，由国务院规定；属于地方预算的政府采购项目，由省、自治区、直辖市人民政府规定；因特殊情况需要采用公开招标以外的采购方式的，应当在采购活动开始前获得设区的市、自治州以上人民政府采购监督管理部门的批准。

邀请招标也称选择性招标，由采购人根据供应商或承包商的资信和业绩，选择一定数目的法人或其他组织（不能少于三家），向其发出招标邀请书，邀请他们参加投标竞争，从中选定中标的供应商。因博物馆展览的专业性与特殊性，有些博物馆会采取邀请招标的方式请具有资质的展览公司实施。

竞争性磋商是指采购人、政府采购代理机构通过组建竞争性磋商小组与符合条件的供应商就采购货物、工程和服务事宜进行磋商，供应商按照磋商文件的要求提交响应文件和报价，采购人从磋商小组评审后提出的候选供应商名单中确定成交供应商的采购方式。竞争性谈判是指谈判小组与符合资格条件的供应商就采购货物、工程和服务事宜进行谈判，供应商按照谈判文件的要求提交响应文件和最后报价，采购人从谈判小组提出的成交候选人中确定成交供应商的采购方式。从定义来说，两者几乎一样，而且"磋商"与"谈判"这两个词语仅从词义来说区别本身就不大。两者关于采购程序、供应商来源方式、磋商或谈判公告要求、响应文件要求、磋商或谈判小组组成等方面的要求基本一致；区别在于竞争性磋商采用了类似公开招标的"综合评分法"，而竞争性谈判无须评分，以价格为主导，采取"最低价成交"。

单一来源采购是指采购人从某一特定供应商处采购货物、工程和服务的采购方式。单一来源采购要符合以下条件：①只能从唯一供应商处采购的；②发生了不可预见的紧急情况不能从其他供应商处采购的；③必须保证原有采购项目一致性或者服务配套的要求，需要继续从原供应商处添购，且添购资金总额不超过原合同采购金额百分之十的。博物馆陈列展览的展览内容策划大多需要文博方面的专家学者担任，具有非常强的专业性，因此经常采用单一来源采购方式。

第二节　博物馆陈列展览形式设计实施

一、形式设计的步骤与方法

陈列形式设计可以分为三个小的工作阶段，即设计准备阶段、概念设计阶段、深化设计阶段。这三个阶段的工作是相互衔接而又循序渐进的。

（一）设计准备阶段

设计的准备工作首先要掌握内容策划提供的展览脚本，包括大纲的主题结构和展品目录，还要掌握博物馆的建筑平面图纸。做到三个熟悉，即熟悉陈列的主题思想、体系结构和展品情况，熟悉博物馆建筑环境情况，熟悉社会上有关陈列布置应用材料的供应情况和工艺加工的技术条件。

设计师熟悉陈列内容、结构和展品情况是最基本的工作，要对展品做深入细致的调查研究，既要了解展品的历史艺术价值，又要熟悉它的外观造型，还要对主导展品的特殊意义进行构思，以便在背景、座架、展出形式的色彩、位置、照明等方面给予和主题要求相应的处理。至于熟悉程度，起码的标准是，不在眼前可说出其特点，并能逼真地画出器型来。要做到"如数家珍"，以便开展造型构思。很多设计师是美术类专业出身，对于文物器型别说熟悉，连名称读音都很陌生，这更加要求形式设计人员了解展品和内容。

熟悉展出环境，包括展厅的平面结构及面积、展厅的壁面结构及面积，展柜和展壁的高度、长度、深度及荷载量，展厅地面材料及设备、展厅自然采光及其构造、照明装置及线路配置等。设计师必须将建筑图纸与展厅建筑现场进行复测核对，纠正图纸不符实况之处，还要目测可资利用的旧设备（如展柜和座架、照明装置和衬布、屏风和地毯等），掌握其准确数量。

至于熟悉材料供应情况和工艺加工的技术条件，是设计师为做好本职工作在平时就要关心的问题，应该说是一种职业习惯。只有时刻掌握市场供应材料的品种、规格、价格、质量寿命等具体行情，才能在设计过程中准确选择使用。对于场景、多媒体等科技手段，更应该深入了解，以便进行辅助设计。

在设计准备阶段最重要、难度最大的就是掌握陈列内容，对内容和意图的理解越充分、越深刻，越有助于设计构思。形式设计师在进行设计前最好不要急于动手设计，要仔细品读展览脚本，充分理解内容策划人员的意图，然后再进行设计构思。这一方面有赖于内容策划人员要尽可能提供完整详备的陈列展览脚本，同时还要依靠内容策划的提示，必要时内容策划人员要向形式设计人员详细解释大纲，就像演出排练时的"说戏"；因为科学类博物馆的展品价值往往着眼于科学内涵而非外观美，不应让缺乏科学知识的形式设计人员乱猜。有的博物馆让形式设计人员参与内容策划工作研讨，这无疑有助于他们对陈列意图的理解，应该发扬。

博物馆陈列展览是内容和形式的结合体，如果设计人员既懂相关学科内容又懂美术造型，当然是再理想不过，但兼科学家和艺术家于一身的人才很难得，也很难培养，这时，往往不得不退而求其次，极力要求内容和艺术两方面的工作人员密切合作。不过，博物馆界确实也出现过既懂内容又懂美术造型的设计师，他们所制作的陈列往往很出色。当年，王振铎先生为了揭示中国古代科学技术的光辉成就，为博物馆陈列研究、复原了指南车、记里鼓车、候风地动仪、水运仪象台等百余件古代科技模型，在国际科学技术史研究领域有着深远的影响。他推出了具有民族特色的陈列风格和陈列设备，对于丰富博物馆学，建设具有中国特色的博物馆事业具有启迪意义。可以说，他属于身兼科学家和艺术家的典型人物，出自他手的陈列品组合、设备设计，以及古代科技原理的表现性模型等有许多精彩的范例。

（二）概念设计阶段

概念设计，是陈列展览设计的一个核心概念，但并没有一个完整的定义可以框定概念设计的维度与广度。在陈列展览形式设计阶段，它是一种设计想法的探索。从最初的概念出发，可以进一步挖掘形式设计的风格，并逐渐将设计想法成型。这是设计师自我思维转变的过程，而如何激发这种思维模式至关重要。

陈列展览设计首先是一套满足陈列展览脚本需求的解决方案。首先提出一个概念，这个概念要服务于陈列脚本的诉求与展览空间环境的满足。所以，在提出概念之前，详尽的调查必不可少。

根据这个概念，延伸到设计方案的具体化，就是策略阶段。针对一个地方的历史通展，要依据地方自然环境、社会环境、人文元素、展览脚本内容、博物馆需求等提出设计特性。每个特性都有对应的设计手法，这些设计手法与方案的有机融合就决定了设计的深度与质量。

概念设计就是将文字计划具体化，从内容到形式，统一安排、统一平衡、统一色调，全面地进行布局。概念设计的构思往往是在准备阶段"三个熟悉"的过程中就逐渐孕育形成了。概念设计可以沿着由大到小、由粗到细的思路分为以下三个步骤：

1. 进行总体布局规划，确定陈列展览的参观线路

这是一项把整个陈列的"量"和博物馆展厅可能提供的容纳量两者加以统一的工作，根据陈列主题结构和逻辑顺序，因地制宜地使用陈列空间。根据展厅建筑特点，决定陈列如何开头、如何结尾，如何分段，每个段落、每个展厅如何突出重点，还要考虑确定陈列展览的主线和副线等问题，从而制定适当的陈列参观线路。这个步骤的工作结果就是在展厅建筑平面图上，对空间做出轮廓性的段落划分与布局，其依据主要是展品的总量和陈列密度标准。

2. 确定陈列展览的基本表现形式

根据陈列内容和展品的性质、特点，制订设备的排列计划。例如，绘画陈列需要用大量的墙面，珍贵的古代书画要用书画柜或大通柜，古代文物陈列要用玻璃橱柜加以保护，革命史陈列一般有较多文献和图片、手稿和文物，既要用立

柜、中心柜，又要用桌柜与陈列版面相结合，等等。

3. 确定陈列展览的整体艺术风格和气势

不同性质的博物馆对风格气势应有不同的要求。不同的陈列展览，要求也不一样，但每一个陈列展览都应根据展示内容和展品特点来确定相应的风格和气势。主要通过总体色调、设备的式样、采光照明方案以及装饰手法等反映出来。

在概念设计阶段，设计师要有全局观念，展览前区、门厅、序厅等都应该做重点考虑，不能只看到主体展厅。

展览前区，指博物馆建筑的外部空间环境，有的馆前面是广场（如上海博物馆），有的是草坪（如南京博物院），等等。大凡专门设计的博物馆建筑都有附属的前区空间。

展览前区是观众经过的第一个点，应该设法创造出某种气氛，使观众产生第一印象。以往总是把前区划为花匠和清洁工的工作范围，对该区域赋予信息功能的考虑不够，大大降低了前区的价值。

门厅是联系展厅与外部环境的过渡场所，是观众进入博物馆建筑内的第一个点，他们在这里集散，也是引导观众参观和开展咨询业务的地方。门厅除了这些功能，作为一个场所，也是文化界和政界社交的场所。西方常在博物馆门厅举办招待会或酒会，因为他们感到这里是有文化、很体面的地方，所以有时博物馆的门厅很宽敞。门厅虽还不是陈列内容的开始，但观众在参观前后想要询问的问题之多，不亚于陈列室。所以，门厅是集中开展咨询业务的理想场所，不少博物馆都是在门厅设置咨询台，解答观众提问。一些专题博物馆，往往把最显眼的藏品或新征集品放在门厅里展出，例如，自然博物馆在门厅里放一具珍贵的恐龙化石或大象标本；纺织博物馆在门厅里放一架大型织机等，能起到画龙点睛的作用，激发观众的求知欲望。

再者需要重点考虑序厅。序厅是博物馆陈列展览的入口门面，是观众观看某个陈列展览的第一眼，起着至关重要的作用。序厅的设计要切题、简练、不落俗套，力争走前人没走过的路子，要有新鲜的吸引力。这些都有赖于设计者对主题思想有深刻的理解，从中归纳出一种典型的视觉符号，做到画龙点睛。具体来说，设计要做到以下几点：第一，序厅是破题，要一语中地将展览脚本中的展览主题特色鲜明地加以突出。第二，序厅要能够呈现空间特征，即力求体现地方的特色与历史文化，让观众在展览入口处对地域特色有所了解。第三，序厅要尽量表现时间特征，让观众在进入整个展览参观前有时间轴线的初步概念。

通常来说，一套完整的概念设计方案包括平面布局、参观动线、效果图及设计说明、配套设计等几个部分。

平面布局图是陈列展览平面布置方案的一种简明图解形式，用以表示设施、设备、展品等的相对平面位置。环境不能创造人的行为，但它可以鼓励或限制人的行为。其实平面布局的目的就是设计师帮助观众规划空间，通过他们的行走更好地理解陈列展览。对于单体的艺术品或文物，根据其自身的体量需要有适合的观看距离和范围，尤其对于稍大体量的展品，应该多留一些空间，并给观众以充分的观赏时间。

参观动线是观众参观展览时的行走线路。一个合理的参观线路能使观众在舒适安逸的心理状态下欣赏展品。在常规情况下，参观线路由入口开始，保持一定的行走线路。

效果图是通过图片等传媒来表达陈列展览预期的目标效果，现在主要是通过计算机三维仿真软件技术来模拟真实环境的高仿真虚拟图片，其主要功能是将平面的图纸三维化、仿真化。有时在设计时，设计师会先手绘效果图。手绘效果图需要比较扎实的绘画功底，才能够让自己的设计意图表现得栩栩如生。继而设计师会通过一些常用设计软件，比如 3dmax、Sketchup、Photoshop 等设计软件，配合一些制作效果软件来表现图形。由于绘图软件的普及，目前，很多设计师重电脑效果图表现而轻手绘效果表现，但往往在现实的陈列展览设计沟通时，手绘效果图表现的作用远远大于电脑效果图，这也是设计师能力的一种体现。

配套设计通常是为了陈列展览方案的完整性与完备性而做的包括展柜、灯光、讲解等初步意向。

概念方案是设计师表现总体设计意图的一种方式，也是提供给主管领导及有关方面审查陈列设计方案的一种形式。有时设计师要做出几种不同的设计方案，供选择和思考。从总体概念方案中容易发现一些较大的问题，例如，参观线路安排是否通畅，展品排列疏密度是否平衡，布局是否合理，环境中是否有不安全的因素，整个气氛是否与主题协调等，同时，可以对经费投资总量进行初步的预算。总体概念设计的主要目的在于吸收各方面人员对总体设计的意见和看法。在取得各方面的认可或根据意见做出修改之后，总体概念设计工作即告结束，转入下一阶段的深化设计工作。

（三）深化设计阶段

简单地说，深化设计工作涉及多媒体设计、展板平面设计、柜内布展设计（展台、展架等）、艺术品（场景、雕塑等）、施工图绘制（施工图部分、电气部分）、系统集成设计等方面。

"设计"就是根据一定的目的和要求所形成的构思和意图，运用符号形象地表现为可视的内容。设计师在完成上述各种图纸和表格的绘制工作之后，设计阶段的工作也就全部结束了，陈列工作将转入最后的施工作业阶段。

设计工作的结束并不意味着形式设计人员的工作完成，随着形式设计阶段向制作施工阶段的转移，设计人员则从案头为主的工作方式转为现场施工组织者的工作方式，并一直工作到施工完成为止。施工阶段的成品就是可以供人们参观的陈列展览。施工阶段是工作最繁忙、最紧张的时刻，体力和脑力消耗都很大，人最疲劳，但也最关键。在施工过程中，各工种人员提出的各种问题会蜂拥而来，设计师必须冷静而又耐心地思考、分析和解决各种问题，解难答疑。有时自己还要承担部分制作工作，尤其在小型馆，形式设计人员往往就是制作人员，要求设计师一专多能。

从上述情况来看，形式设计人员不仅要在造型设计方面发挥自己的专长，而且还要扮演施工工程指挥者的角色，牵涉到与馆内外各方面人员的关系，要求具备一定的组织管理能力，这方面的工作难度不亚于设计本身。

为了预先观看展览的效果，有的博物馆对于设计非常慎重，会先手工制作出展厅的缩比模型。

二、陈列展览工作的组织管理

陈列展览工作牵涉面极为广泛，不仅要与馆内其他业务部门有着密切的业务关系，而且牵涉雇用馆外的展览设计公司协助工作，工序繁多，沟通复杂，因而组织管理就自然成为一个很重要的问题。以往不太注意组织工作规律的探讨，单凭经验行事，陈列展览工作显得缺乏计划性。

陈列展览工作属于一种必须由集体参与来完成的工作，要组成一个工作班子来完成工作。应该研究这套班子，究竟有哪些人员和部门参与陈列工作，明确各自的职责和相互关系。通常都是由馆长或分管展览的副馆长挂帅，起到核心组织者的作用，协调各部门统一有序地开展工作。属于业务管理的决策、计划和人选是首先起步的工作内容。一个陈列展览总是从一个或几个人想要举办某个陈列展览开始的，这通常是在讨论全馆年度工作计划时决定的。所谓人选，主要指博物馆馆长和部门负责人根据内容和形式设计人员的特长选择指定项目设计的主要承担者，因为擅长研究某类藏品的专业人员不一定在陈列展览部，要由馆长临时从其他部门抽调出来，协同陈列展览部进行内容策划；同样，形式设计人员也有各自的专长，也应结合个人优势指定形式设计的主要承担者，这样才有助于确保设计工作质量。一项陈列工作由某一位内容和形式设计人员"唱主角"，其他人员则"敲边鼓"，从旁协助。但这些"敲边鼓"的设计人员同时又可能在其他陈列工作项目中"唱主角"。

在确定陈列展览工作人选后，被指定为内容策划主要承担者的专业人员即可着手工作，其内容包括：①撰写陈列主题结构大纲（相当于文学剧本）。②精选展品（相当于选演员）。③完成陈列展览脚本（相当于分镜头剧本）。内容策划人员在工作过程中要与形式设计的主要承担者保持联系，协同工作。一方面使自己的成品与形式设计工作衔接，另一方面也使形式设计人员尽早了解内容结构和意图，以便有充分的时间进行造型构思。④将陈列展览脚本给形式设计人员准备工作。项目负责人之间的相互协作，可使部门间的协作不致影响面太大，能保证其他项目的工作正常开展。

在形式设计阶段，主要内容有考虑概念设计方案、论证定稿、深化设计方案，这三项工作均与内容策划关系密切，须协调内容与形式的关系，内容策划人员应向形式设计人员"说戏"，解释内容策划意图。展览运作负责人应注意一点：内容策划不成熟、不稳定时不能交给形式设计部门，"待征集"因素太多，则形式设计部门有权拒绝接受不成熟的计划。形式设计人员要做市场调查，对用料、光照设备等的供应渠道和价格行情有所了解。要用整体效果图、模型乃至实验的方法论证总体设计方案的合理性。

总体设计方案除了给自己和内容策划人员以及主管领导审阅以外，还要广泛征求有关部门的意见，即所谓论证定稿的环节。送给讲解导引部门，他们会提出线路通畅与否、相互干扰与否等问题；送给保卫部门，他们会提出报警器安装方便与否，探头角度是否被遮挡、材料是否易燃、安全门和安全通道如何、消防器材种类选择、展厅有否展柜和板面造成的死角等问题；送给文物保护部门，他们会提出哪些展品须采取特殊保护措施，如照度限制、配置恒湿剂、防腐剂等。各部门从不同角度发现和指出问题（隐患）。协调的办法就是由馆长出面组织各部门召开联席会议。

形式设计人员还要求保管部门的配合，因为目测展品是必需的，但又是很费事的，保管部门应按内容策划的要求将拟用展品提前集中在库内的某一处，以减少对库内正常工作的干扰。

在施工设计阶段，较多与事务管理部门发生业务联系，主要有：①筹措资金；②监督工程质量和进度；③备料和组织施工队；④编制经费使用计划，制定并公布工程日期表。可以通过协商使事务管理部门提前制订人员、物资和资金计划，以便及时安排用人、用车、占地等具体事项。

总之，一个陈列是否成功，在很大程度上取决于工作安排得是否合理，各博物馆应根据自身的条件认真总结，寻找规律，以使这一次工作比上一次工作做得更好，使这项不断反复的工作螺旋上升地向前发展。

第六章 博物馆教育项目的策划

第一节 现代博物馆的教育理念

一、现代博物馆的教育使命

博物馆是现代国民教育体系的重要组成部分，其教育使命是引导全体民众潜在的学习欲望，扩展其眼界，增长其知识，协助和促进民众的成长。事实上，欧美博物馆的宗旨或使命中，基本都包含了"教育"这一主要内容，以"教育"为其主要使命。博物馆通过明确教育使命，从而确定了机构及其教育部门应承担的责任和义务，确立博物馆在社会中的地位和生存价值，为其长远发展注入了恒久的活力。

二、现代博物馆的教育特色

（一）全民的、终身的教育

过去博物馆只对贵族或特定人员开放，现今则是全民共有、共享。并且，现代博物馆秉持"全民教育"及"终身教育"理念，针对不同类别的观众规划不同类型的教育活动，如亲子教育、家庭教育、成人教育、辅助学校教育等。即使有特定对象的博物馆，如儿童博物馆，亦欢迎不同年龄的观众。一般博物馆为扩大教育功能，主动提供一些到校服务及社区活动，如巡回展览、巡回演示、教具教材外借服务或设置教育资源中心等，甚至有些博物馆还提供青少年课后辅导、老年人联谊活动，以达到服务全民终身学习之目的。

（二）启发的、诱导的、寓教于乐的教育

相较于传统博物馆的橱窗式展示及庄严肃穆的气氛，现代博物馆的展示与教

育活动更为活泼且多元化，取代了以往只能"看"的被动学习方式，在开放式展示中增加了许多模型、视听教具、游戏及各种具有参与性和互动性的设计。如电脑游戏、益智问答、掀板式说明牌（正面是问题，反面是解答，鼓励观众先思考再获取答案）、动手做、示范表演、视听欣赏、人员解说、座谈、角色扮演、寻宝比赛等，循序渐进地引导观众"耳听、眼看、手动、心跳"，以期经由感官的接触，赋予观众愉悦的学习经验及更宽广的想象空间。

（三）自导式、探索式的教育

博物馆的教育形态是自由的、主动的。民众可按照自己的意愿及喜好，选择时间及项目去参与，也可依自我的能力和方式去探索，是一种自导式的学习，有别于学校教授式的学习。而现今博物馆为了让民众更自主地学习，除了提供导览机、查询系统及展示活动单外，许多都设有"探索室"，放置了各式各样的文物、标本、模型、图书资料、影片及仪器设备等，鼓励观众自己动手寻找答案，并由亲身体验获得成就感和自信心。

（四）临场的、实物体验的教育

博物馆通过三维空间的实物造景、情境塑造、遗址复原，使遥远时空的人类历史或自然风貌得以重现，让观众如身临其境般受到震撼与感动。如大英博物馆的古希腊和古埃及文化展示，是将整座古庙或城墙迁入馆内再组装复原，使参观者目睹远古人类的文明与风貌。近年来，"虚拟现实"技术的应用，更是让观众在虚拟环境中有置身真实世界的感受之外，同时，还可进行互动式活动，如打排球、投篮或驾驶飞机等。

（五）生活化的教育

现代博物馆的展示与教育，不只探讨过去发生的事件，还关切参与者的认知与经验形成方式，故所设计的活动多以生活化为取向，结合观众有经验或熟悉和感兴趣的事物，以加深他们的印象，并提高其学习效果。

（六）资讯化、电脑化的教育

资讯化、电脑化，是现代博物馆教育的新趋势。电脑科技媒体的发展，对博物馆展览与教育的推广、资讯的交流、人力负荷的减轻、服务品质的提高，有莫大助益。现今欧美博物馆普遍使用数字化的录音导览机、光碟自动导览系统、多媒体电视墙、展示电气设备等多媒体辅助系统，使展示手法突破了传统文字图片说明之窠臼。此外，藏品管理、图书资料查询系统、票务管理系统、预约服务系统、观众统计分析系统以及馆际的交流联系等，几乎全面电脑化及资讯化。另外，时下智能手机及社交媒体平台的风靡，都促使民众与博物馆之间的交流与互动更为直接和频繁，更使得机构展示教育的传播跨越了地区及国界限制。

（七）扮演知识宝库及学习中心的教育

博物馆对所有公众都开放，但有进一步兴趣的民众，还可利用馆内资源进行深入查询、学习、参考、实验、观察或利用。

（八）反映社会需要、促使社会发展的教育

现代博物馆的展示教育不仅贯通古今、追根溯源，也可折射时下社会的真貌，协助解决社会问题，甚或为未来提供一个全新的思索与探索空间。故社会的脉动及民众所关心的议题，如科技新知、健康问题、生物保育、环境保护、技艺传承、古迹维护、艺文欣赏等，常是当前博物馆展示教育的主题方向。

三、现代博物馆教育活动的特点

（一）多在展厅内举行，或在展厅附近举行，也可在馆外

博物馆教育活动以展览教育活动为主，因此多在展厅及周边区域举行，但主要视活动本身的属性、预计的观众数量等因素而定。

过去，展厅内的公共活动区域面积有限，因此，展厅附近的教室或多功能厅常被用来开展展览教育活动。今天，仍有许多博物馆在延续这一传统。

但近十年来，博物馆的空间设计有了一定改变，更多公共活动被移至展厅内举行，因此也改变了展厅的某些属性。这样的转变，一大原因在于：许多博物馆，现在更注重将研究、藏品、公共节目（包括展览和教育活动等）三大核心项目融合，强化它们的合力。这股趋势，甚至已蔓延至一些相对保守的博物馆，并

影响了展览运作，以及博物馆经营管理的其他方面，该影响将来还可能扩展至全球。

过去博物馆在核心功能（研究、收藏、公共节目）的融合方面做得还不够，常常忽视公共节目，并严重限制了教育活动的开展。当前，博物馆已将这三项核心功能置于更平等的位置，并且将来还会继续最大化三者间的联系。

另外，并非每座博物馆现在都拥有独立的探索室、实验室和教室等，尤其是一些中小型馆，有些机构在当初营建时也未规划并预留独立的教育空间。因此，将教育活动适当地移至展厅，例如，某个角落，通过"触摸小车或探索小车""探索抽屉""探索站"等形式开展活动，不失为缓解空间难题同时将展示和教育功能圆满结合的捷径之一。

（二）注重临场体验与实物体验

时下，博物馆公共节目的一大典型特征，即致力于最大化观众与"实物藏品"（包括手工艺品、艺术品或标本）及与"研究"接触的机会。该特征在展览教育活动上体现得尤为明显，这也是为什么现在有越来越多的活动被移至展厅内举行，同时也是博物馆教育活动有别于并凌驾于其他教育类机构和闲暇体验的最大"资产"之一。

事实上，许多现代博物馆都采用临场的、实物体验式的教育，诸如通过三维空间造景、情境塑造、遗址复原，使遥远时空的人类历史情景或自然风貌得以重现。临近实物或是与之"零距离"接触使得一系列展览教育活动更富直观性、实感性以及动态和活力。另外，一些聚焦重点展品的活动和空间，也提供了观众原物复制品并搭配实物，供他们探索。

（三）多采用互动方式，尤其鼓励人与人之间的互动

自导的、探索式的教育有别于教授式的教育，现代博物馆教育致力于引导并激励观众按照自己的意愿和方式去探索。并且，教育活动注重人与人之间的互动，这是其共性。具体则体现在：观众与博物馆引导者之间，该引导者可以是导览员（提供展览导览和解说）、表演人（提供节目表演）或是示范者（提供示范演示）；观众与一些引导性展品展项之间，如音频、视频、电脑导览节目；观众

与参观小组中的其他观众；观众与其他参观小组。

与他人进行互动被证明是博物馆内最有效的互动方式。现在许多机构都非常重视"由工作人员提供帮助"的观众体验，这在儿童博物馆内尤其常见，因为其主要观众的读写能力有限，故展厅内无法使用过多的平面媒体，而是需要工作人员的合宜引导。

（四）激发观众情感，给予他们灵感和启发

好的展览与教育活动，不仅能激发观众思考，更能激发他们感受，充分发挥其五官的力量。一些机构的教育活动通过传播技术与演示内容融合，吸引观众，并鼓励他们调动情感。这在艺术馆中较为常用，并在其他类型的博物馆也越来越多地应用，给予观众启发的、诱导的、寓教于乐的教育机会。通常，情感上的参与更有助于观众收获难忘的参观之旅和体验。

事实上，好的博物馆教育活动关键在于对观众学习的激励。任何一项活动，首先在于"吸引"观众的注意力，诱发其"好奇心"，从而激发其"情感"，使观众在情感上与某一主题联系起来；下一步，就是"鼓励"他们"参与"具体的"活动"；接着便自然而然地通过"信息"的"学习"，给予其获得"教育"的机会；最后则落实到"行为"，"授权"观众在实际"行动"中实践先前的所学和所感。整个过程，可谓层层推进，一以贯之，让观众在非常自然的过程中亲自参与，收获新知，升华情感，并影响自己日后的行为。

（五）具备机动性，灵活多样，充满动力和活力

教育活动的举办为博物馆展览、藏品和研究都注入了动力。这些活动通常比较灵活机动，以契合观众的需求。

四、博物馆社会教育新理念

（一）现阶段博物馆的社会教育理念与形式概述

博物馆的教育理念、形式相较于学校教育是完全不同的，博物馆在发挥自身

社会教育功能的过程中，主要是利用自身的藏品和相关设备，利用特殊的手段和形式来进行社会教育。博物馆中珍藏的一些文物本身就能够发挥一定的社会教育功能，但这些文物只是基础部分，博物馆在发挥社会教育功能的过程中，须按照一定的主体和艺术形式进行表达，对参观者进行相对比较直观的教育。博物馆举办文物展览，是将实物展现在大众面前，这也是博物馆社会教育的主要特点之一。实物展现在大众面前具有鲜明、直观等特点，这是其他社会教育功能表达形式所不能比拟的。

博物馆社会教育的理念和形式与自身的收藏和科研活动也是相辅相成的，并且它们还会互相影响。一般情况下，博物馆自身对文物藏品的研究越深刻，其社会教育功能的发挥就越充分，社会教育效果也会越优秀。在博物馆实际运营的过程中，一些展览活动会直接展示展品，单向地向参观者介绍文物的相关信息，这种形式并不能完全将社会教育功能发挥出来，在举办展览的过程中还需要配合多种现代化科学技术，其中就包括触摸屏技术、多媒体技术等，这些技术的使用可以把博物馆中文物的魅力完全体现出来，这样博物馆社会教育的作用也能够发挥得淋漓尽致。

博物馆的教育对象具有广泛性的特点，目前我国国民总体的平均素质还有很大的提升空间，有很大比例的群众对博物馆的各种展览缺乏兴趣，即便前来参观，也是"一走一过，走马观花"，在这种环境下，博物馆的社会教育活动起到的作用也是相当有限的。针对这种情况，博物馆自身需要做好宣传和引导工作，政府也须注重提高全民的综合素质，使博物馆中的各种展览活动实现双向交流，能够互相影响，互相促进。

（二）发挥博物馆社会教育功能的重要性和必要性

20世纪60年代，我国的社会经济得到了快速发展，人民群众的思想价值观念也发生了较大的变化。随着人们对精神文化需求的不断增强，也使世界博物馆的发展理论、实践得到了稳定的发展，博物馆也开始从"保存、保护文物藏品"向"传播相关知识、文化"的方向转变，其中，社会教育功能成为博物馆的一项核心职能。这种发展方向上的变化并不是偶然的，而是社会发展的必然趋势，是符合博物馆自身发展需求的。

众所周知，在21世纪的发展进程中，社会经济发展迅速，各种信息产业开始兴起，全球一体化发展趋势也越来越强烈，这些时代发展产生的变化也对人民群众的平均素质提出了崭新且更高的要求。从另一个层面来说，人民群众也有了更多的机会和发展空间，单纯的学校教育已经不能满足不同年龄阶段的人民群众了。从整体的角度来说，现阶段人民群众对于社会教育的需求其实是非常强烈的。对于博物馆来说，需要了解自身社会教育功能的重要性和必要性，并且要在实际发展过程中不断调整自身的发展方向，使博物馆发展融入社会的飞速发展节奏中。博物馆本身就具有比较多的教育资源，这些资源具有相当高的历史价值和艺术价值，如果博物馆能够将这些价值充分地发挥出来，社会教育的效果也就更加显著。博物馆需要充分认知到这一点，并且积极为博物馆的社会教育职能创造良好的环境和条件，推动博物馆发展事业走上新台阶，这对我国的国民教育工作也具有积极的推动作用。

（三）博物馆社会教育理念、功能合理发挥的有效手段

1. 贴近社会发展

任何教育事业的发展都是不能脱离社会的，博物馆社会教育功能的发挥也是一样的。因此，在博物馆实际运营发展的过程中，其展览的选题和内容都需要结合政治、历史事件等，做到真正意义上贴近社会，也就是说，举办社会发展所需要的展览。随着高新技术的发展，人民群众的审美意识也得到了一定的提升，博物馆在举办各种展览的过程中需要注重展品的布置、陈列形式、手段等。这些内容都需要细致考究，不断提升博物馆展览的质量，使展览深入人心，给参观者留下深刻的印象，只有这样才能完全将博物馆的社会教育功能发挥出来。为了实现博物馆各种展览质量、水平的提高，还须借鉴国内外优秀博物馆的展览经验、方式方法等，不断提高博物馆的展览影响力。

2. 提高服务质量完善服务基础设施

博物馆在展览的过程中属于服务类型的机构，因此首先要树立"以人为本"的基本理念，在实际的运营过程中须引导、带领观众鉴赏文物藏品，并介绍相关文物藏品的历史意义和现实意义。简言之，就是视观众为主体，以观众群体的视

角进行展览活动。以此为基础能够把博物馆的社会教育功能充分地发挥出来，观众在整个过程中也能享有愉悦的观赏体验。

博物馆讲解员的工作对象就是参观的群众，讲解员要服务好参观的群众，就需要具有较好的职业道德和专业素质。博物馆讲解员需要运用自身良好的表达能力，将展品的特点及其他相关信息完整地表达出来，还需要将一些专业术语转换成通俗易懂的语言，帮助观众鉴赏展品，以此来吸引观众、启发观众，达到教育的目的。博物馆讲解员对博物馆社会教育功能的发挥也起到重要的作用。

在现阶段的社会发展进程中，博物馆已经成了人民群众最为重要的"文化休闲"场所之一，博物馆应抓住发展机遇，相应地增加一些基础服务设施，比如增加咖啡厅、茶馆以及休息区等，带给参观者良好的参观体验，充分实现身心休闲和放松的目的。

3. 利用先进的科技手段

观众在博物馆参观的过程中，易形成"疲劳效应"。在这种情况下，博物馆需要利用先进的科技手段，通过相关技术手段的加持，不断丰富展览的内容和形式，使博物馆的运营、发展更加全面，使展览活动更加深入人心，使社会教育功能在这一过程中也能得以实现。比如利用触摸屏技术，可以给参观者带来身临其境的感觉。

五、素质教育下博物馆教育与学校教育的结合

（一）素质教育理念之下博物馆教育与学校教育结合的意义

在当前教育改革事业不断深化的背景之下，教育行业要采取有效手段对学生的核心素养予以培养，并且促进学生德智体美劳等多个素养的全面提升，寻求有效策略促进学生创新能力和思维能力的培养。要实现这些目的，不仅要求学生充分掌握校内所学知识，还要具有知识延伸和拓展的能力，对于社会中各个领域的知识要有所涉猎，并且逐渐成为社会需求的高素质人才。

1. 对于素质教育的实施有利

近些年来，我国社会科学技术水平相比从前有了非常明显的提升，人们对于

博物馆的教育功能越发重视。为更好地提升学生的综合素养水平，教育部门开始尝试将学校教学和博物馆教育进行有机结合。例如，学校组织"情系祖国，走进博物馆"活动，使学生通过参观书画展、历史足迹展厅、城市记忆展厅等了解城市的发展脉络以及取得的伟大建设成就。学校依托博物馆丰富的教育资源组织活动，能更好地培养学生的自主学习能力、主观能动性、创新能力和实践能力。而博物馆的教育功能在与学校教育结合后有了更为充分的发挥，也使素质教育离实现目标更近了一步，使学校教育中的不足之处得到良好的补充，为素质教育的实现拓展出全新的渠道。

2. 有利于博物馆教育与学校教育之间优势互补

现今博物馆教育活动一般以开发教育项目和举办展览为主，而学校教育活动一般以课堂教学为主。教师在开展课堂教学时不再像从前那样仅依靠教材内容，还灵活应用一些现代化的信息技术，为学生开发和提供更多优秀的教育资源，充分保障教学质量的强化与提升。

博物馆的终极价值是传承文化，青少年则是文化传承的主力军。博物馆是历史文化的承载体，让青少年参观博物馆的目的正是让其了解其中的历史文化。

因为博物馆的馆藏资源比较丰富，所以相关教育部门和教育机构高度关注博物馆中的资源，通过开发和利用博物馆中储备的丰富教育资源可以更好地补充学校教学资源的不足，开阔学生的视野，使教育资源获取渠道变得更为广泛和丰富，最大程度地发挥博物馆的教育职能。

3. 对于丰富课程资源所有帮助

在我国教改视野不断推进的大形势下，课程资源所能发挥出来的作用变得越发明显，要求学校教育工作开展过程中不能只停留在教材内容层面，还需要不断开发和利用现有的课程资源和课外资源。当前，博物馆中所拥有的教育资源优势决定了其所能发挥出的教育价值，且有很多可以应用到课程内容设置中。基于这一情况就要求学校更进一步对其中的资源进行开发和利用，进而更好地补充教材中存在的不足，拓宽学校中的课程资源获取渠道，最终帮助学生获取更为丰富和优质的课程资源。

（二）在素质教育背景下推动博物馆教育和学校教育结合的方法

1. 国家需要出台一些支持性的政策

当前，我国为促进博物馆教育和学校教育的结合，颁布了《基础教育课程改革纲要》等一系列支持性文件。这些文件中倡导教师在开展学校教育工作期间不能故步自封地局限在教材内容上，需要充分开发和利用校外课程资源和现有课程资源，并且还要发挥学校图书馆和实验室等设施的作用，希望借助学校教育，大力支持博物馆的资源开发工作，推动博物馆教育和学校教育的充分结合。此外，还要在学校教育中充分应用丰富的社会资源和自然资源。

2. 博物馆与学校共同参与课程设置，推动二者之间的教育结合

学校和博物馆都需要强化合作的力度，共同参与教学课程的设置，并尝试应用第三方加入的方法，进而促使双方充分发挥出纽带和桥梁作用，最终更大程度地显现双方的优势。

3. 对博物馆专业人才的培养与教师专业水平的提升予以重视

政府需要提供一定的政策支持，并且还要鼓励教师和博物馆工作人员之间的良好沟通和交流，进而更为充分地保证学校和博物馆之间的合作效果。

4. 针对科学化的评估与反馈机制进行构建

结合发达国家博物馆教育和学校教育的结合情况和过往经验来看，要想充分实现博物馆和学校合作教育的目的，就要对科学的评估、反馈机制予以构建和不断完善，使教育行政部门在日常管理期间获取更多的依据，也可以为博物馆和学校的教育合作提供更为准确的改进和指导意见。基于这一情况，我国有关部门应构建科学、完善的评估和反馈机制。

博物馆和学校在本质上都属于公共机构，如果想保证博物馆和学校间的合作效果，政府就需要制定一些支持性的政策，此外，还要提供一些合作方面的专项基金。政府需要采取有效的方法评估博物馆和学校间合作的成果，进而使二者在合作过程中都能够获取更多社会效益。

同时，针对合作的效果，博物馆和学校各自都要进行自我评估，评估范围包括评估的内容、主体、结果、方式以及对象。除了馆校各自对合作效果进行评估

外，政府部门和大学等专业性机构也要对于合作效果进行科学评估。

学校和博物馆在反馈机制制定期间需要对家长和学生所反馈的信息予以重视，特别是学生反馈的信息需要当成合作教学评估过程中一个主要的参考意见。学生的反馈信息能反映学生对于馆校合作的直观感受，也可以直接作为馆校合作过程中重要的改进依据。学校在与博物馆合作期间需要始终坚持以人为本的原则，通过获取到的反馈信息妥善解决馆校合作过程中暴露出来的问题和不足，进而最大限度发挥馆校合作的教育效果。

第二节　博物馆教育部门和教育工作者的职责

一、博物馆教育部门的使命与职责

（一）教育部门的使命和宗旨

博物馆不仅是一个充满思想、智慧的地方，而且是一个被精心设计的系统。博物馆的教育体系就是该精密系统中的一个子系统。它是由博物馆对公众所提供的一种不同层次、不同形态和不同类型相互联系的教育服务的系统。

一直以来，博物馆的社会公共性主要通过其教育职能来体现，尤其是一些馆的公共教育部，往往同时联系着以博物馆之友和捐赠人为代表的各方社会资源，致力于博物馆促进公民教育、促进社会文明进步的核心任务和使命。

（二）教育部门的职责

教育部门是博物馆最重要的部门之一，是各馆联结公众的纽带，以推进社会教育为主要使命，并负责一系列教育活动和项目的规划与实施。其职责其实也是各个教育工作者的日常职责，具体包括但不限于：①制订本部门的战略规划，并参与博物馆的战略规划制订。②负责观众调研和观众意见建议的处理。③对展览和特别活动进行营销，使博物馆始终暴露在社区、民众的视野之下。但在一些大型博物馆，营销功能通常和教育功能分开。④编写博物馆通讯或其他出版物，包括设计、打印、拍照、折叠、邮寄等。还定期就一些展示主题出版图书，或为学校等教育机构编写教材。⑤开发在线项目、课程和活动，用于学校教室内，或是为不能参访博物馆的民众所用；开发展厅内计算机上的项目。⑥提供观众咨询服务，包括负责编写和提供各种游览材料，如导览图、说明手册、活动日程预告等。⑦组织、接待观众参观，提供导览和讲解服务。具体还包括编写展览讲解词，并进行多语言的翻译；提供观众语音导览器等，并负责管理；组织导览的日程，并负责预约、登记及相关收费等。⑧负责教育/学习中心、活动中心、工作坊、探索室、实验室、教室、电影院等的开放和管理，防止室内标本及设施设备的损坏和丢失。⑨开展学校项目，包括在展厅内和在馆外（学校内）开发、举办与学生年龄相符的游览和特别活动；为师生设计、制作及准备开展教学活动所需的材料、设施设备；联络教师和学校；评估活动的有效性等。⑩策划与实施各种延伸教育活动。如开展讲座、表演、课程、与社区联动等，内容可与博物馆或展览内容等相关，同时，加深展览信息，凸显博物馆的身份与特征。⑪策划与实施特别节目和活动。这些通常针对特定的观众，并在每年的固定时间举行，如展览开幕、节日活动等。具体涉及规划、组织、协调人事来运作活动，还要处理执照、摊位、供应商、招待等事宜。⑫组织开展职业发展活动，如针对教师、学生等的实习、奖学金和学分项目。⑬对教育活动进行评估，同时对教育部工作者进行定期评估，也参与展览评估。当目标清晰，评估会更简便。因此，制定目标也是有效评估的重要组成部分。⑭组织开展培训，诸如教育部内部人员培训、导览员培训等。⑮进行项目开发，包括开发新项目，扩展现有项目，做预算，写基金申请书或其他的筹措资金申请书。⑯进行阐释规划，注重在每个展览中开发教育元素，如界定教学点或展览目标、向公众传播的信息是什么等。教育元素需要成为展览开发不可或缺的一部分，并且展览开发的一开始便要融入教育工作者。

需要指出的是，没有一个教育部或教育工作者能自行开展所有上述工作。在整个博物馆架构中，教育部门基本自成体系，但与其他部门之间的交流、协调及合作是各项教育任务完成并取得成功的必要保证。

时下，"节目与特别活动"开始成为越来越多博物馆教育部门的工作范畴。当然，许多大型机构都拥有专门的活动策划人员，但是在规模较小的馆，教育工作者常常要担起这份职责，并与其他员工一起协调活动。教育部通常会渗透到博物馆的所有节目中，然而节目举办的频度及组织管理它们所需的外部资源，都可作为衡量教育部在最终成品中所扮演角色大小的指标。开发和管理活动所需的外部资源越多，教育部在其中的重要性似乎就越弱。而一个节目运行的频度越高，它更可能是由博物馆内部的教育部员工或教育工作者策划实施的。

另外，教育部门最终的工作目标其实都落在"学习"上。在博物馆中的学习是非正规的，个体将选择在哪儿学、什么时候学、学什么，这与教室内的正规或结构化教学相对。因此，博物馆教育工作者要根据环境来设计项目，吸引观众想学习，想参与，刺激他们想了解更多的胃口。虽然教育人员能从教室内使用的有效技巧中受益良多，但必须在博物馆环境中有所超越。让学习变成一种有收获的享受，是教育工作者眼前的任务。

二、博物馆教育工作者的构成与职责

博物馆的所有教育活动从根本上都是通过人来完成的，因此，博物馆教育的价值和功能，最终也主要通过教育工作者的实践和受众的接受与变化来实现。也就是说，在构成博物馆教育的诸要素中，人的因素始终处于主导地位。其中，博物馆教育工作者可谓是关键中的关键，决定着该馆教育的广度、深度、实施效果和未来发展。

博物馆教育工作者是帮助机构实现教育使命的专家。他们认识到许多因素都影响了博物馆中个体的自发学习，因此，致力于提升个体和团体的探索进程，并记录成效。在博物馆团队中，教育工作者扮演了观众拥护者的角色，并为广大民众提供有意义的、持久的学习体验。

需要澄清的是，博物馆教育工作者不完全等同于教育部门的工作人员。在博物馆内，并非所有与教育活动和项目相关的人员都在教育部工作，或是被人力资源部门界定为教育工作者。另外，一些欧美博物馆教育部门还配有讲解员或导览员（不将其作为教育部门的正式员工）、志愿者（协助特别活动）、实习生或是阶段性员工等，作为全职员工的坚实支撑。同时，教育部门也花费了许多时间培训、调度和管理他们。

教育工作者作为博物馆教育工作的主要承担者，在教育活动的规划与实施中扮演着关键作用。

从广义上来讲，博物馆工作人员都负有教育的职责，都是教育工作者；从狭义上讲，博物馆教育工作者主要指与教育活动直接相关的人员。

依据扮演角色和发挥作用的不同，许多欧美博物馆的教育工作者主要由参与教育活动的专业人员、专职的教育工作者和志愿者三部分人群构成。

（一）参与教育活动的专业人员

参与教育活动的专业人员主要有博物馆研究人员、陈列设计人员和藏品保管人员。

博物馆的专业研究人员，作为知识的创造者和管理者，需要将研究成果以各种方式回馈社会。他们可以通过出版物发布的方式，也可以直接将成果提供给陈列展览的设计人员，并通过他们将专业领域的成果转化成广大观众容易接受的知识；陈列设计人员则综合研究成果，充分考虑不同观众的需求，策划主题多样、内容丰富并受他们喜爱的展览，同时，运用多元化展示形式，传达教育信息；而藏品保管部门为配合教育活动的开展，通常从自身实际出发，有限地出借藏品、开放库房，还可以复制藏品，为丰富活动提供教育资源。

（二）专职的教育工作者

博物馆专职的教育工作者由教育活动的策划者、导览员/讲解员及博物馆教师三部分人群组成。

教育活动的策划人员以研究成果为理论基础，并在与陈列设计人员充分沟通的基础上，针对不同的展览主题和内容、不同的参观对象设计灵活多样、个性鲜明的教育活动方案，以实现不同的机构教育目的；而导览员作为与观众最直接的接触者，是博物馆教育实施的尖兵。观众与他们的交流，不仅可以获取大量信息，而且通过讲解还能更好地理解展示意图；"博物馆教师"目前尚处于发展阶段。可以一些来自中小学校的教师，通过接受博物馆的培训，并结合中小学生的特点，与教育活动策划人员一起设计针对性强的项目，进而激发学生参观的兴趣。这些"博物馆教师"作为教育工作者与学生之间的桥梁，其作用不容忽视。

专职的教育工作者担当着信息传达员、活动承办者、活动宣传员以及解说员等多重职责，他们以极大的热忱、运用生动活泼的形式与观众进行互动，帮助他们了解展览内容，激发其自觉学习的热情，并最终实现博物馆教育的目标。因此，专职的教育工作者对展览主题、内容、形式，以及展览是否为观众所接受等问题有着最直接的发言权，他们的意见建议对推动机构今后的工作大有裨益。

（三）志愿者

志愿者作为博物馆社会活动的实践者，其作用正在不断增强。来自各行各业的志愿导览员，基于他们对博物馆的喜爱和对社会的奉献，积极为观众服务，一方面实现了自身价值，另一方面也为博物馆的社会教育工作拓宽了渠道。这些志愿导览员来源于社会，他们最了解普通观众的心理，也最明确观众来馆的目的。作为观众与馆方之间的桥梁，他们能用浅显易懂的语言提供服务，也能获得最直接的意见建议，帮助博物馆更好地回馈社会。

目前，许多博物馆教育工作者或者教育部门工作人员的背景、技能、经验都大不相同。有人先前是教师，有些是内容策划人员；有人拥有博物馆方面的工作背景，有些则拥有技术方面的技能。鉴于他们需要担负的广泛职责，并且博物馆教育是一个非常专业的领域，因此正规和非正规的在职培训及逐步的经验积累，于他们而言不可或缺。有些机构的教育部门，旗下成员还根据对象观众进行工作细分，如专门针对幼儿园孩童开展教育服务等。

总之，博物馆教育工作者内涵的不断丰富，对他们的要求也有了新变化。建立完善的教育工作者考核机制和评估体系，是博物馆提高教育活动质量的重要保证。

第三节　博物馆教育项目的策划管理模式

一、博物馆教育项目的策划管理模式分析

（一）实行"分众化"教育项目管理

目前，许多博物馆都在不断发展创新型教育手段，以扩大接纳量。美国博物

馆的通常做法是：通过对其观众的全面了解和分析，从多个层面将对象做出细致划分，同时，对馆方所拥有的资源进行合理调配与建设，以配合各种学习项目，加强教育的力度和广度。不少博物馆教育部都根据服务对象和工作性质，进行项目分工，从而使"观众"不再是一个模糊的概念，而是由许多个性鲜明的个体组成的复杂群体。

（二）实行"一体化"教育项目管理

在教育活动的组织管理上，欧美博物馆的另一个突出特点是对观众参观博物馆的前、中、后三阶段教育活动进行一体化的规划与实施。

教育活动不局限于观众的实地参观阶段，也包括参观前和参观后两个阶段。以"观众的实地参观"为分水岭，教育活动可以相对地划分为参观前的活动、参观时的活动和参观后的活动。参观阶段的活动固然是主体，但博物馆教育活动的规划与实施同样包括吸引目标观众、潜在观众和虚拟观众前来，以及对参观后的实际观众继续提供教育产品和服务。虽然三阶段的教育目标、任务都不同，实施策略、方法也各有侧重，但各阶段不是绝对分割的，而是一以贯之、环环相扣的一个系统，因此必须进行一体化管理，如此才能达到博物馆教育活动成效的最大化。

二、博物馆公共教育创新策略

（一）创新对服务对象的认识

一座博物馆存在的意义不仅在于其收藏了多少珍贵藏品，更在于其是否充分发挥了藏品资源的社会作用。博物馆的收藏只有通过教育将相关信息传递给具体的人，促进个体的收获与进步，才能体现出其价值与意义。博物馆教育的主旨是搭建起立体而全面的教育平台，为公众提供丰富多彩的教育项目，使公众获得美的享受，陶冶情操，完善人格。博物馆教育的最高目标是促进公众综合素质的提高与完善，以达到自我发展与社会责任承担相契合的理想境界。

博物馆如何为社会服务才能实现以上宗旨和目标？首先要从研究观众、关注观众开始。当代博物馆已从"关注物"向"服务人"转化，从主要关注藏品的机构日益发展成为为公众服务的机构。观众是活生生的个体，其性别、年龄、文化层次、社会地位、经济收入、个人爱好等千差万别，并且不断变化。新时代的博物馆教育要关注观众，以人为本，深入研究观众需求和观众心理，采用多种量表，利用多种形式，开展多层次与多角度的观众调查，对其进行深入细致的分析，从而更全面地了解观众（现有观众和潜在观众），以制定更加明确的工作目标，更好地为公众服务。

当代社会，观众的主动性、参与性大大提高，并不满足于在展厅中走马观花式地欣赏文物，而是更加重视个体体验，渴望更多的交流。博物馆要尽量提供更加丰富多彩的教育项目，充分利用展览、主题课程、专题活动、艺术欣赏、讲座、表演、手工作坊、主题旅行、云课堂、网络互动等形式，使更多的观众享受到基于博物馆的探索、学习、发现的快乐。博物馆还要努力避免知识壁垒，营造人人可及、人人共享的富有情趣的审美空间、亲切氛围，让观众在博物馆获得尊重，找到自信，怡情启智。从更高的层次来讲，博物馆要承认和尊重生命的独特性，促进个体的成长、发展和完善。教育服务要凸显生命的灵动，让教育项目多一些创造性的内涵，多一点自由，充满智慧与愉悦。

教育的首要任务是让生命自由地发展，让生命因教育而灿烂，教育因生命而生辉。当前，体现心灵自由和人性陶冶的美育教育普遍比较缺失，博物馆应该弥补这种缺失与不足。博物馆学习活动的重要内容就是审美创造的自由。审美不是为艺术而艺术，而是炽热的生命表达。博物馆教育富有独特的情感维度和人文内涵，能够让人们摆脱现实生活中有限意义的实际需求，产生超脱功利的美的想象和情感体验，唤醒其对美的感悟。因此，博物馆传播的不仅仅是知识，更是一种萌发、一种启示，以开启智慧，滋润生命，促进生命的完美与幸福。

（二）探索博物馆教育理论

当前，我国博物馆界有着活跃而丰富的教育实践，积累了大量的实际操作经验，但是对于教育理论的探讨与提升尚显不足。目前，博物馆教育的指导性理论大多是从学校教育借鉴而来，也有一些经验化的"民间教育学"。学校教育与博物馆教育虽然有共通性，但在基本理念、具体实践等方面有着诸多区别。博物馆教育与学校按部就班的教育不同，是一种"非程序性教育"，在教育对象、教育方法、教育理论方面都具有特殊性，其受众在信息获取方式、知识建构方式上都有独特之处，因此有必要形成基于博物馆学习的独立教育理论。

博物馆的教育工作者在掌握藏品知识的同时，也要学习有关教育学理论、知识与技能。要在借鉴学校教育先进理念的同时，与博物馆的教育实践相结合，发展出具有独创性的博物馆教育理论。要对各层次观众的学习心理和行为范式进行研究，明确观众到博物馆来学什么、怎么学，博物馆教什么、怎么教，探索如何营造好的学习环境和气氛，如何激发观众创造性自主学习的兴趣，如何与观众进行互动，从而总结出科学的教育方法，让博物馆教育真正成为从博物馆出发的教育，而不是学校教育与博物馆的简单糅合。

博物馆如果想在教育服务方面发挥更大的作用，就应充分重视博物馆教育的专业化，重视以博物馆为基础的新教育理论的总结与创建，加大科研力度，不断进行理论提升，积极借鉴学校教育的先进思想，探索具有博物馆独创性的教育理念，逐步形成具有中国特色的博物馆教育理论，促进博物馆教育力的持续激发和教育影响的不断扩大。

（三）规范教育项目开发

博物馆具有丰富的教育资源，不仅与历史、科学、艺术、美术、建筑、社会等知识相关，同时，在培养公众的探索能力、协作精神、审美能力、道德品质、心理素养及发现问题和解决问题的能力等方面也具有重要作用。但博物馆要将这些理论上的教育资源很好地转化为具有可操作性的教育项目，则还需要进行深入的开发与创造。博物馆的教育项目开发应充分体现"以物为主""以人为本"的理念，其策划与实施要有计划性、实效性，追求形式多样、独具新意、富有特色，并注重系统化和规范化。

博物馆教育是一种熏陶和陶冶，是在休闲的过程中传播文化与科学的重要途径。博物馆要充分整合资源，广开思路，精心设计，策划推出更多针对不同公众群体的、形式多样的、寓教于乐的项目，同时，注重项目的科学性、连续性和整体性，让博物馆成为享受学习的乐趣、体验发现的快乐的地方。

（四）促进教育融合化发展

现代博物馆教育的发展趋势是与学校、社区的日益融合。从社会整体教育体系的构成来看，一个完整的教育生态空间应当包括家庭教育、学校教育、社会教育、自然教育和自我教育五个基本系统，比较理想的状态是五个系统都在教育体系中占有一定的空间，相互配合，和谐统一。博物馆教育是社会教育系统中的中坚力量，是一个独特的教育空间，充分发挥其作用可以促进教育生态系统多样性的形成，促进教育生态系统的多样化平衡。

当前，我国的学校教育在教育系统中占据绝对优势，博物馆要充分发挥教育功能，必须做好与学校的合作并向广而深的维度发展。广度是指双方合作的多学科、多形式、多覆盖。深度是指双方在课程、人员、机制等合作内涵与持续性方面不断开拓。博物馆应主动与教育部门配合，开发设计与学校课程相关联的教育项目，以博物馆的文化资源作为教学素材，以开放性的活动空间和系统性的设计配合学校教学，以互动的形式调动学生主动获取知识的积极性，让学生在参与、体验中增长知识，陶冶情操，锻炼能力。博物馆教育人员也要积极通过有效方式深入建构与教师间的长期伙伴关系和持续互动关系，加强双方的合作。

当今博物馆馆外教育开拓的另一个趋势是与社区的融合。当代博物馆是为社会及其发展服务的，并应逐渐成为社会变革的工具，博物馆教育功能的充分发挥在促进社会进步方面具有重大意义。博物馆教育是一种沉浸式教育，可以深入社区，与居民的生活相融合，组织不拘一格的参观活动、学习活动、假日活动、节庆活动、纪念活动、聚会活动等多种形式的参与活动，成为社区的文化园地、文化基地，让居民随时享受学习的乐趣，体验发现的快乐，接受艺术和文化的熏陶，让博物馆也成为带动社区文化建设的强大引擎，对社区成员产生潜移默化的影响，在构建公众美好生活方面发挥巨大的作用。

另外，博物馆教育和文化娱乐的结合也是当今社会的一种潮流。当前，人们对于学习型旅行的兴趣正在高涨，人们希望更直观、深入地接触文化、历史与自然，在体验中获得知识和乐趣。博物馆举办互动教育旅行、特色化的文化考察等活动，可以将教育和娱乐有效地结合起来，不仅可以让观众获得丰富的文化体验，还能在促进文化和旅游的深度融合方面开辟新的空间。

（五）加强新技术的应用

当今社会已经进入电子化、数字化的信息时代，信息技术革命对博物馆的影响广泛而深刻，博物馆正经历着历史性的跨越，博物馆教育也应充分利用新技术实现新突破。信息技术给博物馆的工作带来了巨大便利，使博物馆获得了无限的发展空间，对博物馆教育服务发展具有巨大的推动性。数字技术、增强现实新技术等的应用，可以让观众获得更直观、更感性的参观体验。新技术也为个性化学习开辟了新天地，利用大数据分析、云计算技术和智能定位技术，可以结合观众特点开发个性化 APP 教育项目，更加有针对性地为观众提供个性化教育资源，增强观众的参与感，使之获得更加立体的全景式、趣味性参观享受。

网络技术的发展改变了博物馆的空间模式，使博物馆获得了无限的展示空间，同时开拓了文化共享空间，加强了博物馆与外界的信息交流，让没有机会亲身到博物馆参观的人也能享受到博物馆的文化资源，密切了博物馆与观众的联系。网络具有的开放性和不拘地理位置的互动性，不仅可以满足观众即时参观、学习的需要，而且可以弥补传统博物馆与观众沟通的技术难题。观众不到博物馆现场，也可以享受博物馆的"云"服务，甚至可以获得比亲临现场所见更完整、更清晰的画面。各种网络互动教育项目也让观众获得了参与感，观众可以通过网络自由撷取信息、交换资讯、传达意见。这种互动性，打破藩篱，甚至超越国界，促进更多的分享。

信息时代不仅实现着博物馆的自我重塑，也进行着对观众的重塑。当今的博物馆不单是收藏、保存和展示文物的空间，而且是观众沟通、参与、娱乐及获取灵感的平台。互联网时代，参与式互动交流已成为人们的一种生活方式。通过移动应用终端设备、众多社交平台，更多观众有机会深度参与博物馆的教育互动项目，其在学习过程中的知识创造也可以便捷地进行发布、分享，观众既是参观者、学习者，也成为研究者、信息发布者。

在新的时代，博物馆教育工作者要充分认识并适应新技术的影响，把握新技术的潮流和趋势，将更多新技术引入博物馆教育。同时，在技术应用中充分分析实际应用效果，做好数据的安全性和隐私性保护，让新技术更好地提高博物馆教育服务的水平。

（六）注重教育效果的评估

博物馆的教育评估，是指利用科学的评估手段与方法，对博物馆教育工作中的各个环节进行测评，以考察实际工作成效，并为今后策划和举办教育活动提供参考和借鉴。在教育过程中，对教育效果的评估是重要的一环。建立完备的博物馆教育评估体系，能够帮助自我发现当前博物馆教育工作中的不足，并通过积极的改进进一步提高博物馆教育工作的水平。

博物馆教育要重视观众反馈与观众调查，建立更科学的效果评价机制，不断改进工作，提高服务水平。目前，我国博物馆的教育评估工作还处于起步阶段，虽然许多博物馆都已进行了一些教育评估实践，但多是来自内部的自我评估，评估方法的科学性和系统性也有所欠缺。

在评估中，观众是很难捉摸的，博物馆现实与潜在功能的发挥及其实际效果，取决于观众个体对博物馆的感受及其所特有的价值判断，很难找到一个共同的标准，因此造成评估的不易实施。为此，需要在实践中不断探索科学的评估量表、评估模式、评估方法和数据分析方法，从而实现有效评估，并为改进博物馆教育工作提供科学参考。

（七）加快专业化教育人才的培养

博物馆教育工作的开展和开拓是要靠人去实现的，教育项目的策划、实施、评估和理论总结都需要由教育人员去完成。专业的教育人员是博物馆教育发展的核心力量，是博物馆教育工作中最为活跃、最为积极的主导性因素，其职业素养、整体水平对博物馆社会教育功能的发挥具有极大的影响。要使博物馆教育事业健康、稳定地发展，必须有一支优秀的博物馆教育专业人员队伍。

随着博物馆教育事业的发展，我国博物馆教育人员正日渐从讲解员队伍中分化出来，成为一项专门的职业，其社会功能、职业特征、角色期待、素质要求等也发生着变化。与我国博物馆教育面临的空前发展机遇和巨大发展空间相比较，当前博物馆教育人员的队伍建设尚待大幅度加强，在从业人员资格及招聘、培训、评优等诸多方面均要尽快实现专业化。

一支规范的博物馆教育人员队伍要有科学的专业理念、充足的专业知识和专业技能：在专业理念方面，教育人员要形成以实现自我价值为中心的职业观，以学习者为中心的教育主体观，以合作交往为中心的互动观，以探究激发为中心的目标观，以热情奉献为中心的情感观；在专业知识方面，要掌握充分的专业知识、教育理论知识和大量实践性知识；在专业能力方面，要具有出色的语言能力、沟通能力、管理能力和项目策划能力。因此，博物馆界要加快培养既懂专业知识，又掌握教育理论和技能的复合型人才，推动博物馆教育水平的不断提高。

第七章　博物馆数字化建设应用

第一节　数字博物馆概述

一、数字博物馆的概念

从博物馆学的角度来看，数字博物馆是博物馆的一种新类型。要给数字博物馆这一新生事物下定义，首先必须对实体博物馆的概念有一个明确的认识。

一座通常意义上的博物馆，应该由这样一些基本要素构成：一定量的藏品，一定的设施和设备，一定量的从业人员以及持续向社会公众开放。但是当自我着手给博物馆下定义时就会发现，比起给图书馆、档案馆、学校和研究所等机构下定义，给博物馆下定义要困难得多。原因在于博物馆形态的多样化、职能的多样性、区域性文化特征、内涵与外延的历史性变化等。所以，可以看到，博物馆的定义随着文化环境，尤其是随着时代的变迁而变化。

有很多情况同博物馆的定义以及博物馆是收藏文物的机构这一传统观念相冲突。例如，仅有一件藏品的博物馆，像具有附属文化物品的舰船博物馆和古建筑博物馆；业余爱好博物馆将某些知名成员的模型展示于馆内，但从不进行征集、保护和研究；艺术博物馆的发展趋势是不再征集永久藏品；虚拟博物馆仅仅拥有虚拟展品；科学中心和儿童博物馆很可能没有藏品。如果定义排除了这些不征集、保护和研究物质证据的机构，有可能因此给一些非藏品博物馆机构和个体带来麻烦，使它们受到不公正对待。国际博协应该降低苛刻要求，在定义中包括非藏品博物馆机构。因为博物馆不仅要依赖藏品生存，更要依赖信息而生存。任何太苛刻的博物馆定义只能减弱国际博协组织制定的博物馆定义的重点——服务于社会。

在汉语中，"数字"本是一个名词，但在"数字博物馆"这一新名词中则用作动词。"数字化"一词具有动词性，揭示了计算机这一工具的本质，是指直接利用计算机技术来完成的工作。从原理上讲，所谓数字化，是指把原来附载于其他物体上的信息用电磁介质，按二进制编码的方法加以储存和处理。例如，博物馆把原先用纸张或化学感光材料记录和存储的实物藏品信息，转变为用计算机存储和处理的信息。博物馆收藏物品的目的并不在于物理或生理意义上的实用，而是因为这些藏品本身凝聚着有助于人们认识世界的信息，是作为信息载体来加以收藏的，而信息又恰恰是可以作为载体转换的。所谓博物馆藏品信息，是指每一件藏品自身所具有的和今人所赋予的一些特征和属性，可分为具象的形态信息和抽象的含义知识。实体博物馆是用照相、绘图、摄影的方法将具象的形态信息转化为图片、图纸或影像材料，用文字描述的方法将抽象的含义知识转化为书面材料，以便保存其信息，也可以印刷品形式用于远程的交流和传播。而今采用数字化手段，把原先用纸张或图片形式存储的信息，转换成用电子计算机中的电磁信号存储的信息，以大幅提高博物馆的内部管理工作效率和外部利用效率，这就是数字化管理和数字博物馆理念的由来。因而，"数字化博物馆"的提法更确切。英文表述为"Digital Museum"，直译为"数字博物馆"，虽然不完全符合中文字面含义，但作为当今社会的新常用语，是要迁就语言经济学原则的。在不致被误解的情况下，人们总是尽量简化常用语的字数。正如数字图书馆不会被人误解为只有数学书的图书馆，数字博物馆也不会被人误解为仅仅是有关数字内容的专业博物馆。所以，近年来大多趋向于用"数字博物馆"一词，主要用以区别"实体博物馆"。

在汉语中，"信息"是一个使用了多年的名词，是通过一定的物质载体形式反映出来的，表征客观事物变化和特征的实质内容。此本体论含义的外延十分广泛，比较适用于泛指，而不适用于特指。尚未见有人用"信息博物馆"的提法，因为实体博物馆也是信息机构，在实体博物馆工作中将一件实物藏品的信息用纸张或感光材料等传统媒介加以转述，也属于将实物所含信息从原载体中分离出来的信息化行为。由于信息载体是多样化的而非计算机所独有的，因而表述为"信息博物馆"明显不符合逻辑。而"信息化"一词在我国成为常用语，的确与计算机的广泛应用有关，其跟"数字化"一词一样，也具有动词性。近年来，人们在某些场合常互换使用这两个词表述同一所指，且不会引起误解。但大家应该知道，数字化对象一定是信息，而字面逻辑意义上的信息化却未必只能用数字形式。用以描述数字博物馆时，既然置于博物馆之前的"信息化"不可简化为"信息"，也因与对应的英文"Digital Museum"字面不一而存在不便于国际交流的问题，因而就不如"数字"一词简约。

之所以能够用上述的一句话直截了当地给出数字博物馆的定性叙述，是因为数字博物馆的要素——手段和途径、主要服务对象、服务内容等均已包含在内。也许有些人（尤其是博物馆从业人员）一时很难接受这样的定义，因为他们已经习惯了较为复杂的实体博物馆定义。其实只要冷静地想一想就可以发现，实体博物馆与数字博物馆的直观区别，就在于后者利用了计算机。但计算机的作用并不在于"生产"信息，或者说，电脑并不能取代人脑从信息载体的实物身上解读信息，而在于大量、快速、精确地"存取和输送"信息。服务于社会公众的馆藏遗产或相关知识信息，其生产加工者并不是电脑，而是人（主要指博物馆专业人员）脑，数字化行为仅仅处于用数字形式对现有信息源加以转述的地位。另外，实体博物馆与数字博物馆之间在职能方面并不对等，实体博物馆所具有的实物藏品收集和保护、藏品修复及排架管理、真伪鉴定、深入的科学研究等时刻需要人脑完成的一系列职能工作，都不能单凭计算机自动完成。出于数据库安全的考虑，馆方甚至不能指望用远程性的数字博物馆来执行本地性的内部管理职能，用于内部管理的数据库系统与服务于社会公众的数字博物馆系统之间，在物理上往往是相互隔绝的。数字化对象仅仅是事物的信息，而信息本身既不是物质，也不是能量。实体博物馆是不会被数字博物馆取代的。

由此看来，虽然打造一个数字博物馆会涉及实体博物馆许多部门专业工作者的参与，但作为建设成果并投入发布利用状态的数字博物馆，其职能是单一性的，完全集中在类似于实体博物馆外部职能的陈列展览、相关活动、设施及活动消息报道等教育传播或自身宣传领域。数字博物馆仅仅是实体博物馆机构所产生的一种新型信息服务项目，因而其定义就不必罗列实体博物馆的若干职能内容，可以如上述一语道破，简约而无误。如果不是在谈论数字博物馆，而只是在广泛谈论现代信息科技与博物馆工作的关系，那么最好使用"博物馆信息化"或"博物馆数字化"等较为笼统的术语概念。

明确了数字博物馆的概念，就可以分清什么是数字博物馆。20世纪90年代末，人们就可以在互联网上看到上百家博物馆网站的内容，当时许多人误以为这就是数字博物馆。其实，与其说这些网站在传播自然或文化遗产的相关知识，不如说它们仅仅是在进行实体博物馆设施情况简介，其主要目的在于自我推销。有学者将这一现象定义为"市场博物馆"，可作为推销手段和通信工具，以吸引更多观众走进博物馆。这样的网站还有网上购物商店，出售商品是其主要目的。相对而言，"学习博物馆"有丰富的学习资源，可供学习者多次访问。所以，"市场博物馆"可以成为数字博物馆的组成部分，却不能单独称作数字博物馆，因为其最大受益方不是社会公众而是博物馆自身。"学习博物馆"部分才能对应实体博物馆的教育传播职能，其最大受益方是社会公众，其内容必然基于丰富的馆藏信息，手段则必然是采用数据库技术。用网络专业术语来讲，市场博物馆仅采用静态网页形式，而数字博物馆含有动态网页成分。

实现数字化管理同样要基于馆藏信息的数字化采集，甚至管理系统已经具备了完善的查询功能。但数字化管理就是管理，其信息服务对象仅限于馆内业务人员，不等于全社会共享的数字博物馆。用开放与否的指标衡量，正如同仓库或研究所不等于博物馆；用内容通俗与否的指标衡量，如同科研不等于科普。对于母体博物馆而言，数字化管理是利己性的，数字博物馆则是利他性的。博物馆从业人员对于数字化管理所能带来的好处早已普遍认同，表现出了极大的热情，但对于数字博物馆的理解和态度千差万别，比较复杂。从我国的情况来看，以管理为目标的数字化建设多有积极主动的自发行为，而以全社会共享为目标的数字博物馆建设则大多是政府专项资助行为。由此看来，尽管数字化采集奠定了数字博物馆的基础，但采集目的可以到实现数字化管理为止，并非必然地发展为数字博物馆。

二、数字博物馆的分类

分类是人们认识客观事物的重要手段，实体博物馆被博物馆学家做过多种角度的分类。对于新生的数字博物馆，至少可以从以下三种角度进行分类：一是按内容所属的学科分类；二是按运行的方式分类；三是按发布的形式分类。

（一）按内容所属的学科分类

在我国，当教育部系统18家大学数字博物馆于21世纪初正式在网上投入运行时，我国公众首次感受到了数字博物馆学科种类的丰富性——涉及自然科学、农业科学、医药科学、工程与技术科学、人文与社会科学等五大门类，后来被归纳为人文与艺术、地球科学、生命科学与工程科技四大学科领域，大多对应高校有形学科的收藏资源。

（二）按运行的方式分类

关于数字博物馆的运行方式，最常见的当然是通过网络传输到"地球村"里的个人计算机终端，所以人们在谈论数字博物馆概念时总要挂上"网络"一词。其实，网络还有广域和局域之分，即使单机运行方式仍然可以成为传播自然或文化遗产相关知识的信息服务系统，所以，数字博物馆的运行方式并不唯一。

典型的数字博物馆往往是建立在馆藏信息数字化基础上的，在实体博物馆开展数字化建设的过程中，首先要根据自身的需求和实力条件确定数据库的运行方式。可供选择的数据库运行方式有单机运行方式、局域网运行方式和国际互联网运行方式。

所谓单机运行方式，就是将含有数据库技术的信息管理与服务系统安装在一台计算机中运行，用以完成从数据采集到内部管理的工作。这种方式对软硬件环境要求不高，几乎无须配备专业人员进行维护，所需投入比较经济，容易普及我国大多数综合实力较弱的中小型博物馆。另外，如果专题内容有限，也可制作成光盘形式的数字博物馆，类似于常见的电子书，但要比书籍具有更加浓厚的博物馆风格。我国已经有类似的开发事例，但大多作为实体博物馆的纪念品出售给了观众。

所谓局域网运行方式，是在一个机构或部门等有限的范围内，采用服务器加工作站的硬件配置方式。对于规模较大、部门和人员较多的机构来说，采用局域网运行方式具有共享部分硬件（如硬盘或打印机等）的经济性优点，可以为多部门协同开展大规模数据库建设工作提供方便，并且在利用方面能够及时分享新增馆藏信息。但这种网络运行方式的技术含量比较高，需要配备专业人员从事设备及网络的维护工作，所需的网络硬件设备和应用软件都比较昂贵，总体上对机构的人、财、物等综合实力要求较高。局域网运行方式虽是发展方向，然而我国大多数中小型博物馆近期内还很难承受其代价。从利用角度来看，本地网络有较好的带宽，桌面速率可以达到百兆甚至更高水平，在利用者能够忍受的等待时间范围内可以传输较大流量的数据。例如，可以观看目标藏品的多角度和多级放大的图片以及表现力较强的流媒体信息。

我国博物馆的数字化建设实情是局域网运行方式和单机运行方式并存，无论采用哪种方式开展博物馆建设和内部管理，当馆方打算进一步与社会公众共享馆藏信息数据库建设成果时，只要将计算机终端设置在馆内开放地带供观众自由查询，即可实现"定点上机"式的数字博物馆。我国已经出现了在实体博物馆开放地带设置"博物馆网吧"的实例。虽然这种共享方式因限定时空而使其受众人数无法同国际互联网上的数字博物馆相比，但这只是数量的差异，其在本质上仍不失为以数字化技术向社会公众传播自然或文化遗产相关知识的信息服务系统，并且可以减少馆方在知识产权保护和遭受病毒攻击等方面的顾虑。单机、局域网、国际互联网三种运行环境，形成了一个由简到繁的多层次体系。实际上，由于博物馆工作的特殊性，单机与网络之间，以及内外两种网络运行方式之间并不矛盾，其所发挥的作用也不完全重叠，而是相辅相成、短长互补的关系。单机运行方式比较经济，也比较安全和稳定，可以作为数字化工程的基础入手点。如果有条件，则可向局域网运行方式发展。国际互联网运行方式则可以看作是博物馆发布功能的再扩展。这就是人们不将网络视为数字博物馆本质特征的原因之一，也是将数字博物馆发挥作用的场所分为本地和远程两类的理由。

（三）按发布的形式分类

数字博物馆通过国际互联网的远程发布形式，分为单体发布和群体发布两类。数字博物馆建设通常是以一个拥有馆藏资源的实体博物馆为单位进行的，通过国际互联网发布则直接形成单体的数字博物馆，这就像一个实体博物馆运用馆藏举办陈列展览那样。单体发布没有什么不可思议的。对于利用者而言，要想利用某家数字博物馆，首先要进入该馆的网站主页。但问题在于，许多博物馆的馆名并不能反映馆藏专业主题，如某某大学博物馆或某某地名博物馆，而数字博物馆的观众恰恰只关心主题内容，并不在乎博物馆的行政隶属关系或地理位置所在，这就出现了综合集成若干家单体博物馆数据库进行群体发布的联合数字博物馆，使观众进入某一个数字博物馆联合网站就可以同步利用多家实体博物馆的主题藏品信息，从而避免了多次进出单体博物馆网站的操作麻烦，也避免了多个单体博物馆网站地址的记忆负担。

在我国，教育部系统建设的 18 家大学数字博物馆，当初只是以单体博物馆形式投入共享发布的。用户要想查询考古学藏品信息，就要分别进出山东大学和西北大学的考古数字博物馆网站；要想查询地球科学藏品信息，就要分别进出南京大学地球科学数字博物馆等五所大学数字博物馆网站。这显然不便于用户查询。同时，由于硬件水平、维护技术、恶意病毒攻击和后续维护投入经费等方面的问题，曾经常出现暂时无法进入网站的现象，不仅影响国家投资的效益，甚至会给公众留下大学数字博物馆徒有其名的不良印象。为了一揽子解决这些问题，教育部决定以中国大学数字博物馆的名义，追加投资建立南方和北方两个数字博物馆中心站点。南方中心站点设在南京大学，北方中心站点设在北京航空航天大学，各单位严格按照国家相关标准和规范，对以往建立的数据库进行回溯性建设，从而获得同构的数据库，然后交给两家中心站点，用同一套点播平台集成所有 18 家单位的数据库。当其中一家站点运行出现故障时，另一家镜像站点则自动接驳，从而保障了大学数字博物馆发布功能的稳定性，这就出现了群体发布的数字博物馆。

实践表明，类似于这种群体发布机制的数字博物馆，不仅降低了对单体数字博物馆发布运行维护的依赖，提高了维护水平和发布运行的稳定性，保障了国家建设投资效益的正常发挥，而且更加便于公众利用——只要进入中心站点网站，就可以同时浏览多家博物馆藏品信息。此外，教育部大学数字博物馆项目组又与计算网格技术项目组联手合作，以大幅提高数字博物馆发布所需的运算能力，为数字博物馆采用较大流量的复杂多媒体表现技术创造了更好的带宽条件。

群体发布的数字博物馆，不仅能解决上述稳定运行和便于利用的问题，其更大的潜在价值在于，如果利用语义网络和知识本体分析解决跨学科的藏品信息检索技术问题，也就意味着博物馆具备了多学科交叉互动的潜能，使得用户能够获得解决某个专业问题所涉及的多学科材料，从而有利于完整地认识当前问题。

三、数字博物馆的特点

（一）数字化的藏品资源表达

实物藏品是一般实体博物馆赖以存在的基础。无论是以具备相当数量和质量的藏品为前提而建立起来的实体博物馆，还是在遗址、寺院、古建筑等的基础上建立起来的纪念性博物馆，都是以真实存在的"实物"——藏品为基础的，尽管其中展出的可能是模型或者复制品。以实物为主要传播媒介，这也是博物馆区别于其他机构的特点所在。

数字博物馆信息存储的主要形式从传统的书面文字记录和视觉图像变成了磁性介质上的电磁信号。这种载体变化为压缩存储空间、方便用户远程检索和查询、改进组织方式、提高服务速度、扩大利用者范围、加快更新维护、降低维护费用等一系列进步提供了条件。

（二）跨时空的藏品资源展示

数字博物馆具有实体博物馆所无法比拟的时空跨越能力。这种时空跨越能力又分几个方面。数字博物馆观众可以不受开放时间和利用地点的限制，这是从利用形式上讲的；可以不受陈列室建筑面积限制将整个收藏作为对象尽情利用，这是从展示范围（暴露程度）上讲的。如果从传播信息的内容组织角度来看，通过提供信息的超链接及信息检索分析功能，还可以对藏品信息资源从时间和空间维度上进行任意延伸，达到一种独特的陈列展示和信息解读效果。例如，通过适当的三维建模和图形处理技术，可以将藏品的内部结构、原理、使用以及该藏品在各个时期的变化状况，形象逼真地模拟出来，给观众带来视觉和心理感受上的震撼。在自然科学博物馆中，对于地球科学史上的很多重大事件，过去都只能以文字描述的形式出现在展厅内，而数字博物馆却可以广泛利用多媒体虚拟现实技术模拟当时的环境，在计算机屏幕上"再现"地球演化中的重要时刻。虽然从理论上讲这些效果也能通过实体模型等展示出来，但代价要比数字化手段昂贵得多，以至于难以实现。

（三）不同领域藏品资源的整合

实体博物馆一般以藏品和陈列内容作为类型划分的主要依据。按照这个标准，传统的博物馆主要包括历史、艺术、科学及综合博物馆等。不同类型的博物馆分属于不同的领域，馆藏品也从不同的角度进行展示。数字博物馆对于藏品资源的理解，可以跨越学科领域知识的界限。尽管不同的数字博物馆藏品类型不同，但是利用语义网络和知识本体分析可以实现跨领域的知识融合，拓宽博物馆的内涵与外延。正如前文所说，这就意味着博物馆具备了多学科交叉互动的潜能，使得用户能够获得解决某个专业问题所涉及的多学科材料，从而有利于完整认识当前的问题，展现出人们梦寐以求的理想博物馆状态，无异于为世人打造了一个创新思考的环境。

对人类而言，通过实物等图像型媒介认识世界，要比通过文字媒介认识世界更具本能的品质。因而从理论上讲，博物馆的潜在利用者要比图书馆的潜在读者范围更大，数量也更多。人们都承认博物馆藏品所凝聚的知识量是巨大的、有价值的，尤其是具备真实可信的第一手物证资料成分，几乎每个人都能或多或少地从博物馆藏品中找到自己感兴趣的、解惑答疑的、具有客观依据性的信息对象。

四、数字博物馆在信息社会中的地位和作用

（一）在信息社会中的地位

博物馆历来都是世人尊重的文化教育机构，但发展到二十世纪七八十年代，博物馆事业在全球范围内出现了新问题。一方面，各国政府不再大包大揽而是相对削减经费；另一方面，诸如彩色电视机和彩色印刷品等一系列视觉传媒质量明显提高，形成了强势媒体排挤力量，致使许多博物馆感受到了生存危机。博物馆界普遍认为提高社会服务质量才是唯一的出路，除了追求实体陈列质量以外，新出现的数字化手段和网络媒介无疑为博物馆拓展公众利用渠道提供了新的可能。数字博物馆是以数字形式对自然文化遗产的各方面信息进行采集和管理，实现自然文化遗产的信息保存，并通过互联网为用户提供数字化的展示、教育和研究等多种服务的信息系统，是博物馆学、藏品及其相关学科和计算机科学等多学科领

域知识相结合的信息服务系统。数字博物馆不仅继承了实体博物馆真实性、直观性和广博性的优势，而且能创造出跨学科、跨领域的综合性解惑答疑的工具平台，加上其基于数字化网络的远程互动性、主题可选择性以及媒体种类的丰富性和叙述通俗性等，足以在世人心目中占有崇高的社会地位。

（二）在信息社会中的作用

1. 以数字化形式收藏、保护文物标本和其他实物资料

收藏和保护是博物馆最早产生也是最基本的功能。从博物馆的产生历史来看，其最初就是从收藏活动开始的。传统博物馆内均有含有藏品的储藏库，博物馆有义务收集、整理和展出藏品，使其可以被参观和研究利用。博物馆的收藏目的并不在于物品的原始功能，而是将其当作信息载体，因而博物馆把物证材料和相关信息材料看得同样重要。实物一旦失去相关信息，其本身的价值就会降低。数字博物馆的职责并不在于对于实物的保管和整理，而是通过数字化的方式，对藏品信息进行详细的描述，如拍摄高清晰度的全景照片、建立逼真的三维模型、制作视频动画，以反映藏品所处的相关背景（如藏品用途的真实场景、文物的发掘过程、动植物的生存环境等），并按照数字资源建设规范对这些数字化资源进行存储与管理，以便于合理利用这些资源进行教育与研究等。数字化手段能够以相对低廉的成本大幅度提高相关信息收集的质量（多媒体）和数量（空间占有量小），从而保障了实物藏品的实用价值。

我国是一个文明古国，地域辽阔，祖先给我们留下了大量的历史文化遗产。我国的自然文化遗产非常丰富，仅博物馆内的珍贵文物就达到了上千万件，自然标本的数量更是无法用数字统计。但是由于实体博物馆会受到空间以及各种维护经费的限制，所以很多文物资源都被长期放在博物馆的库房之中。这就导致了很多珍贵的文物标本无法被人们熟知。除此之外，很多在古遗址上建立的实体博物馆，由于人造景观的建设不符合文物保护的实际要求，导致文物的古风古貌遭到了破坏；人们随意接触文物也会导致文物损害；文物长久地暴露在空气之中，也会逐渐氧化、发生金属腐蚀等。因此，博物馆藏品经常存在展出的频率和藏品保护之间的矛盾，而数字博物馆的虚拟展出模式能够有效解决这一问题，使许多容易受到损坏的珍贵文物通过网上虚拟展出，减少文物暴露在空气中的时间，在一

定程度上保护了文物。

2. 以数字化方式对公众进行知识传播与教育

博物馆通过展出藏品向公众提供素质教育，传播科学文化知识，这是学校教育的重要补充。因此，博物馆教育已成为各个国家普及科学文化知识的重要途径。而一个国家博物馆发展的规模和质量，甚至被认为是衡量这个国家科学文化发展水平的一个重要标志。在科学技术发展如此迅速的今天，博物馆作为社会教育的重要机构，在普及科学文化知识、提高整个中华民族的科学文化水平等方面，有着义不容辞的责任。

数字博物馆在教育思想、教育内容、教育方法、教育手段和教育对象等方面，与传统的学校教育有很大的不同，具有自身的教育特色。数字博物馆能够有效地传递知识。它的手段更加直观、形象，内容综合性强，面向的教育对象广泛，在普及科学知识方面，有其特殊效果。因此，数字博物馆的社会教育职能特别重要，其独特的教育方式具有不可替代的作用。

3. 成为科学成果交流的信息平台

世界上许多著名的博物馆，不仅以丰富的藏品享誉世界，而且也是学术界具有崇高地位的研究机构，科研成果累累。我国一些著名的博物馆，如故宫博物院、国家博物馆等就是这方面的代表。不少馆藏品本身就具有极高的学术价值。对它们进行研究，不仅有助于学术的发展，也可为布展陈列工作打下良好的基础。数字博物馆是保存、保护、共享资源的重要手段，是适应时代进步的信息交流和信息服务的基地。由于网络系统的开放性结构，一些重要的科研成果和学术动态可以及时地在数字博物馆中得到体现。

因此，数字博物馆在促进研究和学科融合发展方面能够发挥巨大的作用，也可为产出高水平的科研成果提供必要的信息平台。

五、数字博物馆的功能与教育意义

（一）数字博物馆的功能

说到数字博物馆的功能，人们首先会想到实体博物馆的数字化展示，这也是博物馆数字化建设中最基础的一项内容。将多媒体技术恰当地运用到博物馆展陈中，会起到不同凡响的展示和教育效果。

1. 通过多层面的信息采集形成综合信息资源库

传统的实体博物馆往往只收集、保存某一个领域的藏品，难以形成覆盖多学科的综合性馆藏资源。而数字博物馆由于有信息技术的支撑，不仅能够通过数字化的方式多层面地收集藏品的信息（包括以文字形式表达的藏品外观、用途等特征信息；以图形、图像形式表达的藏品高清晰度的全景照片；以活动图像表达的藏品所处的相关背景信息，如藏品用途的真实场景、文物的挖掘过程、动植物的生存环境等），同时，还能够将多领域、多学科的藏品资源进行统一存储和展现，形成综合的信息资源库，并提供不同学科知识结构之间的横向联系，这将在科普教育、科学研究及教学活动中发挥重要作用。

2. 藏品信息的有效访问与查询

以数字化形式存储的藏品信息支持多种方式的访问和查询、检索服务。通过数字博物馆，用户不仅可以利用页面中超链接的导航来获取感兴趣的藏品信息，还可以通过关键词检索的方式直接找到藏品内容；既可以根据藏品的描述进行全文检索，也可以基于藏品的分类进行全文检索，还可以利用藏品的关键属性来进行检索。检索范围不仅包括文字，同时也包括对藏品的图像、视频或音频等多媒体资源的信息检索。数字博物馆强大的检索功能，不仅能够帮助使用者快速定位自己需要的内容，而且有助于在不同知识节点之间建立联系；既方便了使用者获取信息，增强了信息获取的有效性，又实现了知识结构之间的贯通。

3. 藏品信息的发布与传递

数字博物馆能够有选择地从藏品资源库中提取相关信息进行虚拟展示以发布藏品信息，使得终端用户能够通过形式多样和内容丰富的虚拟展示获得有关藏品的相关内容。同时，数字博物馆还可以提供关于资源建设方面的信息传递服务。用户可以自定义需要接收的信息种类，例如藏品的变更、主题展示的发布等内容介绍或制定需要传送的藏品信息。这些都可以通过信息传递获得，而无须用户登录数字博物馆站点进行查找。

4. 数字藏品信息的安全保护

数字博物馆建设中的一个重要问题就是信息传播过程中的安全问题及藏品信息的版权保护问题。数字博物馆中的多数藏品都是非常珍贵的稀有资源，具有很高的研究价值和经济价值，不加任何保护地在公共网络上发布，会给藏品提供者、资源建设者带来极大的损失。数字博物馆通过藏品访问权限控制、数字水印技术及加密等技术手段能够很好地解决这一问题，实现数字藏品信息的安全保护。

（二）数字博物馆的教育意义

网络教育资源的建设是教育信息化的重要基础，需要长期进行建设和维护。教育部在《面向 21 世纪教育振兴行动计划》中明确提出了网络教育资源库建设的思路。目前，国家正式批准开展远程教育的教育机构大都将教育资源的建设摆在了重要地位。然而，网上资源的分散及建设不规范等现状严重制约了对它们的充分利用。虽然互联网上拥有大量的教育教学资源，而且传递快捷，但是由于网络资源建设严重无序，"信息孤岛"现象无法避免，因此，教师和学生需要的有针对性的网络教育资源需要经过整理才能使用，无法做到即需即用。而教育资源建设也不是一蹴而就的，需要不断进行更新和维护。良性的网络教学资源建设应该是可持续发展的。随着教育水平和教学需求的不断增加，教育资源库的内容和功能也应该不断完善和更新，以适应时代发展的要求。

以数字技术构筑的数字博物馆以其系统开放性、建设可持续性和内容丰富性等特点受到教育界的普遍关注。国外很多高校已经将数字博物馆作为一种新型的教育资源，应用到正规或非正规的教育实践中。大多数数字博物馆都专门为公众特别是青少年提供了形式活泼、内容生动的科普教育专题。国内外很多高校的基础课教学也将数字博物馆的资源引入课堂中。例如，美国加利福尼亚大学圣塔芭芭拉分校就在其自然地理的课堂教学中利用了地球科学数字博物馆进行虚拟教学环境的仿真；澳大利亚悉尼大学的生物学课堂和实验教学也大量引用其国家植物博物馆的资源，进行现场和网络教学；南京大学建设的地球科学数字博物馆在地球科学的课堂教学和全校公共素质教育课程中都发挥了重要作用。

1. 信息表达的深度和广度

纸质出版物或实体博物馆只能针对有限读者和参观人群来组织内容、传递知识，因此无法兼顾深度与广度之间的矛盾。另外，由于受制于时空条件，它们也不能将所拥有的资源全部展示出来。而数字博物馆由于数字技术的支撑和巨大的存储空间，既可以满足知识体系表达的完整性，又能够兼顾不同层次的知识需求，将知识体系分层次地进行有机组合。根据学科发展和知识融合的需要，数字博物馆能够不断完善结构、补充内容，及时反映最新的科学发现和研究成果。

2. 信息内容的组织方式

数字博物馆以图、文、声、像并茂的多媒体形式表达各种相关知识。文字、图像和动画不仅可以直接展示具体的概念、现象和过程描述，还可以把抽象的逻辑推理和空间转换以动态形式形象地表达出来。动画演示和声音讲解的有效配合和合理应用有助于人们对知识的理解。而这些信息除了按照传统的主题进行分类以外，还可以借助超媒体的链接方式将不同知识点之间组织成非线性的网状结构，进行多层面、多视角、多方位的剪辑，使跳跃式获取信息成为可能，并给人们留下生动、形象、丰富和具有启迪性的交互性感受，使得人们更容易理解和接受更多知识，从而提高学习效率。

3. 信息表达所依附的媒介物

运用数字化技术对知识内容进行储存和传播，可以突破传统纸质媒介所无法完成的储存量和传播速度。传统的纸质媒介通常在色彩、精度上达不到传播要求，而当前科学技术在发展过程中又要求很多内容通过高精度的图像和模型表现，通过数字博物馆的建设能够使这些多媒体信息的储存工作和管理工作变得更加多元化与规范化。

4. 信息访问的时空延展性

对实体博物馆进行参观，会受到时间和地点的限制。随着通信基础设施的不断完善，人们可以在任何时间和地点了解数字博物馆的相关资源信息，从而学习并掌握自己感兴趣的知识内容。数字化的构建模式和传播方式，能够极大地提高对博物馆信息的运用效率。

5. 受众的多元化

实体博物馆由于受多种因素的影响，参观人员有限，而数字博物馆通过网络技术的运用能够使整体传播渠道得到拓宽，因此受众群体更为广泛。不论是学生、教师还是研究者，都可以是数字博物馆的潜在受众群体。数字博物馆呈现出的特征，导致这种全新的网络教育资源在当前我国的远程教育和课堂教育中发挥着重要作用。数字博物馆在教育工作中的价值主要体现在以下几方面：

（1）提供丰富的教学素材库

数字博物馆在整体展览形式上，运用了多媒体技术和网络远程教育技术，使内容的呈现更为直观且具有交互性特征，从而促进了教育方式的多元化，使课堂教学效果得到了提高。对于学生而言，数字博物馆通过将教育内容进行融合，可以成为他们的第二课堂。它能够给教师和学生构建出一个综合性的教育资源库，从而使学科体系更加完善，知识内容的讲解更加丰富，整体的查阅、浏览更加便利。教师通过运用资源库中的内容，可以开展多媒体教案建设或者直接进行网络教学，而学生可以在资源库中找到与自身学习相关的内容，开展有针对性的学习。同时，数字博物馆还能够将跨学科的知识融合在一起，帮助学生扩大知识面，提高学生的综合素养。

（2）为远程教育、继续教育等提供充分的网络资源

数字博物馆通过运用多媒体技术，把各种珍贵物品和相应的背景资料在互联网上进行展示，能够更加集中地展现出学科自身的内涵，资源具有较强的覆盖面，能有效地促进资源共享目标的达成，因此，比较适合运用在以网络作为媒介的远程教育和继续教育工作中，使教育具有更强的辐射力。

（3）向全社会开放，为提高全民科学文化素质提供科普教育基地

生动有趣的表现形式、独特的叙述方式以及富有交互性的浏览方法，使数字博物馆能够更加广泛地对社会大众尤其是青少年群体开展相应的教育工作，从而促进我国大、中、小学生的全面素质教育工作，有利于培养学生的科学思维方式。数字博物馆陈列的展品拥有较强的交互性，因此很容易感染学生，对学生的整体教育工作也更有说服力，相较于课堂教学而言，更能促进学生对知识内容的吸收和理解。另外，数字博物馆通过组织策划专题展览，还能够向人们介绍我国科学技术发展的一些重大成果或者当前学术研究的主要方向，并可以依照受众人

群的不同需求，订制出兼具普及性与提高性的各种宣传模式，从而满足不同层次受众群体的实际需要。此外，由于数字博物馆拥有较强的网络覆盖面，且在访问的时候不会受到时间和地点的限制，因此是较好的科普教育基地。

(4) 提供增值教育服务

增值教育服务是基础教育形式的进一步扩大，这种教育方式突破了藏品的范围，而教育场所也由网络变成了现实世界，可通过给学生提供教学辅助资料或者模型，弥补教材中存在的形象资料不足的缺陷；同时，也可以制作光盘分发到一些经济欠发达地区，解决当地由于资源不足而导致的教育问题。

因此，数字博物馆建设具有较强的价值，尤其是对于教育行业来说，数字博物馆能够直接成为教育的基础设施基地。在学校的日常教育和远程教育中，数字博物馆也将逐渐发挥出越来越重要的作用。

第二节　数字博物馆的资源建设

一、数字博物馆资源的含义

(一) 数字博物馆资源的基本概念

数字资源也常被称为电子资源，是指以被计算机识别的"0"和"1"代码形式，即二进制代码，将文字、图像、音频、视频和动画等形式的信息存储在光、磁等非纸质载体上，以光、电信号的形式进行传输，并能通过计算机或其他外部设备再现出来的信息资源。数字资源往往需要数据库技术进行管理，需要计算机技术进行处理，需要通信技术进行传输，需要多媒体技术进行显现，将多个领域融合在一起。数字资源随着网络技术的发展，已渗透到人们的生活、娱乐、休闲、学习和工作的诸多层面，成为人们在日常生活中打交道最多的资源形式。台式电脑、笔记本、手机和 iPad 等电子设备已成为存储、处理和发布数字资源的主要工具。数字博物馆中的资源内容涉及藏品及针对藏品开展研究而取得的相关成果等，主要以数字藏品、数字文献资料等形式出现。这些数字资源不仅是数字博物馆进行展示、传播和实施各项教育活动的基础，而且也是实体博物馆用于展览和宣传的主要资料。

（二）数字博物馆资源的特点

1. 类型多样化

数字博物馆资源的信息类型非常多样，既有陶瓷、书画、青铜器、玉器、织物，也有墓葬、建筑、石刻、壁画等，此外，还有各种保护研究资料。从形式上来分，既有文字、照片、图片等静态媒体信息，也有影音、视频、动画等动态多媒体信息。各种类型的信息往往相互交错，被博物馆联合用于展览展示、知识传播和公众教育。

2. 信息共享化

数字博物馆资源被无差别、无限次地复制后，仍可以保持信息内容的完整性、一致性，不会影响到信息质量，且数据源本身也不会受到任何损坏。此外，数字博物馆资源通过网络可以将其副本传输到网络可达的任意一个角落，可以实现跨省市、跨地区、跨国家乃至在全球范围内共享。

3. 存储介质化

数字博物馆资源的数量极其庞大，需要存储介质的支持。存储介质的使用范围很广，小到计算机系统中几百字节（KB）的只读存储器（ROM）芯片，大到上百太字节（TB）的磁盘阵列系统，都可以用来储存数据。存储规模取决于具体存储介质的基本存储量。

4. 处理计算机化

数字博物馆资源的组织、索引、分类、编目和生成报表等工作都需要在计算机上进行，依托数据库管理软件、办公软件、报表软件、统计分析软件等完成实际的任务。计算机是整合、加工和处理数字资源的平台。

5. 传输网络化

除光盘、优盘、移动硬盘等移动存储设备可以实现少量数据的迁移外，大规模数据的传输还是要依赖于网络而进行。通过网络可以实现任意距离、任意区域、任意时间段上的传输，传输的具体情况依赖于网络带宽、时延等。

除上述特点之外，数字博物馆资源同普通数字资源一样，也具有安全性较低的特点。这是由其先天性质决定的。由于数字资源的产生、加工、处理、存储和传播等都离不开数字化设备、计算机系统和网络系统，因此，数字博物馆资源对各种设备或系统的软、硬件具有很大的依赖性，离开了使用的软、硬件环境，用户将可能无法使用，甚至无法识别其中信息。此外，由于数字资源的存储安全性和传输可靠性会受到计算机病毒和网络病毒等的威胁，因此，需要建立病毒检测和防御体系，以便时刻保障资源不被恶意地盗取、篡改或删除。即使如此，还需要警惕一些黑客的主动攻击和破坏，因此，也应该采取合适的反黑客措施，甚至制定数据备份方案，以便在数据丢失、被破坏之后进行及时补救，从而减少损失。

（三）数字博物馆资源的分类

1. 根据资源的内容划分

（1）本体数字资源

本体数字资源是指直接由藏品本体获得的数据，如文物的图片、文物的视频和文物的三维模型等，一般是通过数字化采集设备直接获得的第一手数据，是对藏品本体的直接外在感官内容尤其是视觉内容的映射，如实反映了藏品本身的外显情况。

（2）描述数字资源

描述数字资源是对藏品本体的基本信息描述，主要以文字、图像的形式描述藏品的类别、名称、年代、质地、尺寸、质量、数量和出土地等信息，是经过专家初步解读的信息，为观众提供了了解藏品基本信息的原始资料。

（3）解读数字资源

解读数字资源来源于对藏品本体及其相关内容的进一步研究和分析，是文物专家、学者相互协作的结果，进一步探明藏品的工艺水平、考古价值、历史意义和艺术成就等多方面的问题，是从一个点扩充到对一类藏品、一个事件、一个人物或一种现象的信息还原。

2. 根据资源的加工程度划分

（1）一次数字资源

一次数字资源是直接反映原始藏品内容的资源，没有经过加工、处理和修饰等环节，是保持了藏品原始面貌的资源，主要来自数字化采集设备和一些测量工具。此外，对藏品进行物理、化学检测而获得的基础数据也属于一次数字资源。

（2）二次数字资源

二次数字资源是对一次数字资源加工和处理后的结果，如原始藏品图像内容的修补，文物三维模型的修复，视频信息的转码、压缩等。这些结果往往涉及保护、研究、展示策划等多个部门。此外，二次数字资源也包括一些藏品目录、报表、研究文献资料等。

（3）多次数字资源

多次数字资源是经过两次以上处理或整合的数字资源，是为了满足特定需求而对二次数字资源进一步综合分析和加工整理，如基于藏品统计信息而生成的图表等以及年度研究报告、展览信息汇总等。

3. 根据资源的媒体形式划分

（1）文本型数字资源

文本型数字资源主要以字母、数字、符号和汉字来表示信息，所占数字资源的比例最大，是传递复杂信息最常用、最准确的方法，也是博物馆工作人员最为常用的数字资源形式。它是一种跨平台、跨系统的通用文件存储格式和交流形式，主要来源于两方面：一方面，来源于用汉字、字符和数字表示的藏品基本属性和解读信息的内容，如藏品编号、藏品等级、入藏时间、尺寸、质量、考古意义和文化价值等；另一方面，来源于对各种书籍、文献、资料等文本型的文档进行扫描之后利用光学字符识别（Optical Character Recognition，OCR）软件提取出的文本数据。典型的文本型数字资源格式包括 TXT、DOC、WPS、PDF 等。

（2）图像型数字资源

图像型数字资源主要指数字化的图像资源，是对客观对象的直观表示，也是最主要的信息载体，它是对现实物体或画面的抽象浓缩和真实再现。数字图像主要来源于扫描仪、摄像机等采集设备捕捉实际的藏品画面而产生的图像，或是根据测量信息通过软件如 Photoshop、CorelDraw 等制作而成的图像。数字图像按照其组织形式划分，又分为位图和矢量图。位图也称为像素图，由称作像素的单个点组成，每个像素都有一个特定的颜色信息，因此整个文件占用空间较大。位图适合表现藏品的细节信息，能很好地反映明暗变化、色彩变化，其图像效果逼真，常被用作展示性材料。矢量图是使用直线和曲线来描述的图形，这些图形的元素是一些点、线、矩形、多边形、圆和弧线等，它们都是通过数学公式计算获得的。矢量图只能靠软件生成，与分辨率无关，占用空间较小。矢量图主要以图形化的信息表现藏品的器形、构造等，多被用于内部交流和保护、研究工作。位图和矢量图可以相互转换。位图常见的文件格式包括 JPG、GIF、PNG、BMP 等。矢量图常见的文件格式包括 SWF、SVG、WMF、EMF、EPS 等。

（3）音频型数字资源

音频型数字资源指数字化的音频资源，需要利用数字化手段对声音进行录制、存放、编辑、压缩或播放，声音涉及语音、音乐、自然声响等。数字化的音频是对听得见的模拟信号采样后的结果，采样率越高，数据的存储量越大，分辨率越高，音频在播放时的质量越好。音频的质量只与录音的质量有关，而与播放音频的设备无关。为了使声音能够从音响设备上输出，数字信号必须重新转换为模拟信号。数字化音频和一般磁带、广播、电视中的声音在存储和播放方面有着本质的区别。从总体上来看，数字化音频具有存储方便、易传输、存储和传输的过程中没有声音失真、编辑和处理非常方便等特点。数字化音频常用于记录社会、自然界的声音信息，如海啸声、火山喷发声、昆虫的鸣叫声、轮船鸣笛等。数字化音频的文件中不仅包含主要的音频数据，而且还包含一些控制数据，如计时码和数据均衡等。典型的数字化音频文件格式包括 WAV、MP3、WMA、OGG、RM/RA 等。很多文件格式在文件头部描述了采样速率、信道数量和压缩类型等信息。

（4）视频型数字资源

视频型数字资源指以数字形式记录的视频，是对模拟视频信号进行数字转换后的产物。一方面，可将模拟视频通过视频采集卡转换为数字信号，将转换后的信号采用数字压缩技术存入计算机磁盘中就成为数字视频；另一方面，可直接用数字视频采集设备记录外界信息来生成数字视频。数码摄像机就是最常用的数字视频采集设备。数字视频虽然数据量大，但方便长期存放，可以不失真地进行无数次复制。它主要以光盘和网络方式进行传播。数字视频常用于记录需要视觉和听觉共同感知的情景，如民间舞蹈、传统戏剧、曲艺、手工艺和节庆仪式等。典型的视频文件格式包括 MPEG、AVI、WMV、RMVB、MOV、RA/RM/RAM、MP4、FLV 等。

（5）动画型数字资源

动画型数字资源指数字动画形式的资源，突出相对时间、位置、方向和速度的变化，主要通过软件将图像"动"起来。动画分为二维动画、二维半动画和三维动画。其中，二维半动画主要通过阴影、照明和透视效果产生深度信息；三维动画才是最为逼真的动画形式，它能表现现实世界中的任何对象、现象和过程，如人物、动画、建筑、植物，以及活动场景、工艺加工流程、化学反应过程等。动画制作有简有繁，通常三维动画制作需要花费大量的精力来创建各个对象模型，涉及对象的外观和表面特征等。数字动画可用于模拟史前恐龙的模样和活动状况、地震发生的过程、火箭发射过程以及分子结构等，微观和宏观世界的模拟都可实现。典型的动画文件格式包括 SWF、GIF、MAX、FLA 等。在 Macintosh 和 Windows 平台上，使用最为广泛的动画制作软件是 Adobe 公司的 Flash。

4. 根据资源的存储载体划分

（1）磁介质型数字资源

磁介质型数字资源指以磁介质为载体来存储的数字资源，常见的磁介质有软盘、硬盘、磁盘阵列、移动硬盘、优盘、磁带等。由于磁介质存储器使用磁性材料的物理极化特性，使得其在相当长的时间内能保持信息不变，因此，被广泛用于藏品各类信息的存储。

（2）光介质型数字资源

光介质型数字资源指以光介质为载体存储的数字资源。光介质可以以数字形式存储数据，通过激光进行数据读取。常见的光介质有 CD（光盘）和 DVD（数字视频光盘），其中，CD 又分为 CD-ROM、CD-R、CD-RW 三种基本类型。CD-ROM 表示的是只读 CD，意味着用户只能访问事先已记录好的数据，而不能往里写入或擦除。CD-R 表示的是可写 CD，用户只可以写一次，此后就只能读取，读取次数没有限制。CD-RW 表示的是可重复读写 CD，读取次数没有限制。DVD

是数字通用光盘，以 MPEG-2 为标准，拥有较大容量，可储存高分辨率全动态影视，分为一次性刻录的 DVD+/-R 和可重复刻录的 DVD+/-RW。光盘容量大、体积小、质量轻且方便携带，常被用于资源传播，如对藏品目录的传送、藏品解说信息的发布等。

（3）磁光介质型数字资源

磁光介质综合了磁性介质和光性介质的优势，是一种磁光盘。与磁性介质不同，磁光盘不受磁场的影响，稳定性更强；与光性介质不同，磁光盘可多次写入。由于价格等因素，磁光盘未被大面积使用。但由于磁光盘具有较好的安全性和稳定性，因此，一些大型博物馆和一些文化遗产研究单位仍在使用。

5. 根据资源的获取形式划分

（1）本地型数字资源

本地型数字资源主要指从对应计算机或内部局域网获取的资源，往往涉及博物馆内部相关部门的工作，如从管理藏品的计算机上获取某件藏品的记录，或者是获取馆藏的基本统计信息。此外，通过博物馆内部的局域网获得的一些开放性的藏品文字、图像、视频资料、相关研究成果和展览情况等也属于本地型数字资源。

（2）网络型数字资源

网络型数字资源主要指从外部互联网获取的资源。互联网不仅将博物馆馆际之间、博物馆与研究机构之间、博物馆与图书馆和档案馆之间、博物馆与学校之间等连接起来，而且也将博物馆与每位公众进行了连接，使得更多、更丰富的信息实现了交流和共享。例如，博物馆通过网络可以获取图书馆中针对某一器物或器物类型研究的专题书籍或文献资料，可以从档案馆获取某一地方的历史照片、影片和档案信息，可以从古建筑研究所获取关于古建筑修缮方面的信息。此外，博物馆还可以通过网络获取公众参与的藏品解读和藏品拍照等内容，从而将优秀的作品和专业的学术内容纳入博物馆本地资源库。

二、数字博物馆资源的采集

数字博物馆资源采集的核心任务是对馆藏资源进行数字化，即通过一定的硬件设备和软件资源，将藏品转换成计算机能够识别和处理的二进制代码的过程。

博物馆馆藏类型多样，从平面的书画作品到立体的青铜器、瓷器和化石等，从小的钱币到大的建筑、遗址、遗迹等，不仅涉及风、雨、雷、电的产生，还涉及宇宙的构成等。因此，数字化工作是一个庞杂而繁复的过程，必须为各类型的藏品找到合适的数字转换方法，从而建立起丰富、完善的藏品数字资源库。除这些实体藏品外，大量的博物馆研究成果和相关文献也需要数字化。藏品数字资源的采集，主要考虑采集手段和采集规范两方面的问题。

（一）采集手段

根据藏品的类型以及可获取的数字资源的媒体形式，博物馆数字资源的采集主要可以采取以下手段：

1. 古籍类

古籍包括历朝历代的刻本、写本、稿本和拓本等。古籍文献作为前人留下的精神财富和历史见证，内容和形式都是弥足珍贵的。它是一种非再生性的文化遗产，在长期流传的过程中，由于虫蛀、老化和霉蚀等自然损坏的情况不可避免，加之环境污染的加剧，其酸化和老化的速度也随之加快，因此，古籍文献的保存状况不容乐观。古籍文献数字化可以对此现状进行改善，它从利用和保护古籍文献的目的出发，采用计算机技术将常见的语言文字或图形符号等转化为能被计算机识别的数字符号。古籍文献的数字化可以实现古籍文献文物价值和文化价值的剥离，不仅能够将古籍文献的本体形式进行永久的记录和保存，而且可以将提取出的古籍文献所承载的内容向广大研究人员开放，从而实现更好的本体保护和价值利用。对古籍文献本体进行数字化，即获取其图像信息，可以采用数码摄像机或平板激光扫描仪来实现，即用摄像机、扫描仪等将古籍文献的文字（包括图表）以图像形式进行存储，不仅可保证古籍文献的原始状态，使版式完整保留，而且不会产生文字错误。而对古籍文献的内容进行数字化则需要经历两个阶段：第一个阶段为古籍文献内容的整理。由于古籍文献多为繁体字，其中，还不乏大量的异体字、通假字等，且没有标点符号，行文格式烦琐，所以在对其内容进行数字化之前要先开展必备的整理工作，需要古籍整理专业人员对古籍文献进行底本选择、编纂、校勘、标点、注释和今译等。第二个阶段为古籍文献内容的输入，在此阶段主要有三种输入手段可供选择：

（1）键盘输入

此种方式需要专门的人员将古籍文献的全文通过键盘输入计算机，可利用拼音、笔画、五笔等输入法实现输入过程。在内容录入后，通常需要对文本进行校对，一般可采用计算机自动校对和人工辅助校对相结合的方式，以降低文字错误率。然而，这种依赖于人工的输入方式，在速度上远远不能满足海量古籍文献急需转换的需求。

（2）光学字符识别输入

光学字符识别（OCR）输入技术是一种较为先进的自动化信息资源输入技术，它先通过光学仪器，如影像扫描仪、传真机或任何摄影器材，将影像转入计算机，再通过检测暗、亮的模式确定其形状，然后用字符识别方法将形状翻译成计算机文字。从古籍文献的影像到结果输出，须经过影像输入、影像前处理、文字特征抽取、比对识别、人工校正、文字及版面信息输出等过程。整个识别过程需要借助图像处理、模式识别技术。这种方式识别和转换的速度快，再结合人工校错，可直接将古籍文献文字转化为对应的文本，不仅提高了输入效率，而且还节省了一定的人力和物力，是最受欢迎和普遍采用的方式。

（3）手写输入和语音输入

随着智能输入技术的发展以及各种输入终端设备的不断完善，手写输入及语音输入已逐渐进入人们的视野，并被广泛应用于计算机和智能手机等平台上。手写输入通过手写识别技术来实现。手写识别是指将在手写设备上书写时产生的有序轨迹信息转化为汉字内码的过程，可以使使用者按照最自然、最方便的输入方式进行文字输入，可取代键盘或者鼠标。手写输入设备的种类较多，有电磁感应手写板、压感式手写板、触摸屏、触控板和超声波笔等。以上设备都可以接入计算机，使古籍文献录入人员直接录入文本内容。语音输入也称麦克风输入，它依赖于录入者的语言，通过计算机上的语音识别软件将录入者的语言内容转换成可识别的汉字。一般需要录入者对着与计算机相连的麦克风等语音输入设备发出文字的读音。语音输入也是一种自然、易用的输入方式。由于汉字的同音字较多，在进行语音录入时，系统会提供一些同音字供选择，以实现准确定位。虽然手写输入和语音输入都是较为自然和便捷的手段，但由于其需要人工进行书写或逐字拼读，不如光学字符识别的速度快，因此，很难满足古籍文献大批量输入的需求。此外，对于语音输入而言，由于其依赖于录入者对文字的正确发音，因此，需要专业从事古文字研究的人来识读古籍文献中的大量生僻字、异体字和通假字等。由于该种方式受专业限制，因此并不是人人都可以承担语音输入工作。这些问题的存在使得语音输入的方式很难被大范围使用。

2. 书画类

博物馆的书画类藏品是对书法和绘画藏品的统称，主要是指历代著名书法家或画家的作品，具体涉及手卷、碑帖、拓本、国画、油画、水彩画、水粉画和漆画等。这类藏品具有极高的艺术研究价值，是人类历史发展的重要佐证材料。然而，书画类藏品本身多由纸张、丝织品或棉纺织品等纤维质地构成，长期保存面临着诸多困难。首先，书画类藏品天然纤维质地的特性容易招致害虫，使其成为害虫的主要食物。其次，天然纤维的易吸湿性，使得书画类藏品表面容易滋生霉菌，特别是对于纸质书画类藏品而言，因为纸张中含有木质素，木质素属酸性物质，会因空气接触、光线照射和环境湿气而造成纸张氧化而变黄变脆。再次，空气中的有害物质和灰尘也会影响书画作品的保存，如有害物质二氧化硫会对藏品产生腐蚀作用，空气中的灰尘不仅会改变有机纤维质地的藏品颜色，还可能在藏品表面形成很难去除的污垢层。最后，灰尘中的许多微生物孢子，特别是霉菌孢子会破坏藏品。所有这些因素使得书画类藏品的保存现状不容乐观，长时间作用会对其外观产生显著的影响。因此，急需对书画类藏品进行及时记录，并采取更加有效和严格的保护手段。数字化的方法，不仅可以解决记录的问题，同时，利用先进的图像处理技术，可使观众在不接触藏品的情况下领略到藏品的艺术魅力，能有效地平衡保护和欣赏之间的矛盾。对于书画类藏品的数字化采集，主要是获取其外在数字图像信息，因此，可以借助扫描仪或数码相机来实现。

扫描仪是利用光电技术和数字处理技术，以扫描方式将图形或图像信息转换为数字信号的装置。扫描仪通常被用于计算机外部，通过捕获图像并将之转换成计算机可以显示、编辑、存储和输出的数字化内容。扫描仪工作时发出的强光照射到扫描对象上，没有被吸收的光线将被反射到光感应器上，光感应器接收到这些信号后，将这些信号传送到模数转换器（Analog to Digital Converter，ADC），模数转换器再将其转换成计算机能读取的信号，然后通过驱动程序转换成显示器上能看到的正确图像。由此可以看出，扫描仪的核心部件是光感应器和模数转换器。扫描仪的主要技术指标有分辨率、灰度级、色彩数、扫描速度和扫描幅面。

3. 器物类

器物涵盖的藏品范围最广，且质地不一，种类众多，有石器、陶器、铜器、铁器、金银器、玉器、瓷器和漆器等多种类型，反映了不同历史时期人类社会生产和生活的各个方面，是最有力的见证物。器物类型的复杂多样性也决定了其保存环境的复杂多变，每一类器物都有其脆弱易破坏的一面。例如，漆器、骨质文物和象牙制品等有机类器物容易受微生物侵蚀，从而降低器物本身的力学性能和抗腐蚀能力。漆器等木制品，主要由纤维素、半纤维素、木质素组成。纤维内含较多的亲水基因，易导致木材的膨胀、收缩，而且半纤维素的化学稳定性也较差。温度、湿度、气体和光线等的突变，会使器物中的水分迅速流失而使器物产生变形、起翘、皱褶和开裂。骨质文物和象牙制品容易出现破裂、糟朽、粉化等现象。此外，当遇热和受潮时，也容易发生翘曲。骨蛋白及填充于骨内的油脂类物质，很容易氧化和水解，且易受到细菌的侵蚀和破坏。大量无机类器物也同样面临着诸多不利的因素。彩陶表面的颜料容易与附着土粘在一起剥落或在干燥过程中粉化掉色。铁器容易受氧气和水分的作用而产生锈蚀。瓷器属易碎品，震动、挤压、碰撞都会使其破损。此外，操作不当也会造成瓷器的损毁。银器的防腐蚀性较差，潮湿的环境以及空气中的硫化氢和硫化物都会使银器表面氧化，使其色泽由白亮转变为灰或黑色。这些器物的长久保存面临着巨大困难，因此，也迫切需要数字化技术帮助解决器物的保护和利用问题，利用数字化技术尽快记录下器物的外在形态、色彩、纹饰和构图等信息。通常，器物类藏品的数字化采集主要分为二维数字图像和三维模型两种形式。二维图像的采集主要通过数码相机获取器物的数字图像信息。

为了通过数字图像的形式表现出器物的三维空间形态，通常需要多角度拍摄，获取器物的正视图、俯视图、左视图和右视图等，同时，还需要加拍顶部、底部、局部纹饰特写、造型特写、立面360°、有冲口或残损处加拍特写等。在同一角度上，也要多拍几张，以防止偶尔拍虚的情况。对扁担、钱币等扁平形器物，一般拍摄正反两面，若边沿上有特殊信息，还要加拍边沿图像。器物类藏品的拍摄同样要真实地反映藏品的原貌，不能使藏品变形，不能使拍摄出的画面增大或缩小原器物的真实比例。此外，针对不同的器物，在拍摄时，应注意拍摄整体的完整性，如对于三足器物，要求三足全部显示出来，不能有所遗漏或遮挡。

器物的三维模型主要是指器物的多边形表示形式，反映了器物的三维空间形态信息。获取器物藏品三维模型的手段有三种：一是软件建模，二是图像建模，三是三维激光扫描仪建模。

（1）软件建模

软件建模主要是利用三维模型建模软件 3DMAX、Maya、UG、AutoCAD 等，基于立方体、球体、锥体等基本几何元素，进行一系列的几何操作，如平移、旋转、拉伸、布尔运算等来构建复杂的模型。这种建模方式往往需要工作人员先获取器物的空间测量数据和纹理信息等，再以此为依据进行建模。其缺点是工作量大、效率低。此外，由于建模过程极大地依赖于建模人员的专业知识与经验，因此，其精度无法保证。

（2）图像建模

图像建模主要是利用器物的二维图像恢复其三维几何结构，图像的精度直接决定重建效果，整个过程与人类视觉重现过程相似。根据数量来分，图像可分为单幅图像和多幅序列图像两种。单幅图像是利用对比度、灰度等图像特征确定光照的反射，再由此进一步确定图像的深度，从而确定物体的形体信息。一般来说，主要是通过纹理、轮廓、阴影三个方面恢复形体信息。多幅序列图像主要借助多幅图像信息，根据光度立体学法、立体视觉法或光流法来确定光照、反射等不变量，进而建立形体信息。这种直接使用真实照片对物体进行三维几何重建的方法，具有逼真、易用、低成本的优势。

（3）三维扫描仪建模

三维扫描仪建模主要是利用三维激光扫描仪完成对实际物体的三维建模，能快速方便地将真实世界的立体空间信息、色彩信息等转换为计算机直接处理的数字信号。三维激光扫描仪与传统的平面扫描仪和摄像机相比有很大不同，它可以获得器物类藏品表面每个采样点的三维空间坐标以及每个采样点的颜色信息。扫描的结果是一个包含每个采样点的三维空间坐标和颜色的数字模型文件，可直接用于三维模型软件进行编辑和处理。这种建模方式主要依赖于三维扫描仪。三维扫描仪是一种科学仪器，用来侦测并分析现实世界中物体或环境的形状（几何构造）与外观数据（如颜色、表面反照率等性质），大体分为接触式和非接触式两种类型。因为对藏品的扫描通常需要在尽量保护藏品的情况下进行，所以基本上都选用非接触式三维激光扫描仪。三维激光扫描仪能对信息进行全自动拼接，具有高效率、高精度、高寿命和高解析度等优点，特别适用于扫描复杂自由曲面物体以及柔软、易变形的物体，但对反光物体敏感。此外，在获取物体表面三维数据的同时，三维激光扫描仪能迅速地获取物体的纹理信息，真实感更强。三维激光扫描仪利用激光测距的原理，通过记录被测物体表面大量密集点的三维坐标、反射率和纹理等信息，快速建立出被测目标的三维模型及线、面、体等图件数据。它具有非接触性、快速、穿透性好、实时、高密度、高精度和自动化等特性，能够满足藏品三维模型高精度、快速采集的要求。按照载体的不同，三维激光扫描仪可分为机载、车载、地面和手持型四类。按照测量方式的不同，三维激光扫描仪可分为脉冲式、相位式和三角测距式。脉冲式三维激光扫描仪距离最长，但精度随距离的增加而降低。相位式三维激光扫描仪适合于中程测量，具有较高的测量精度，通过两个间接测量得到距离值。三角测距式三维激光扫描仪测程最短，但是其精度最高，适合近距离、室内的测量。因此，对于中小型器物，可采用相位式或三角测距式三维激光扫描仪实现三维模型的信息采集。对于亭台、古桥、庙宇等建筑的三维模型采集，则适合采用脉冲式三维激光扫描仪。然而，三维激光扫描仪不适用于表面脆弱或易变质的物体。

（二）采集规范

数字博物馆的建设实际上是一系列的标准化建设，以方便信息管理、存储、共享、传输和服务等。作为数字博物馆建设的重心，藏品资源的数字化也应遵照标准化、规范化的准则。因此，应制定统一的采集、处理、存储等标准，提高藏品信息的兼容性和共享性，为藏品信息的统一、科学管理提供基础。

三、面向服务的数字资源管理

数字资源的管理，即借助计算机技术和网络技术将数字博物馆中各类数字资源进行组织，并集成在一起，以提高工作效率和服务效率，方便共享和使用。随着公众对博物馆信息需求的不断增加以及出版、教育、娱乐、旅游等行业对博物馆藏品资源的利用需求和专业获取需求的提高，数字博物馆在资源的组织和管理上都要以面向公众不同的服务需求为目的，所有的数据管理工作都必须以面向公众的服务为出发点。由于在不同的应用领域，所需要的藏品数字信息的内容和形式截然不同，因此，需要根据不同的应用需求，结合面向对象数据管理的特点，随时组合、定制不同的数据信息服务，充分发挥数字资源的价值。

基于上述考虑，对于数字资源的管理体系而言，要进行以下几个层面的建设：资源层面、功能层面和服务层面。

（一）资源层面

在资源层面，主要实现数字藏品资源库建设和知识库的建设。数字藏品资源库是数字博物馆开展活动的先决条件，也是数字博物馆整体建设的根基所在。它不仅影响博物馆内部各项事务的开展，也将影响博物馆的持续性发展。数字藏品资源的类型多样，内容丰富，表现形式不一，对于其管理，既要考虑到科学性、合理性，同时也要考虑组织、检索的方便。因此，通常从数字藏品的媒体形式入手，构建多媒体资源库。多媒体资源库以不同的媒体类型为对象，主要由以下分库构成：一是藏品图像库，以藏品的数字图像为对象，对其进行有效组织、存储和检索的数据库；二是藏品音频库，以录制或合成的数字音频为对象，对乐曲、戏曲、歌曲、相声、解说、讲演、访谈等，以及各种自然声响进行有效组织、存储和检索的数据库；三是藏品视频库，以录制或合成的数字视频为对象，对反映加工流程、制作工艺、仪式过程、表演流程、行为方式、解说录像等的动态视频资料进行有效组织、存储和检索的数据库；四是藏品三维模型库，以通过三维激光扫描仪采集的数据或建模软件制作的数据为对象，对反映藏品空间立体形态和内部结构的三维点云数据、网格数据或曲面数据进行有效组织、存储和检索的数据库；五是藏品基础资料库，以藏品的基本描述信息和解读信息为对象，对藏品名称、年代、质地、尺寸、质量、数量和出土地等信息，以及经过专家初步解读的文化背景、历史意义等信息进行有效组织、存储和检索的数据库。

在多媒体资源库的实现上，可采用扩充关系数据库的方法，如采用面向对象的多媒体数据库方法、超文本或超媒体数据库的方法。

知识库主要存储对藏品本体和价值进行深层次研究和挖掘的结果，包括对藏品的器形、纹饰、图案、结构、材料、颜色、制作工艺、烧造工艺和使用语境等不同层面所具有的历史、科学和艺术价值进行深层次的分析和研究；对藏品所蕴含的非直观、超时空和连续的信息进行挖掘，如挖掘藏品所处社会环境的政治、经济、文化和社会教育等方面的情况，让隐藏的内容得以显现。同时，知识库也存储藏品与其他藏品、档案及文献资料之间的关联关系，能够将不同专业领域的知识进行系统化地组织、分类和整合，为不同行业用户对跨领域多元知识的获取、分享和利用奠定基础。

（二）功能层面

在功能层面，主要向博物馆内的工作人员和馆外用户提供使用数字藏品资源库和知识库的方法和手段。针对博物馆内的工作人员，为其提供浏览、查询、添加、删除、修改、更新、归类、统计、发布和生成报表等功能；针对馆外用户，为其提供基本浏览、检索、查询、共享、上传和下载等功能。

（三）服务层面

在服务层面，通过网络将数字博物馆与不同行业用户联系起来，建立有线或无线的连接，允许用户通过个人计算机、平板电脑、智能手机等设备进行访问。服务层面是用户面向数字藏品资源发起各种需求的直观表现层，也是数字博物馆系统反馈各种信息、提供各种服务的终极反映层。服务层体现了用户和数字博物馆的互动和交流。此外，服务层也是数字藏品系统服务于博物馆日常工作事务的直观通道，可以为博物馆工作人员提供关于藏品浏览、资料下载、信息查找等服务。

除了这三个基本层面的建设，为了保障数字资源的完整性、一致性和安全性，便于三个层面进行交互运作，提高系统服务的质量和效率，还需要进行用户管理。

用户管理主要是根据用户的类别或角色，对他们授予不同等级的权限。对数字资源库建设过程中的博物馆用户，要进行增加、删除、修改、查询、检索等功能权限的管理。对行业用户、公众用户和博物馆一般工作人员使用资源进行许可、控制和监督，根据实际情况对他们分配查询、浏览、下载或上传等功能权限，并保护资源使用者的相关利益不受损害。此外，针对不同领域用户进行资源权限管理时，要采用多个联合、单个完整、单个局部的分等级、分层次开放策略，可结合数据库视图技术实现。

第三节 数字博物馆的交互式叙事

一、数字博物馆的交互式技术实现

叙事学的发展与技术是密不可分的，而数字博物馆正是技术发展的产物，它的出现使得博物馆的"叙事"成为可能。20 世纪 90 年代，以人机交互为代表的交互技术飞速发展，迅速丰富了数字博物馆展示的方式和途径——可以将"物"转化成"数字"，极大地增强了博物馆的展示和交互能力，彻底颠覆了观众的传统审美。

（一）交互技术概述

1. 交互技术的内涵

交互技术又可称为"人机交互技术"，它是由"交互"的概念衍生而来的。自计算机诞生之日起，人们就开始广泛关注计算机与互联网的交互问题。广义的交互技术就是指借助一定的计算机手段来实现人与环境的交互目的。交互技术强调用户的主动参与性，通过用户的"控制"和"选择"等可以直接影响叙事过程。交互技术的核心本质是鼓励用户参与。

2. 交互技术的特征

交互技术的发展趋势是不断向人靠拢。过去，人需要更多地适应计算机的界面要求和界面操作；而现在，交互技术正在朝着智能化、人性化的方向发展，它不仅可以主动识别出人的面部表情、手势、语言指令等自然行为，也能满足人的审美和认知需求。参观者可以在交互技术构筑的数字虚拟空间里以最自然的方式与展品或物体进行互动，实现"无形又无处不在，有形又自然和谐"的普适交互模式。综合来说，交互技术具有以用户为中心、多模态交互、交互的隐匿性等特征。

（1）以用户为中心

与传统交互技术注重以计算机为中心相比，新型交互技术最大的特点就在于以用户为中心，着重强化用户的主体性和参与性。新型交互技术开发的主要出发点就是主动识别人的行为、动作、偏好、习惯等交互行为，且这些交互行为都是自然的，从而减少了人在进行交互操作时所付出的认知努力，可实现人在交互设备面前处于高度自然和自由的状态。除此之外，新型交互技术更能满足人的沟通和审美需要。在数字博物馆的开发和应用中，虚拟交互技术的应用改变了实体展示给观众带来的思想束缚。在虚拟的数字展品空间中，藏品不仅可以传递本身的信息，而且还能够激发观众的审美力和想象力。观众不仅可以轻松地感受展品本身传递的信息，还可以根据藏品提供的信息，重新对展品进行解读。

（2）多模态交互

人总是通过知觉、听觉、视觉、嗅觉等感官与周围的人和环境进行沟通，一种感官对应一个通道。多模态交互是指充分利用人体的多种感官，使两种或两种以上的模态相互协作，从而满足人的交互需求。可以说，多模态交互是当今交互技术发展的主要标志之一，它使得人与物之间的交流更加畅通，提高了交互技术的自然性。

（3）交互的隐匿性

现阶段的交互技术已经能够逐渐满足人们日常的行为、感知交互需要，其在发展过程中的最佳状态就是将交互操作与设备无形连接，使人们能够自如地运用相关模式，在自身所处的环境中，无意识地去获取相应的交互服务；而传统的交互技术需要用户通过计算机的各项界面输入相关命令才能继续后续的操作，或者需要用户佩戴相关设备，才能真正进入数字化的虚拟空间。相较于这些较为被动的交互模式，全新的交互技术能够使用户更加自然地进行交互，且不会因其他的操作而导致注意力无法集中。例如，博物馆人脸识别和跟踪等交互技术的运用，使得用户自然地观看物体时，目光落在物体上就能够识别相应的藏品；人机口语对话等交互技术，可以使用户更为自然地和自身所在空间的语言内容进行沟通。

3. 交互技术的现实意义

（1）提升了技术的艺术魅力

如今，交互技术已不再局限于计算机等传统领域，在各大艺术领域也开始大显身手，极大地影响着艺术创作者们艺术创作时的思维活动和技术操作的过程。目前，已出现了一系列新型的数字交互艺术：交互式电影、交互式戏剧、交互式小说等。在此背景下，艺术家们的设计工具变成了相关的数字应用程序，设计的内容变成了虚拟的数据等。交互技术创造出了完全不同于传统的物质载体所呈现出的展示空间，其所呈现出的场景有些甚至是现实中不存在的，却能给人"身临其境"的深度体验。另外，交互技术强调人性化和双向互动。譬如，虚拟现实（VR）技术为数字博物馆营造出了一个富有动感和吸引力的多维虚拟空间，观众可以直接进入该虚拟空间并进行互动，实现了虚拟的技术美学。因此，交互技术已不单单是一种技术手段，它在各大领域的应用直接重塑了人与社会、艺术与技术之间的关系，而这些关系也是值得自我去研究和探讨的内容。

（2）增强了人的体验形式

交互技术作为一种全新的技术形式，极大地改变了人们的体验方式。近年来，已有多种展示手段被运用于博物馆的藏品展示。数字博物馆的交互技术从最初的命令语言交互、图形交互，发展到了强调自然和谐的情感交互。

数字博物馆既可以在实体博物馆的展示空间内将实体的藏品转化为数字展品，让观众多角度地感受数字展品的魅力，同时，也可以通过网络、手机等其他信息渠道使观众"零距离"地感受藏品，且不再受时间、实体藏品的限制。观众能够随时随地与藏品产生交互行为，实现信息的传递。数字博物馆时代，可将体感交互、动作表情交互、3D 影像虚拟交互、语音交互等技术融入数字博物馆的建设，使观众不仅看得到，更能摸得到，还能感受到，全方位地激发观众的多重感官体验。

（二）数字博物馆的关键交互技术应用

1. 数字虚拟影像交互技术

影像交互技术是影像技术与交互技术的完美结合，让观众获得更加逼真的视觉享受是此项技术设计的初衷。当前，已经进入了一个视觉文化时代。虚拟现实技术、增强现实（AR）技术等虚拟技术的出现，使观众可以从不同的角度观看艺术作品和表演活动，甚至还能以更投入的方式去"看"，获得"身临其境"的体验。这拓宽了人们对这个世界的感知渠道。

（1）虚拟现实技术

虚拟现实技术是目前计算机信息科学的前沿学科，它以计算机技术为基础，利用计算机模拟生成一个逼真的虚拟环境，使用户仿佛置身于一个生动、形象的感官世界，从而获得与现实世界一样的真实感受。置身于这样的虚拟环境中，观众可以感受到立体的视觉环境和音效。目前，虚拟现实技术已得到世界各国尤其是发达国家的广泛关注，且在航空航天、军事等领域已得到成功的应用。而将此项技术应用到数字博物馆，更是弥补了传统博物馆展览的局限。以往观众必须通过物理空间这个实体对象进行观看和体验；如今，观众可以通过佩戴 3D 眼镜、数字手套等设备与现实世界隔离，进而完全沉浸在虚拟环境中，获取深度体验。观众可以通过穿戴带有 3D 影像交互技术的显示器实时感知另外一个虚拟空间的数字博物馆。这些虚拟现实技术可大大提升观众的视觉体验。

（2）增强现实技术

近年来，增强现实技术在多个领域得到了广泛的应用。例如，在医学上，通过增强现实技术进行手术模拟可以提高医生的实战经验；在体育赛事上，通过虚拟演播室可以加强与观众的互动等。与虚拟现实技术不同，增强现实技术只是增强人对现实世界的感知，而不是代替现实环境。在数字博物馆的应用上，增强现实技术通过无缝连接真实世界和虚拟世界，从而使人获得超越现实的感官体验。

（3）3D 全息投影技术

随着计算机、数字技术的飞速发展，人们越来越期待"看"到更加震撼的场景，3D 全息投影技术便是可以满足人们对博物馆沉浸式体验的技术之一。3D 全息投影技术是一种利用干涉和衍射原理记录并再现物体真实的三维图像的技术，此种成像技术可以使观众观看到立体的虚拟人物。在数字博物馆的展品展览中，观众可以通过"全息展示玻璃"与展品进行互动，体验视觉冲击带来的快感。

2. 智能感知交互技术

在移动互联网时代，智能交互手段越来越多地出现在人们的日常生活中，人机交互的方式变得更为高效便捷。将人机交互技术用于数字博物馆的藏品展览，可以给观众带来更为丰富的参观体验。数字博物馆采用智能交互技术是智能化时代的大势所趋，可以更好地满足观众的需求。具体而言，数字博物馆的智能交互要求从观众的需求出发，将观众的心理、生理、物理等多种因素纳入设计考量，以最大限度地实现展品与观众的"交互"。

（1）语音交互技术

语音交互技术是交互技术中最为基本的一种技术。它是指用语音命令来代替传统的键盘输入方式，通过观众的"发声"使语音交互设备做出回应。该技术可以为观众提供语言导览上的便捷。与人工讲解相比，数字导览讲解拥有多种语言和多种方式的讲解，能够最大限度地满足不同语言、不同层次的观众，使他们可以根据自己的兴趣来选择观展路线和展品。目前，语音交互技术正在与可穿戴式装备、方位辨识技术相结合，可使数字导览设备的功能得到进一步拓展。譬如，在德国的奔驰博物馆内，观众通过可戴式装备——耳机和便携的语音导览机即可享受到高质量的讲解服务。无论走到哪儿，语音导览机都可根据电子感应和位置定点服务确定观众的位置，然后随即自动进行语音导览和解说服务。

（2）触知觉交互技术

触知觉交互技术属于机械、计算机、认知学、心理学等多学科交叉领域。

由于人体的感官分为听觉、视觉、味觉、触觉、嗅觉五大系统，因此，数字博物馆在设计时也要以满足人体的多种感官需求作为基本出发点，并针对不同感官的接收特点来进行设计。触知觉交互技术使人们通过触摸、按压或牵扯等一些基本动作来操控虚拟物体时，不仅能看到虚拟物体的逼真形体，而且能感受到虚拟物体的逼真触感，感知到虚拟物体的力学物理属性。据相关研究，触觉接触到的信息暂存时间比视觉长 20 倍，比听觉长 10 倍。博物馆展览藏品的传统历来就有，但囿于文物保护的原因，观众一直被止步于近距离触摸展品。然而，近年来，触知觉交互技术越来越完善，多点触控台和互动墙等设备的使用不仅可以使观众获得触摸真实展品的虚拟体验，同时也可以起到保护文物的作用。

（3）体感交互技术

体感交互技术同样也是基于人体的特征而开发出的技术，从微软 Xbox360 开发体感控制器 Kinect 开始，该技术不断地向各个领域、各个国家延伸。具体而言，体感交互是指不需要使用任何复杂的控制装备，人们可以直接使用手势或者身体动作来与相应的内容进行互动。目前，该技术在智能电视、计算机、游戏等方面的应用非常广泛，为人们提供了一种智能化的生活方式。而在数字博物馆开发领域，通过体感交互技术，观众只需要通过简单的手势、身躯摆动即可与展品来一次彻底的"亲密接触"，从而以全新的方式与屏幕进行交互。

二、数字博物馆的交互式叙事系统

数字博物馆的交互式叙事系统融合了影像、文本、声音等叙事元素，可为广大用户提供一个可以互动参与、深度沉浸的交互式空间。叙事主体不再是一成不变的创作者，而是共同合作的群体，用户可以积极地参与叙事作品意义和价值的重构。同时，数字博物馆的交互式叙事载体也越来越"移动化"和"社交化"，彻底颠覆了传统的人机界面叙事载体。

（一）叙事形态：体验叙事与参与叙事

各类交互技术带来的独一无二的叙事方式最终形成了数字博物馆新的交互式叙事系统。该系统不再是单一地强调影像、叙事文本、声音等多种元素的综合，体验叙事和参与叙事才是当代数字博物馆的交互式叙事形态最为重要的组成部分。

1. 体验叙事

未来经济是一种体验经济，生产者将是制作体验的人。通常所说的数字博物馆的体验叙事就是指通过对数字展品应用声、光、电等交互技术，为用户营造一个良好的虚拟现实的展示空间。这类交互式叙事一般产生于用户与其所处的环境中，可为用户提供身体接触、感官融入、情感卷入等全方位的交互式叙事体验。数字博物馆主要分为以下几种类型的体验叙事：

（1）虚拟时空的沉浸体验

随着虚拟现实技术被越来越多地运用到优化博物馆的参观体验中，提供身临其境的虚拟时空的沉浸式体验是数字博物馆提供的一种最常见的体验方式。在虚拟环境中，人们可以从不同的角度对展品加以观察，以此获得更为生动和逼真的虚拟现实体验。值得关注的是，在虚拟时空中漫游时，通常并不会设定较为复杂的行动操作，观众会"感觉到"身体自然而然地被嵌入计算机所生成的叙事空间。

（2）空间的人性化体验

在交互体验时代，"人性化"始终是数字博物馆建设的核心。在传统的数字博物馆中，人们往往通过鼠标或屏幕等"中介物"在用户界面上进行信息的选择和过滤，而随着多点触摸、体感控制、语音识别等界面更为自然、友好的交互技术的发展，人们能更为方便、快捷地获取空间信息，人与藏品之间的信息交互变得更加实时且迅速。在澳大利亚博物馆，通过 mARchive 界面，观众只要戴上 3D 眼镜，手握控制器，就可以置身在该博物馆内 360°的三维展示空间，不仅可以"看"到四周的 200 万件藏品，还可以通过"触摸"iPad 的屏幕发出"点击、旋转、拖曳"等指令，使视觉、听觉、知觉等多种元素的融合功能得到了强化。这类数字博物馆的交互式叙事体验，重在使用户通过多维度通道与藏品进行互动，并通过这些交互行为，获取全方位的沉浸感。

2. 参与叙事

在数字博物馆的交互式叙事中，提高用户的参与度和互动体验是整个数字博物馆进行交互式叙事的最终目的，而只关注提升沉浸感并不一定能带来参与感的提升。在数字艺术中，互动不再停留在用户通过简单的"点击"等动作通过相应的界面来观看艺术作品，艺术作品的创作除了由艺术家或受众来共同进行，更多的是参与性的。要么观众在艺术家设定的某些环境和框架内进行互动，要么解放用户的创造性，完全让用户自身来设定相应的参数。因此，参与叙事指的就是让用户通过部分合作或完全参与的行动来体验数字博物馆的叙事进程，创造高于感知的情感、经验等深层次的叙事体验。根据参与方式界面的不同类型，这里主要探讨实体空间和利用手机等移动终端进行参与叙事两个层级。

（1）实体空间的参与因子

在实体空间的数字博物馆应用中，数字博物馆的展示变得更为有趣且多元化，其中，很大的一个变化便是强调用户的主动性，用户通过扮演更主动的角色来直接或间接地参与数字博物馆的展示叙事。

（2）手机游戏的娱乐性

在数字博物馆的手机游戏设计中，交互设计师往往是通过设计一定的情节或整个故事的叙事结构，鼓励用户基于自己的选择来探索该故事的情节发展，改变叙事的节奏、顺序和环节。在一定框架的引导下，可以在交互过程中获得更为有力的交互感。因此，手机游戏在数字博物馆中的主要应用，一般是采用"寻宝、探险"和"角色扮演"的模式来进行交互式叙事。角色扮演是数字博物馆在设计游戏应用时使用最为广泛的一种，场景和叙事主题由设计者来完成，而玩家则通过扮演预设中的角色以及一系列设定的规则，如通关解码、寻宝等指令，从而实现成为游戏中设定的人物的梦想。用户以"玩家"的身份扮演文化创造的积极角色，这种主动性能够使数字博物馆相应的文化内容得以更好的输出。在设置好相关的寻宝、探险等能激发人们兴趣的情节后，将展品化为宝物，让"玩家"通过提供的线索来找出展品。每一个环节都是可变的，不同的对象可以选择适合自己的叙事内容，从而建构自身的游戏叙事路径。

（二）叙事主体：身份的互换与多元化

数字博物馆的信息交互方式为交互式叙事的发展提供了新的空间，创作者与参观者之间的关系有了极大的转变。与传统的叙事主体只有创作者不同，交互技术为数字博物馆的交互式叙事创造了一个参观者也可以参与互动、可以跟随的空间环境。在这个虚拟空间中，作品本身成了一个不断流动的个体，参观者同时也成了创作叙事作品的参与者。在这样的背景下，自我就需要重新认识叙事主体在数字博物馆中的角色和地位。

1. 艺术品：叙事的再造和重构

完整意义上的交互式叙事由叙事作品、叙事者和参观者三部分构成，三者形成了彼此循环互动的关系链。在交互式叙事的进程中，艺术品的理念发生了极大的变化。艺术作品在计算机社会的无线连接下，不再一成不变，而是带来了所有文化超边界的整合和再造。艺术品作为交互式叙事的本体来源，在整个交互式叙事过程中不断得到再造和重构。

从艺术品的形式和内容来看，传统的叙事作品，即博物馆的藏品往往是一成不变的，而借助交互技术，可将实体的藏品转化为数字藏品保存在数字博物馆中，它的本质是可变的数据流。在数字博物馆的展品中，艺术品本身不再是静静地摆放在实体博物馆中进行展陈的实物，而是转化为了更多变的文字、图像、声音等多重叙事元素。将这些叙事元素重新排列组合，形成新的交互式叙事作品，参观者可以通过观看、聆听、触摸甚至"品尝"的形式来与藏品进行互动，从而使艺术品的叙事形态得到了彻底的改变。

从艺术品的叙事进程来看，具备动态属性的艺术品在与观众的交互过程中会不断发生变化。以往的叙事进程是从观众开始参观文物到参观结束这样一个单向的线性过程，而如今艺术品的交互式叙事进程因为有了观众的参与和投入才变得更加完整。比如，在交互式游戏中，观众被鼓励参与艺术品所设立的人物冲突和情节发展等叙事要素的过程，由于每个人的智力、情感和判断都是不同的，因此，每个人的选择可能会与设定的情节发生碰撞和冲突，碰撞后的结果将直接成为艺术品进行交互式叙事内容的一部分。参观者通过自我选择、修改艺术品设定的叙事内容甚至创作出自己的作品这些全方位的交互行为，可以重构艺术品的意义。

2. 叙事者：主体的隐匿性和虚拟性

从一般意义上来说，人们谈论一部作品的叙事主体时，往往想到的便是使该作品以某种方式加以呈现的叙述者；而在谈论数字博物馆的交互式叙事者时，更多的是指数字博物馆的交互式设计师这一角色。从 20 世纪 70 年代开始，博物馆背后的设计师们开始借助相应的计算机技术来做实验。近年来，强调用户与产品之间的交互行为的交互设计师也逐渐兴起。在这样的背景下，作为叙事主体的艺术家的角色变得日益模糊。

一方面，观众走进数字博物馆时，首先接触到的不是艺术品本身，而是隐藏在墙后的计算机系统、3D 投影大屏幕、交互式软件等。正如美国后现代叙事学家玛丽-劳勒·瑞恩（Marie-Larue Ryan）所说：电脑的"窗口叙事"是打开叙事世界的一个中介窗。这里的叙事者并不需要与观众进行直接对话，他是艺术品交互程序的开发者和编程者。比如，以观众为尊出名的克利夫兰艺术博物馆，交互设计师们设计的一个交互式项目便是在博物馆内放置一个交互式屏幕，将博物馆的展品进行扫描后呈现在屏幕上，观众只需要摆出与展品相同的姿势，体感运算就会根据观众所摆出的姿势找出博物馆中与之相似的展品。在这里，观众与艺术品的互动不是由艺术家来完成的，他被隐藏到交互程序后，通过交互式屏幕系统来识别观众的姿态，继而分析其动作，从而促进展品与观众之间的互动。

另一方面，与传统的叙事方式不同的是，交互式叙事是一种更多地强调用户的主动性和参与性的叙事方式。其在数字博物馆中的体现之一便是叙事主体的"多重性"。面对数字时代带来的影响，美国理论家马克·波斯特（Mark Poster）曾直言：数字化的电子书写能轻而易举地让每个人都随心所欲地书写。在这种形式下文本的多重作者性似乎是一种必然。同理，在数字博物馆的交互式叙事中，参观者可以转化为用户，通过手势、身体、面部表情等交互行为与艺术品进行互动。如果没有这种交互行为，该艺术品的展出效果便不能得到完整的体现。叙事者的主体性被消解，只有当参观者对叙事环境中的交互式作品做出反应，才能顺利完成整个艺术品的完整叙事。

3. 参观者：间性主体的沉浸和互动

一个完整的博物馆叙事需要叙事者和参观者两个对象。而数字博物馆的交互式叙事则打破了双方稳定的单向传输关系，参观者化身为用户，跟叙事主体之间的界限变得日益模糊甚至相互融合。参观者不再只是被动地参观，而是拥有了更多的主动权和参与权，公众个体也不再只是统计学中的一个子集。

在交互式叙事中，观众的角色很重要，这是因为观众不再处于被告知的状态，而是可以通过计算机提供的用户界面或者虚拟仿真环境装置去接触作品。最重要的是，还可以影响或改变叙事情节，甚至可以直接参与到作品的叙事中去。在传统的博物馆参观区内，经常可以看到这样一句话："仅供观看，不要触摸。"而现在在博物馆展览空间内却可以看到"请您触摸"的告示牌。

三、数字博物馆的沉浸交互式叙事体验

人作为一种有意识的复杂动物，其生存方式决定了其身体、感觉器官、知觉经验等在实践活动中具有重要作用；从传播学的范式来看，人类的一切行为都是从认知开始的，用身体丈量世界，感官接触世界，用思考体验世界……人类的认知机制是经过从生理、心理再到感知的多重过程才最终形成的。而认知传播学正是以人的主体地位研究为出发点，该学科认为，认知是推动人类知识构建的孵化器。近年来，在新兴的媒介技术带来的社会环境变革的前提下，对认知传播学的相关理论进行研究具有更大的价值。随着交互技术的不断发展，数字博物馆为作为主体的人提供了无与伦比的沉浸交互式叙事体验，并将关注的焦点放在人的主体性地位上，通过分析作为主体的人可以获得哪些交互式叙事体验，引入认知传播学的相关理论来研究人认知结构的范式，这有助于自我进一步分解人类的认知行为，了解其信息处理的机制，体现出了深厚的人文关怀。

（一）人的认知机制

传播学的先驱威尔伯·施拉姆（Wilbur Schramm）最早将受众对于信息处理的心理机制比喻为"黑匣子"。人脑作为人体的思维中枢，其结构异常复杂，从接触信息到思考接收信息，大脑将高速运转，从而获得对新事物的体验。而"认知传播"的研究超越了"人"对信息的识别感知，将重点放在将信息转化为知识这一过程本质的研究。建设数字博物馆的最终目的则是让观众获取博物馆展品的相关知识，促进博物馆文化教育和传播职能的发挥。在这样的时代背景下，自我需要了解观众的认知心理模式，以便更好地满足观众的需要。

1. 认知选择：感知觉

（1）感知觉

人体的感觉包含听觉、视觉、嗅觉、味觉等，而知觉则是人体各个感觉器官综合起来的整体反应，是感觉升华后的一种体验。

美籍德裔著名心理学家鲁道夫·阿恩海姆（Rudolf Arnheim）曾系统地将格式塔心理学应用于视觉艺术，即使如今自我不只是强调视觉艺术而是强调整体综合感官功能的体验，然而他对心理学和认知层面之间的深层次关系的探讨仍值得自我借鉴和思考。阿恩海姆认为，一件艺术品必须为世界提供一个整体性的形象。该观点来源于格式塔心理学的基本论点，即接受者对于作品外在形式的感知并不是杂乱无序的，而是具备完整性和有序性。换句话来说，自我接触某一件艺术品时，最先注意到的是该艺术品的整体印象，接下来才是部分。

随着科技的发展，结合视、听、读、写等多种形式的信息交互方式成了信息加工的一种重要形式。在数字博物馆的具体应用中，人是通过感官、大脑和肢体与展品进行交互的，因此只关注人体的某一个部位是不够的。例如，在数字博物馆中最先得到应用的语音导览机，它只是满足了人的听觉系统体验，且易受到外界参观环境的影响，功能较单一，很快将会被淘汰。因此，数字博物馆在给观众提供参观体验时，一定要了解人体的各个感官对外界产生刺激的特点，从嗅觉、视觉、听觉等多方面来满足观众的感官体验。

（2）选择性注意

注意不仅仅是一个加工过程。由于人体加工信息的容量有限，因此，当被大量待处理的信息包围时，人的注意力则会发挥重要的过滤和选择作用。这就涉及所有人都关心的一个话题——注意力的选择问题。

受众在进行认知的过程中，选择性是注意的核心内容。吸收新知识时，人们习惯于选择性输入、选择性理解和选择性利用。因此，将注意的选择性理论运用于数字博物馆的展示领域中时，一定要关注观众的选择性行为。除此之外，格式塔心理学家还发现，不同的格式塔人的情绪反应是完全不同的。有些格式塔给人的感受是极为愉悦的，比如，简洁完美的"形"给人舒服自然的感受，而非完美的"形"给人带来的感受却是紧张和不悦的。

综上所述，人的认知行为是具有选择性的，人总是倾向于选择那些吸引自己注意力的事物。在形成记忆链条的第一环之前，选择性是第一要素。在数字博物馆时代，基于虚拟现实技术、增强现实技术等，数字博物馆所能提供的视听等语言符号日趋丰富和多元化，但一定要注意到，人的注意力只能分配到有限的任务和区域。从博物馆的展陈空间来看，博物馆应该避免在有限的空间里将所有的展陈元素无重点、无主题地铺开；从博物馆的叙事元素设计来看，特别是进行游戏性元素的设计时，要注意到，人每次至多只能执行 1~2 种主要任务，如果任由大量的信息和任务在多个环节中出现，人的感觉记忆便会很快丧失。

所以，如何对注意力的选择进行科学的使用，仍然是数字博物馆在展品研究工作中值得思考的问题。

2. 认知传播：思维

最能体现人的主观能动性地位的便是思维。从整体上看，人的认知始于人类存储记忆时的编码过程。传播一旦开始，人体就会完成对记忆的解码和二次编码，形成符号。换句话说，人作为认知传播的主体，首先是由各类视知觉器官进行感知选择，继而是通过理性思维加工成经验，最后是通过思维层次的深入思考后在记忆中进行储存。这一认知传播的过程带来的启示就是在探究数字博物馆的展品形态和形式时，必须深切关注人的深层心理结构，让人体的思维上升到主动思考，将思维层次的转化转变为人体的经验认知，这样的认知行为才具有传播的效果。

（1）深度学习

数字博物馆作为教育和文化传播的重要途径，提高观众深度学习的积极性和有效性是其建设的重要目标。认知领域的学习目标可以分成六个层次，分别是知道、领会、应用、分析、综合及评价。而浅层学习的认知水平只停留在"知道和领会"这两个层次上，如何达到"应用、分析、综合及评价"较高等级的认知层次，则是数字博物馆在建设过程中需要不断思考的问题。建构主义作为认知学习理论的一个重要分支，特别强调学习者主动建构心理表征的过程。而在学习者主动建构知识的过程中，创造有利于学习者进行深度学习、思考的情境和环境则显得格外重要。在这一过程中，学习者一方面吸收新的知识并将其纳入自己已有的认知结构中，另一方面又使新的知识与自己旧有的知识产生碰撞，以更新自己原有的知识结构。双向的知识建构可使学习者获取更为深刻的理解。因此，在具体的博物馆展品的呈现方式上，自我不仅需要展示藏品本身，更为重要的是，要让观众由一系列发现行为，由思考来主动发现并获得学习内容，实现经验的获得。

与此同时，学习者还需要通过与他人加强互动和彼此对话来加深对知识的理解，并将知识进行共享，形成一个共同学习和沟通交流的发展体。这一共享行为同样也符合"人的传播行为是一种社会化的过程"这一概念。认知传播并不是孤立存在的，因为人是生活在一个社会系统中的，要通过社会整合才能获取主体社会位置。因此，在数字博物馆的具体设计中，要加入共享性这一社会因素，以满足用户深层心理中想要与他人分享的这一社会心理。

（2）情感

在思维层面，情感、情绪等心理因素在认知过程中同样扮演着非常重要的角色。情感是感知和注意力方面的驱动和导向力量。它作为人认识过程的萌芽，是人对所接触事物的一种主观体验。当人接触某一事物时，该事物的特征与认知经验中所储备的情感符号越接近，相应的情感体验则会越强。换句话说，当人接触到承载了与其相符合情感的事物时，便会唤起自身的某种情感，从而使思维层面得到最大限度的沉浸式体验。因此，突出情感交流是数字博物馆与观众之间建立和谐的交互环境中的重要一环。在数字博物馆的设计中，应从人的心理需求出发来确定藏品的展陈方式和交互方式，以此实现数字博物馆的审美功能和教育功能。例如，针对人的心理需求，可用增强现实技术带给他们震撼的画面体验，给他们留下深刻的印象，让他们更乐于关注藏品。这不仅可以满足观众的探险、求新、求美等情感需求，进而提高数字藏品的附加值，还可以推动观众更好地理解数字藏品的知识资源。

（二）交互式叙事的体验层级

人的认知过程是从感觉到知觉再到思维层面，人的交互式叙事体验同样也要根据认知的过程渐进地加以获取。

1. 综合感官的体验

人体的感官分为视觉、听觉、触觉、味觉、嗅觉五大系统。一切知觉中都包含思维，一切推理中都包含知觉，一切观测中都包含创造。可以这样理解，感官功能的应用是人接触新事物的第一步。人体各个感觉器官的感受力度并不一致，对于一个刚接触到陌生事物的人来说，听觉的接受率为15%，视觉的接受率则比听觉稍高，为25%，而将听觉和视觉结合后的接受率则可以达到65%。因此，在数字博物馆的交互式叙事中，针对人体感觉器官接触信息程度的不同引发的接受效果不同，需要通过满足人的"综合感官体验"来实现人的全方位需求，从而使观众获取更为丰富的体验。

基于满足人体的综合感官功能体验的数字博物馆在具体的设计中，应以相关的多媒体技术为支撑，比如，可以通过3D扫描技术给观众提供丰富的视觉体验，通过使用数字语音导览机来满足观众的听觉体验，通过安装触摸屏装置增加观众的触觉体验……从而给观众带来综合的感官体验。这些感官之间也会形成多米诺骨牌效应，人一旦启用其中的某一种感官，就能引发储存在脑海中的印象，继而带动整个记忆与情感的展开。

2. 身体的延伸体验

感官体验得到满足后，便是身体的延展体验。人是通过自己的身体去和其他事物互动从而获取对世界的认识。

在原始社会，自我的身体与世界互动的方式是简单的前后、左右、上下运动或停留等，自我通过这些最简单的身体动作到达任何一个地方并与所在的位置相互作用。如今，随着人机交互技术、虚拟现实技术等的不断演进，数字博物馆基于人身体的自然特征，可以轻而易举地使观众获取沉浸式体验。未来的理想情况是：数字博物馆空间是一个智慧空间，可以瞬间识别人身体的自然运动、手势等，且能够理解更为复杂的手势命令，包括缩放、旋转、移动等。

在数字时代，人的身体不再受时间和空间的双重限制，自我可以借助各式人机交互界面自由出入现实空间和虚拟空间。在数字博物馆所营造的虚拟空间的交互式作品中，人的身体可以获得全方位的享受。

3. 情感的沉浸式体验

人类所有的行为都会受到情感的支配。在传统博物馆中，我们很少感受到文物的情感，看到的只是它们被"冷冰冰"地摆放在博物馆内进行展陈而已。而数字博物馆通过"线上+线下"两种展览模式，给观众带来了全方位的沉浸式体验。然而，仅有感官、认知等体验是不够的，因为人的情感是极为复杂的，只有充分调动人的情感体验，实现人与展品之间的情感交融，才能给人带来更为深刻的交互体验。

数字博物馆的情感体验重在通过各种感知手段使人和展品之间产生即时交互，从而达到"全身心"的情感体验和交流的目的。在具体的交互式应用中，重在使人与观众在精神层面产生交流，给人以精神层面的愉悦、震撼等感受。因此，在数字博物馆具体的展陈项目中，引发人的情感体验才是重中之重。在这样的背景下，有以下两个方面的情感体验值得自我关注：

（1）情感的娱乐性

以往的博物馆在公众的印象中是进行文化、艺术交流的高高在上的殿堂；而如今，随着交互技术的不断应用，人与博物馆之间的互动交流成为可能。数字博物馆一直在寻找兼顾传统文化与现代展示方式的平衡点。数字博物馆不断在探索增强用户情感的方式，其中之一便是加入游戏元素。无论是在实体博物馆的桌面式交互作品中加入游戏的互动体验，还是在塑造的虚拟空间展示中通过游戏的方式来加强与用户的互动，均符合早期哲学家的看法：艺术就是一种毫无目的性的游戏。因此，在数字博物馆的情感体验中，人们也越来越认同通过更加轻松娱乐的方式打破"严肃刻板"的博物馆展陈形象，获取情感上的愉悦感。

（2）情感的交流性

从本质上来讲，人是一种社会性的动物。因此，数字博物馆在增强人的情感体验时，除了要关注人自身与展品接触时发生的交互行为和情感体验，还要将人的社会交往行为纳入考虑的范畴。现在大多数数字博物馆在鼓励用户与展品进行互动的过程中，往往都会支持用户通过分享、标签、评论等方式将相关的信息分享到自己的社交平台，与其他的内容提供者进行互动。

第八章　博物馆文化创意产品的开发与应用

第一节　博物馆文化创意产品的开发设计

一、博物馆文化创意产品展陈开发设计

（一）博物馆文化创意产品开发设计的创新原则

1. 注重在文化创意产品中融入日常美学

当前，部分博物馆在运行发展过程中较为偏向复制藏品，因此，导致文化创意产品过于单一并且不具备新颖性，导致文化创意产品的使用价值严重降低。与此同时，文化创意产品自身的美学也不能有效体现。消费者在购买此类型文化创意产品之后，往往将其束之高阁，不能进行有效利用。这样一来，在一定程度上制约了博物馆文化创意产品的研发工作。

2. 传播独特的文化

众所周知，博物馆文化有效体现了馆藏文物的文化特征。除此之外，博物馆还应该注重传播本民族文化、地域文化、国家文化等内容。在此过程中，博物馆可以通过开发设计文化创意产品的方式，体现博物馆的文化内涵，使人们能够充分感受博物馆的文化价值。

3. 塑造品牌个性

在众多文化创意产品中，由于博物馆文化创意产品的特殊性，设计人员在开展设计工作时不仅要充分结合当前的市场状况，还需有效结合本地特色，最终打造出符合博物馆特色的全新品牌，为文化创意产品的后续发展与推广打下基础。

在此过程中需要注意的是，当博物馆借助文化创意产品走向市场时，需要对市场品牌理念进行全面了解与学习，以便制定出符合自身发展的品牌推广策略，使博物馆文创产品品牌得到个性化发展。

（二）博物馆文化创意产品开发设计的创新策略

博物馆文化创意产品身为我国新时代的文化传播方式，拉近了受众与博物馆之间的距离，以新形式履行了博物馆自身的公共教育的职能，能使受众充分体会博物馆独特的文化魅力。在当前我国越发严峻的经济市场中，博物馆文化创意产品想要长久健康地发展，需要对产品设计进行不断创新。

1. 更新文化创意产品的开发理念，创新文化产品的管理模式

相关设计人员在开发设计博物馆文化创意产品时，需要不断引进新理念与新技术，积极参考国外众多先进国家的管理模式，利用博物馆自身多元化的优质资源，提高文化创意产品的价值。除此之外，相关管理部门应该不断完善管理模式，以实现社会效益和经济效益为原则，使博物馆文化创意产品在发展过程中能够不断获得新活力。同时，要学会借助社会力量，解决文化创意产品开发设计过程中资金短缺的问题，以推动产品设计工作有效持续开展。

2. 重视政策引导，完善相关法律法规

众所周知，良好的经济政策能够有效促进文化创意产品不断发展，基于此，博物馆在运行发展过程中想要推动文化创意产品稳步向前，需要制定完善的发展策略。在此过程中，首先，相关政府部门结合当前的市场情况，以及博物馆文化创意产品的发展情况，完善相关法律法规，为文化创意产品的设计开发以及市场发展提供保障。其次，博物馆在运行发展过程中应该重视文化创意产品的设计开发工作，针对产品开发设计工作可以建立完善的考核机制，调动设计人员的工作积极性，为文化创意产品的开发设计工作提供良好的工作氛围。

3. 博物馆文化创意产品形式的创新

针对产品而言，它是由一定结构与物质材料相互组成的，具有一定功能性的实体，是通过人来创造物；结合当前我国产品的主要生产方式来看，主要分为工业设计与手工设计两种，工业设计又涉及众多内容。博物馆想在当前产品类型众

多的经济市场占有一席之地，需要充分考虑消费者的购物体验，以消费者为主体，在生活美学的视域下，对博物馆文化创意产品进行开发，促使博物馆文化创意产品能够走入人民群众的生活当中。当前，有关我国博物馆文化创意产品类型众多，涉及创意生活类、体验类以及馆藏复制品等类型，在众多类型中想要对博物馆文化创意产品进行创新，可以采用人人参与的方式，使博物馆文化创意产品不再拘泥于一种固定模式，帮助人们通过消费文化创意产品来"自我实现"。例如，博物馆可以采用文化体验型的文化创意产品方式，使人们都能够亲身体验产品的创意设计工作，并且能够将自身设计转换为实际文化创意产品，提高人们对文化创意产品的热情，为推动博物馆文化创意产品的不断发展打下基础。

4. 加强人才建设

结合当前我国博物馆开展文化创意产品设计工作的实际情况来看，普遍存在缺乏人才的情况，这导致博物馆文化产品的创新设计工作受到严重的制约。基于此，博物馆应该积极引进专业人才，建立完善人才引进机制；与此同时，还要注重对自身文化创意产品设计队伍开展定期培训工作，提高设计人员的创新能力与专业水平。博物馆还可以充分利用自身资源，跨领域、跨部门对文化创意产品进行开发设计工作，为开发设计工作注入源源不断的活力，促使文化创意产品能够创新发展。

综上所述，在我国旅游文化业高速发展的今天，相关设计人员在开展博物馆文化创意产品的设计工作时，需要不断引进新理念，对产品设计不断创新，以便能够使博物馆文化创意产品在当前形势越发严峻的经济市场长久发展，充分发挥博物馆的公共教育职能，使人民群众能够充分领略我国文化的魅力。

二、遗址类博物馆文化创意产品的开发设计

随着社会的不断发展，人民对文化的要求越来越高。我国作为一个历史悠久的大国，拥有非常多的保存历史遗迹的博物馆。遗址类博物馆是在大遗址保护中一种常见的类型，大遗址保护园区中一般均设有展示宣传遗址出土文物及文化内涵的博物馆。

（一）博物馆文化创意产品开发设计的意义

遗址类博物馆是对文化的一种保存，随着时代的发展变化和社会教育发展的需要，博物馆从原来的主要陈列藏品的宝物库，变成现在对公众开放的观赏学习型博物馆。博物馆的研究功能和藏品展示作为博物馆的主要功能，本身带有很强的历史性。我国是一个历史悠久的国家，博物馆对历史长河中的一些文化可以加以保存和传递，特别是遗址类博物馆，一般都建立在遗址的旁边，人们站在博物馆的门口，就有一种穿越时空回到那个年代的感觉。博物馆文化创意产品是蕴含丰富博物馆精神内容积淀的文化商品，是博物馆利用自身资源，通过开发和营销进行的一个推广博物馆文化、增强自身收入的重要载体，是实现文化事业与文化产业融通、社会效益与经济效益双赢的关键一环。

第一，有利于推广博物馆文化。我国拥有很多著名博物馆，但是要认知某一类博物馆的特点是什么，要怎么记住这个博物馆，就需要博物馆建立一个标签，也就是要树立一个品牌。比如，西安秦始皇兵马俑博物馆里的兵马俑，人们一提起兵马俑就能想到西安秦始皇兵马俑博物馆，这就是品牌的力量。博物馆文化创意产品能够将博物馆的文化特色融入文化创意产品之中，增强游客对博物馆文化的感知，让游客对博物馆的文化有更深入的认识。而且还可以将所有的文化创意产品作为一种标签保留在博物馆内，见证博物馆与不同时代的碰撞。第二，有利于增加博物馆的收入，实现经济效益与社会效益双赢。博物馆是一个非营利性的机构，资金主要依靠政府扶持和社会支持，博物馆内的日常开支、文物维护、保护设施维修、展览规划的费用不足等都限制了博物馆的发展。收费型博物馆的压力相对较小，免费开放的博物馆的压力就比较大。博物馆文化创意产品的经营能够帮助博物馆减轻一些经济上的压力，提供一个收入渠道，而且有利于博物馆文化的传播，可以说是经济效益和文化效益的完美统一。第三，有利于促进文化的传播和发展。博物馆的展览陈设就是一个让广大人民学习吸收优秀文化的过程，博物馆内的很多藏品具有极高的文化研究价值。历史是一个特别厚重的词语，人类没有时光机也没有穿梭时空的能力，要想了解历史的文化，只能通过对历史遗址的观察和研究，这是一个传承优秀文化的过程。博物馆文化创意产品富含博物馆的文化特色和地域文化特色，也是对文化传承的方式。

（二）遗址类博物馆文化创意产品创新设计的策略

1. 优化产品设计

博物馆文化创意产品的开发最重要的环节就是设计。良好的设计不仅能为商品带来美观的外形，更能将博物馆的文化与商品融为一体。优化博物馆产品设计的第一个重点在于创新，这就需要博物馆加强对设计人才的培养和保护，专业的设计人才能够做出精美、富有创意的设计。现在是注重文化竞争的时代，人才是第一生产力。文化创意产品的创新主要依靠的是人才的力量。

目前，博物馆文化产品开发设计面临的一个最尴尬的问题是博物馆内熟悉文物的工作人员并不精通设计，甚至不知道要如何进行设计，博物馆内缺少专门的产品设计师。但是如果将产品设计的任务交给专门的负责团队，又需要支付一笔相当高昂的设计费用。所以，博物馆需要注重对文化创意产品设计人员的培养，加大奖励力度和待遇，吸引设计人员来博物馆任职；还可以充分利用各大高等院校、职业学校各类设计、艺术、美术生创意智慧，每年开展全市范围内的文创征集比赛，发现优秀文创设计人才，提高文创设计开发水平，不断创新创意文化产品设计。

文化创意产品的纪念价值和使用价值：博物馆文化创意产品的宣传词是"把博物馆带回家"，这就意味着文化创意产品富有极强的纪念价值，它有丰富的文化内涵，与博物馆的文化紧密相连。但是在产品设计的时候，有很多博物馆的设计只是简单地将博物馆建筑或馆内陈列藏品简单缩印就作为文化创意产品，在消费者看来这只是一种敷衍，未能对文化符号的内涵及运用进行有效延伸，造成元素资源的浪费。更有个别博物馆对自身馆藏价值缺乏深入研究，只是一味模仿，缺少让人眼前一亮的特色。另外，目前博物馆文化创意产品的实用性极低，一般是一些明信片、书签、打火机、扇子之类的，不被广大消费者所喜爱。除了挖掘有文化含金量的资源，更要注重对能和人的现实生活发生关系的文化资源的挖掘。要将文化创意产品融入生活，在注重文化内涵的同时强调实用性、趣味性，让原本遥不可及之物变得可感可用，让传统文化变得鲜活生动。文化创意产品的设计需要融入博物馆文化和当地文化，避免出现文化创意产品同质化严重的情况，需要对产品做一个清晰的品牌定位。比如，对消费者要分层进行消费等，针对文艺青年、普通游客、博物馆研究人员、学生、收藏爱好者都有针对性地设计不同的文化创意产品，富有个性特色，满足不同群体的需求，必要的时候，还可以提供私人定制服务。

2. 艺术授权，注重对知识产权的保护

博物馆艺术授权综合了艺术授权与品牌授权，具体内容包括藏品与主体建筑的数字图像资源、博物馆品牌等，具体方式包括图像授权、品牌授权、出版授权与合作开发。随着社会的不断发展，人们的生活水平不断提高，就更多地开始追求对艺术文化等方面的精神需求。文化竞争压力越来越大，对知识产权的保护也越来越重要。博物馆文化创意产品是一个极富有文化特色的商品，需要加强对知识产权的重视，在不断完善知识产权保护合法权益的基础上激发博物馆艺术授权的顺利进展。艺术授权时代，文化创意产品的开发设计更合法，为文化创意产品的发展扫除了障碍，有利于博物馆文化生产价值的提高，有利于实现博物馆文化传播的重要职能。

3. 依托互联网的营销平台

产品销售的一个重点在于营销，宣传有利于让更多人知道和了解产品，有了最基本的了解才会有购买的欲望。产品的营销一直以来都是市场的关键。就博物馆文化创意产品而言，首先需要打开市场，也就是让更多人知道博物馆内的文化创意产品，了解产品背后的故事，吸引消费者的注意力。营销宣传的渠道有很多，但是效果不同，现在是智能互联网时代，网民规模整体保持平稳增长。所以，在进行市场营销宣传的过程中可以依托互联网平台，充分利用互联网具有受众面积广、宣传范围大等特点进行宣传。而且利用互联网进行宣传，还可以将产品的设计和制作过程拍成短片在博物馆内部的电视上进行宣传，让消费者进一步了解文化创意产品背后的故事，吸引他们的注意力，激发他们的购买欲望。

4. 加强经营管理

从管理体制上来说，需要加强和改进管理体制，一个完善的体制能够保证工作的顺利进展，目前，无论是产品的设计研发、创新开发还是营销服务都在管理的大体制框架内。文化创意产品是文化价值与经济价值的统一体，博物馆内部对商品的管理方面的经验是比较薄弱的，因为博物馆一直以来都是非营利性机构，

缺少对商业化产品的管理经验，需要对此进行加强；从经营方面来说，主要是产品的营销手段和售后服务，在网络极为发达的现在，营销渠道多种多样，无论是广播、电视还是报纸、网页都有它特别的营销之处，依托互联网平台进行营销是一个方便快捷又富有成效的营销方式。营销管理还可以通过建立会员制的大数据分析法来分层推广，针对不同的群体制订不同的营销方案：文艺青年们更偏爱产品的文化底蕴，普通游客可能更在乎产品的纪念意义，年龄偏大的游客更在乎产品的实用价值，孩童们更在乎产品的趣味性等，可以根据市场调查对每一个群体进行研究，有针对性地进行产品设计和宣传。而且宣传的时候也要注意针对有效受众群体，取得高质量的宣传效果。售后服务更多的是对服务态度的强调，博物馆是文化底蕴丰厚的机构，面向社会上的所有人开放，但不是所有人都有足够的资金去购买自己喜欢的产品，这就需要服务人员在销售和售后的服务中一定要注意态度问题，要平等、微笑、热情地对待每一位顾客。

综上所述，博物馆文创产品的开发和创新有利于博物馆文化的传播，有利于知识产权的保护，有利于文化创新发展，还有利于博物馆文创产业的发展，所以应对文创产品的设计、营销予以高度重视。现在是文化竞争的时代，对博物馆文化创意产品的开发创新，不仅有利于实现博物馆经济效益和文化效益的统一，还有利于增强文化自信，弘扬中华优秀传统文化，继承发展优秀文化，推动社会经济文化协调发展。

三、非国有博物馆文化创意产品的开发和创新设计的有效措施

（一）建立专业的创意人才及创意团队

博物馆要以满足广大消费者的文化需求为中心，一切工作以消费者的利益为出发点；要有目的、有计划地开发文化创意产品；组建一支富有创新精神和创新能力的创意团队。博物馆的创意团队将藏品的特色与艺术融合来助推文化创意产品的开发。利用社会公众需求研究人们的生活及人们日常生活的需要，设计实用性强的产品。例如，设计有特色纹饰的小钱包、抱枕、鞋子等文化创意产品，可以给观众带来耳目一新的感觉。同时，以产品研究成果为基础，所有文物藏品都包含历史信息，都是过去时代工匠精神的体现，很多是精品，可以通过对这些藏

品的分析，挖掘出很多图案。以文化创意研发为支撑，把创意融进文化创意产品，而不仅仅是复制。

（二）提高文化创意产品自身的档次

博物馆紧密结合文化活动，突出本馆特色，举办展览。举办前期要研发一些跟展览主题吻合的文化创意产品。以观众需求为出发点，采取合作、独立研发等方式开发文化创意产品，创造良好的经济效益和社会效益。通过举办与博物馆馆藏相关的工艺品设计制作大赛，让更多人有参与感，为文化创意产品带来生命与活力。文化创意产品的大量生产，一定要特别关注质量，因为文化产品不是一般的商品，是要带着博物馆的形象进入市场的，所以要特别注重质量。

（三）创造规模生产条件，实现合作共赢

创造大规模生产文化创意产品的条件，与企业合作，建立完整的产业链，遵循共赢共荣的原则。

（四）改善购物环境

目前，大部分博物馆的文创商店给顾客的体验感太差，这也影响了经营效益。考虑到参观体验的整体性，除了部分特殊情况，文创商店是在参观的末端。但是，到了这里，观众往往正受到出口倾斜效应的影响，身心俱疲地只想着尽快离开去休息。而很多博物馆商店在设计、商品摆放等方面做得不够好，观众甚至没兴趣多看一眼。所以改变文创商场的位置，有利于调动消费者的消费欲望。据调查，有些商店还会有很多外包的商品，同本馆关联度低，而且看起来也缺乏"档次"，给人一种"杂货铺"的感觉，使观众提不起购物的兴致。这些做法应及时调整。

博物馆作为典藏和展示文物的场所，连接着人类的过去、现在和未来，是透视人类文明发展的窗口。当前，博物馆文化产品开发及相关文化创意产业的发展，正在日益成为当代博物馆最时尚的议题。文化创意产品的开发在博物馆的运营中越来越受到关注和重视。做好博物馆文化创意产品的开发，是延伸教育功能、巩固服务效果的重要载体。发现非国有博物馆文化创意产品在开发和创新设

计中的共性问题，将其避免或努力克服是新时代下的经营策略。将藏品内涵融入文化创意产品设计中，不只是体现在设计方案上，也体现在创新思维上。要学习故宫博物院、台北故宫博物院以及杭州博物馆的成功之处，结合自己地域性和馆藏的特色，开发出适合自身发展的文化创意产品，才是给非国有博物馆经营与发展注入新鲜血液的关键。

四、"互联网+"与博物馆文化创意产品开发设计

（一）"互联网+"背景下博物馆文创设计创新突破

1. 利用新媒介，进行资源整合

"互联网+"的到来拓宽了博物馆文化创意产品的发展道路，为文化创意产品的设计提供了更多的机遇和挑战。如何利用好"互联网+"为文创产业增效赋能，是当前文化创意产品设计所面临的问题。单靠博物馆的一己之力很难满足多样化的消费需求。为了打破文化创意产品设计的局限性，博物馆须广泛谋求合作，利用新媒介，开拓新视野，从而促进文创产业跨界合作和深度融合，形成适应互联网发展要求的开发合力。如今移动互联网已渗透各个领域，手机移动端以其方便、快捷、高效，成为传播博物馆文化信息最有效的途径之一。无论是 App 还是 H5 都以其多样的互动形式深受用户青睐，更因其传播性强、普及度高而受众很广。将文化资源同移动媒介相结合，对资源进行优化配置，使其发挥一加一大于二的效果。让用户在接收与分享中，主动参与互动交流促进博物馆文化知识的传播，从而区别于传统文创以新的情感体验。

2. 融入新科技，丰富产品内容

在数字技术快速发展的今天，传统文化创意产品虽具备了美观性和文化性，但其内容的表现上缺乏创新性。绝大部分文化创意产品还是以商业性为目的，实用性对于产品固然重要，但内容也是文化创意产品至关重要的一部分，是最能体现文化附加值的重要一环。因此，要想改变现状就须将文物的人文色彩和故事内涵，通过新科技、新技术以全新的方式注入文化创意产品中，在具备形式美感的条件下对其功用进行再创造、再开发。可以利用 3D 或 VR 等技术，配合移动端

设备，实现文化创意产品从二维向三维的转化。例如，平面类的文化创意产品，可以通过移动端结合虚拟图像技术，丰富其设计形式和产品内容，使其摆脱单一样式的束缚，让文化创意产品"活"起来，不仅增添了趣味互动性，而且提高了产品的利用率，赋予文化创意产品新的生命力。

3. 引进新人才，凝聚多方创意

如今在日益增长的多元化消费需求下，文创设计者的压力陡然剧增。面对千篇一律的文化创意产品，公众已产生审美疲劳。而实用性差、趣味感弱和缺乏互动，这些"瓶颈"的存在阻碍着文创设计的发展。因此须转变观念，广泛引进新人才，凝聚多方力量，特别是激发社会大众的创意思维，让大家共同参与到博物馆文创的产品设计中。可以利用互联网这一平台，进行文创设计甄选活动，借助社交平台微博、微信或官方网站发布征集消息，通过大众间的分享和互动，促进信息的交流与传播，不仅能征集优秀创意还能了解大众的消费需求，从而拓宽文化创意产品的创新设计之路。

在"互联网+"背景下，文化创意产品设计摆脱了传统设计的束缚，开辟了新的设计形式。不仅拓宽了传播方式，还极大地丰富了产品内容，并且通过多种跨界融合全方位地满足当下的消费市场。在新的发展时期，博物馆文创设计要充分利用"互联网+"优势，有效地实现大众与博物馆的互联互通，开发更具历史文化知识和寓教于乐的互动文化创意产品，从而推动博物馆文创事业创新发展。

（二）"互联网+"背景下文化创意产品的设计方向

1. 注入文化内涵，转变设计形式

文化创意产品的独特之处在于产品的情感化设计，消费者在购买文化创意产品时得到的不仅仅是商品，更是商品背后的历史意义与独特的情怀。博物馆藏品历史悠久，底蕴深厚，要充分挖掘文物中的文化内涵，让文化创意产品成为集物质需求与精神需求于一体的文化载体，使其代表一种文化，表明一种态度。

在互联网的支持下，文化创意产品在出版型产品和复制型产品的基础上开发了游戏、历史人物卡通形象等电子产品，以及开发等软件系统。

2. 跨领域合作，实现共同发展

文化创意产品应呈开放性的思维，积极进行与其他行业的融合，为文化创意

产品的发展带来更多的机遇与灵感。

3. 注重用户体验，实现多元设计

体验式文创就是用恰当的方式建立产品与消费者之间的桥梁，让消费者了解文化创意产品背后的设计理念，并且通过交互设计让用户参与到产品中。换言之，使人与产品进行有效交流是体验式文化创意产品设计的核心。

（1）建立多元的文化体验

与静态的文化展示不同，文化体验是需要从感官、行为中摄取的。文化创意产品的设计应结合视觉、听觉、嗅觉等多方面的感官体验，不仅是外观的设计，而是通过造型、色彩、功能等多方面的设计来传达产品的理念，使文化创意产品从单一的平面化传播变为多元化、多感官的传播。

（2）建立互动式文化体验

互动式文化体验就是让消费者参与到文化创意产品的创造过程中，让消费者在体验过程中表达自己的情感并且得到自我满足。在现代文化创意产品的设计过程中，消费者已经不仅仅是一个被动的接受者，人们更倾向于主动将自己的情感融入文化创意产品当中，参与创造具有独特性的文化创意产品。在作品制作的过程中，消费者逐渐建立了与文化创意产品的互动关系，对其进行感知、接受并且交流，最终理解藏品的文化内涵。

（三）"互联网+"环境下文化创意产品的推广方式

1. 营销方式从线下到线上

移动互联网不仅成为文化创意产品的一种载体，而且实现了不受地域限制的信息流动。通过互联网，各个地区的消费者都实现了一体化，消费者可以通过手机或电脑自由选择自己喜爱的文化创意产品，并且通过在线支付进行购买。而文化创意产品也可以通过创建线上运营平台，并且通过引入流量的方式实现产品的精准营销和推广。

线上营销可以打造博物馆文化创意产品用户社区，从消费者的角度进行文化创意产品的营销方式，使文化创意产品的营销更加具有影响力、接受力和传播力。传播平台可以借助微博、微信、APP 等网络社交平台，根据博物馆及其文化

创意产品制造话题并引发广泛传播与讨论。

在线下，可以积极承办实体文化创意体验馆和展览活动，以及文物及创意产品的巡回展出和交流，在线上营销的基础上增加消费者与产品在现实中接触的机会，使消费者亲身感受文化创意产品的多元功能以及藏品蕴含的文化底蕴。

2. 从单一产品到形成产业链

在"互联网+"的环境下，文化创意产品的开发已不仅仅是设计师一个人可以完成的工作，而是由多方合作产生的产业链。文化创意产品也成为由微博、微信以及各类 APP 等多元文化娱乐业融合的产物。在网络互联互通的今天，文化创意产品已经完成了创意设计、资源提供、政策对接、品牌推广、市场营销等多方的共同合作，并形成了以产品设计、开发与销售为一体的文创产业链。

3. 用宏观视角把握发展方向

要用宏观的视角把握"互联网+"背景下文化创意产品的发展方向，对消费者从体验感受、设计形态、服务态度等全方位地进行大量市场调查，掌握消费者的购买心理，从消费者的体验感受出发，进行多元化的文创开发和推广。

"互联网+"计划使文化创意产品的推广方式产生了创新性的变化，博物馆藏品的传播方式也走向了多元化、系统化。设计师将藏品的文化内涵融入文化创意产品，通过线上和线下相结合的方式，向大众进行全面的推广，最终实现博物馆文化的传播与发展。

五、消费者需求角度的博物馆文化创意产品开发设计

博物馆拥有丰富的文化资源，具备文化传承、知识教育、价值观引导等多重公共职能，在社会生活和文化传播中扮演着重要角色。博物馆开发文化创意产品，既能够很好地宣传博物馆文化，又能提升经济效益，从而解决博物馆发展中资金不足的问题。同时，还可以完善博物馆的造血功能，实现持续稳定的发展。所以，博物馆要解决当前文化创意产品开发中存在的问题，采取有效措施，推动博物馆文化创意产品的开发工作。

（一）以效用理论对消费者需求进行分析

消费者从某种商品或服务中获得的满足程度可以用"效用"进行衡量，这种

满足程度取决于消费者的主观性评价。效用理论更多针对物质商品，随着消费者对物质商品消费量的增加，消费者从每一单位商品消费中获得的效用是递减的，即遵循所谓的"边际效用递减"规律。消费者消费的并不是纯粹的商品，更多是消费其中的文化，从而得到精神上的极大满足。进一步说，对消费者而言，随着对这种创意产品消费量的增加，消费者对创意产品所蕴含的文化了解越加深入，对这种商品所具有的文化解读也就越加透彻，进而反过来激发消费者更大的兴趣，强化对这种商品的消费偏好。由消费者消费文化而获得的满足程度，同样可以用效用衡量，而这种效用不同于传统意义上的效用，其边际效用是递增的。创意产品是满足消费者精神需求的一种商品，因此消费者对创意产品的需求必将日益增加，消费者文化效用将日益显现。文化背景、文化价值观的不同，使消费者产生了不同的文化偏好。在消费者愈加重视文化效用的情况下，这种文化偏好必然会使消费者主动介入创意产品的开发过程中，或者创意企业在开发创意产品时，主动寻求与消费者合作，即创意企业与消费者共同创造价值。

通过对"效用理论"进行分析，可以更加肯定消费者对文化创意产品的需求，很大的原因在于文化创意产品所蕴含的文化资源。文化资源是创意产品生成之源，所以创意人员对这种文化资源的解读和重新编码而形成的文化意义，正是创意产品显著区别于一般产品的所在。创意产品品质和价值主要由文化价值决定，而与文化价值密切相关的是创意产品的创作素材，即文化资源。所以，要设计出让消费者认可的文化创意产品，就必须利用好博物馆丰富的文化资源，只有将文化这一概念完全嵌入产品中，才能将文化创意产品从普通商品中脱离出来，从而发挥其最大的价值。

（二）从消费者需求角度出发的博物馆文化创意产品设计策略

1. 不盲从，找准市场定位

一款文化创意产品从设计思路的提出、文化资源的提取，到产品的定位，都需要进行全面缜密的调查研究，从而制定出文化创意产品的开发任务，设计出合理的产品开发计划，以提高开发的成功率，从而避免产品在开发过程中由于各种因素而不能投入生产的情况出现，或产品开发出来却不被市场认可。此外，还要认真做好消费者调研工作，充分了解并掌握消费者的不同需求与习惯，通过精准定位，细分市场，确保开发与设计的文化创意产品满足消费者的需求。多从消费者的角度做出综合分析，以生活美学为视角，让博物馆文化创意产品真正融入消费者的生活中。

文化创意产品的开发不能盲从，不能急于求成，要找准市场定位，从消费者的需求出发，设计出市场要求的、美观的、功能性兼具的文化创意产品。

2. 巧妙构思，注重个性化生产

博物馆文化创意产品区别于一般商品，在于它承载着历史和文化价值，这种独特性是吸引消费者购买的主要因素。当今社会急速发展，人们的消费观念开始倾向于个性化，精神追求也不再满足于千篇一律的工业化产品。博物馆的文化创意产品嵌入了历史、文化等元素，这样的产品能快速吸引消费者的眼球。博物馆在文化创意产品的研发过程中，应运用独特的设计风格，巧妙融入博物馆的文物特色或者当地文化特色，让文化创意产品成为博物馆或者是其所在城市的缩影，满足观众"把文物带回家"的美好愿望。

3. 深度发掘，加强对文化资源的利用

博物馆内收藏的各种文化资源既具有文化的内涵，又具有资产的属性。利用博物馆藏品的文化内涵制造商品并使其产业化，可以创造经济效益，并在一定程度上解决博物馆的资金问题。作为文化创意产品的开发设计人员一定要对馆藏文物进行深入研究，只有在了解其文化内涵的基础上，才能在设计过程中更好地将产品与馆藏文化相结合。要选择博物馆具有代表性的文化资源作为开发设计的灵感来源和价值载体，但同时也要避免使博物馆进入纯粹商业化、形式化泥潭，要在保留博物馆原有价值的基础上，对资源进行再创造。在挖掘消费者喜爱的、容易接受的文化资源的同时，也要注意文化资源自身蕴含的文化内容深度和文化价值高度。选择的文化资源要有针对性，要从消费者的角度出发，根据不同文化层次、知识背景的消费群体，开发符合大众消费心理、美观实用、有内涵的博物馆文化创意产品。

文化创意产品商店被称为博物馆的"最后一个展厅"，文化创意产品被看作一种具备文化理念的符号，有利于更多人了解博物馆。通过文化创意产品消费这种文化的传递，才能顺利地将博物馆文化普及社会的每一个角落，使人们的文化

素质在潜移默化中得到提升，有利于博物馆文化的传承和发扬。要立足于博物馆丰富的文化资源，从消费者需求的角度出发，开发出品种丰富、实用性与艺术性兼具的文化创意产品，最大化地传递文物背后的中华文明。

第二节　新元素、新技术在博物馆文化创意产品设计中的应用

一、语义学在博物馆文化创意产品设计中的应用

博物馆文化创意产品是以博物馆馆藏（或展览）和文化为元素，通过设计开发的具有文化性与创意性的产品。现阶段，博物馆文化创意产品作为博物馆文化的重要衍生品之一，受到了越来越多的关注，而一些问题也随之暴露。

首先，市场定位模糊，博物馆特色不明显。虽然已有故宫博物院、中国国家博物馆为首的一批国家级博物馆将文化创意产品做得风生水起，但大多数博物馆缺乏自主研发能力，文化创意产品只是停留在简单复制、微缩层面。其次，产品创意不足，缺乏吸引力。博物馆文化创意产品虽然品种繁多，但以纸本、围巾、杯子、钥匙扣等类似的产品居多，不足以吸引公众。而且，对博物馆临展以及特定节庆所推出的衍生品开发不足，文化创意产品更新慢，缺乏创意。最后，文化符号缺失，文化功能不足。博物馆文化创意产品的设计与开发是实现博物馆 IP 资源物化的过程。很多文化创意产品只是通过对文物图案生硬地提取制作而成，未能对文化符号的内涵进行拓展和延伸，没有做到真正使"文物活起来"。

在这种背景下，要想改变博物馆文化创意产品的局限性，就要在设计中转变设计思维，使博物馆文化创意产品根植于中华文化，实现创新性的发展。

（一）语义学在博物馆文化创意产品中的应用

1. 语义学的概念

语义学是符号学的重要组成部分，最早由美国符号学家莫里斯（Morris）提

出，他将符号学明确分为语构学、语义学和语用学这三部分。在博物馆文化创意产品设计中，语义学实际上是研究设计符号与其象征意义之间的关系。根据索绪尔的二元关系论，就博物馆文化创意产品来说，其"能指"代表的是文化创意产品形式，主要为产品的造型、功能结构、材料肌理等物理存在；而"所指"则是文化创意产品的隐性内容，包括产品风格、产品的美学意义、产品功能、社会意识以及科学水平等，它所传达的是设计师对设计文化创意产品背后的博物馆文化、思想与价值观的表达。文化创意产品符号是借由能指与所指的关系来揭示博物馆文化创意产品的意义。

2. 语义学在博物馆文化创意产品设计中的重要性

博物馆文化创意产品是根据馆藏文化而进行设计的，是将博物馆所蕴含的文化因素通过产品展示给受众。挖掘博物馆具有代表性的文化符号，是文化创意产品设计与开发的基础，而如何将传统文化符号或内容转化为现代产品，为受众所喜爱，这就需要设计师在对博物馆文化进行深入研究的基础上，通过一定的载体和文化符号实现博物馆文化资源的物化。在语义学指导下的博物馆文化创意产品设计，是从"能指"与"所指"这两个方面对文化创意产品与博物馆文化进行匹配，通过让文化创意产品"说话"，从而传达其深层意义。在文化创意产品设计中，结合语义学的主要目的是将文化符号作为博物馆文化的具象化的手段，利用语义学的形式与文化创意产品的功能语境、使用语境相配合，使文化符号与文化创意产品相得益彰。

（二）基于语义学的博物馆文化创意产品设计

博物馆文化创意产品来源于文化，也代表着文化，是人们"带回家的博物馆"。基于语义学的博物馆文化创意产品设计，是在语义学的指导下，提取博物馆文化符号并将其编码与产品语义的能指和所指相匹配的过程。在这个过程中，应该结合语境将博物馆传统文化符号或内容转化为当代人所能接受和喜爱的产品，这样才能更好地体现文化创意产品的价值。

1. 提取博物馆的标识性符号

博物馆作为中华传统文化的资源宝库，具有丰富性和独特性的特点，给予了文化创意产品丰厚的灵感来源。如何挖掘博物馆极具代表性的符号，是文化创意产品设计开发的基础。博物馆是以地域文化为背景，依托遗址以及馆藏而建立的，因此博物馆明星馆藏以及建筑都可以成为其文化创意产品设计的标识性符号。博物馆文化创意产品对博物馆的标识性符号进行强化与传播，明确了文化创意产品定位与自身特点，可以更好地将产品语义传达给受众。

2. 提取博物馆符号的"所指"

博物馆文化创意产品区别于普通文化创意产品的原因，是将博物馆独有的历史文化注入产品之中，同时具备"能指"与"所指"的功能，成为沟通博物馆与受众之间的桥梁。中国传统文化底蕴深厚，无论是图形符号还是色彩符号都有其特殊的意蕴，因此，对博物馆符号的提取，不能简单地理解为是对某个纹样或图案的提取与复制，而是对文化元素进行综合设计。

中国传统文化具有极为丰富的符号学内涵，因此，根植于这种文化背景中的中国符号学研究，从起步就显示出与众不同的勃勃生机。在我国博物馆文化创意产品的设计过程中，更应充分考虑其背后所蕴含中华文化元素，结合图像符号、指示符号和象征符号，使文化创意产品的语义得到充分表现。

3. 提取不同语境的符号

语境的不同，符号主体的不同以及解释者的不同都会导致符号所传达意义的不同，因此，博物馆文化创意产品的设计要结合产品的使用语境、功能语境，将产品语义准确地表达出来。对博物馆来说，就是要利用语义学的原理，把自身的历史文化资源转化为现代文化创意产品，调和、衔接传统与现代之间的矛盾。

当前，我国博物馆文化创意产品虽有所发展，但仍然在产品特色、创意、品质等方面存在不足。通过语义学在博物馆文化创意产品设计中的合理利用，确立博物馆自身标识性的文化符号，对文化创意产品从能指与所指两个方面进行设计，将文化资源转化为物化产品，为博物馆文化创意产品的开发提供了科学的策略。同时，也有利于博物馆传播自身的文化，发挥其教育、宣传功能，实现新的时代价值。

二、中国风尚在博物馆文化创意产品设计中的运用

（一）发展博物馆文化创意产品设计的意义

1. 文化市场的需求

博物馆的文创激情，被政府一连串的政策彻底点燃，国务院、国家文物局及相关部委密集出台一系列文件和措施，更加重视博物馆的发展，让市场发力。鼓励博物馆依托馆藏资源，大力发展文创产业，积极探索文物活起来的有效途径。因此，文化创意产品设计作为博物馆辅助的传播手段，无疑成为博物馆文化内涵的最好方式。配合相应主题的文化创意产品，在博物馆内或合作场所销售，让参观者可以将"展品"带回家，无形中搭建了大众与馆藏品的桥梁，使之对历史和文化的特殊情结移情于文化创意产品上，既感受了博物馆的文化熏陶，又有良好的替代作用。

2. 博物馆实现持久经营的需要

博物馆要想实现持久经营，首先需要拥有足够的经费来保障博物馆的运营，因此，借由博物馆产品的开发来为自身获得经济效益不失为博物馆的有效经济增长途径。而博物馆文化创意产品传播越广，博物馆的社会影响力也就越大，所带来的经济效益也会随之提高。在实现博物馆的持久经营的同时，通过文化创意产品所创造的资金对博物馆藏品的研究、展示、教育、发展等方面可进行有效的再分配。

（二）中国风尚在博物馆文化创意产品设计中的运用分析

1. 以"形"立意的产品表达

以"形"立意的产品设计，主要是指对藏品的直接复制，往往会选择具有代表性藏品为对象，对其进行完整的复制或局部元素的复制。其优点在于对藏品宣传的同时，也是以一种新的方式向人们展示藏品，多为纪念收藏之用。

2. 以"意"立意的产品表达

以"意"立意的产品设计主要是除满足消费者对产品功能的基本需求外，在

产品的使用定位与感觉认知上，赋予产品意义方面的信息传达，将产品的内部意义通过造型语义与符号的诠释，让消费者理解、感动，成为博物馆与大众之间信息沟通的传达媒介。

3. 以"尚"立意的产品表达

以"尚"立意的产品设计主要是结合当下流行的元素，通过与博物馆藏品有趣的元素提取，二者进行融合碰撞，使产品变得时尚、好玩，进一步吸引更多的消费群体，快速传播进一步增加博物馆的经济效益，更好地优化产品。

三、3D 打印技术在博物馆文化创意产品设计中的应用

设计是为人的生活各方面服务的，设计出来的产品带有设计师的情感态度以及美学内涵，但是现实生活中由于制作工艺的限制以及生产经费有限，设计师在做设计图时往往先考虑是否可以生产出来的问题。随着科学技术的进步，3D 打印技术的出现无疑是这一问题最好的解决办法。3D 打印技术可以实现超高难度的设计外观形态产品，同时可以个性化、小批量生产，此外具有不受地域、时间限制的特点。如果将此技术应用到博物馆产品设计中，将有利于提高博物馆文化创意产品设计水平和拓展博物馆的社会功能。

（一）3D 打印技术以及应用领域

1. 3D 打印技术的定义及相关概念

3D 打印是快速成型技术的一种，又名增材制造技术，与传统的产品生产工艺有很大不同。借助 3D 打印机打印产品，类似普通打印机的制作方式，不过使用的是液态或者粉末状的塑料、金属、陶瓷等原材料，接着利用计算机辅助设计软件（3DMAX/CAD 等）建好需要打印的物体 3D 模型，然后使用 3D 打印机开始打印，通常采用逐层叠加的方式黏合原材料，如果物体很大，可以分段打印，最终拼接出一个三维立体物体。

2. 3D 打印技术的应用领域

20 世纪 80 年代，世界上突然涌现出一股科技潮流，其中就有 3D 打印技术。近几年，我国 3D 打印技术快速发展，在生活的各个领域都出现了 3D 打印技术

产品，尤其是在医学、工业设计、文化艺术、教育、航天科技、汽车行业、建筑、军事、考古等行业。

在医学行业，使用 3D 打印技术打印牙齿和其他骨骼模型，以及制药，解决了药品发潮变质、过期等问题。在工业设计行业，可以使用 3D 打印技术打印一些传统工艺解决不了的工业机械零件。在文化艺术领域，艺术家借助 3D 打印技术创作出具有创新性的作品。在教育行业，可以利用 3D 打印技术开发更多实践体验课供学习者选择。在航天科技领域，可以使用 3D 打印技术制造高难度零件，同时可以降低生产成本。在汽车和建筑行业，借助 3D 打印技术可以解决不可再生资源问题。在历史文物领域，使用 3D 打印技术可以复原珍贵文物，尤其是易碎文物等。3D 打印技术已在多家博物馆用于复制文物和公益活动。

（二）3D 打印技术在博物馆文化创意产品设计中的应用分析

1. 3D 打印技术在博物馆文化创意产品中的优势

首先，是体验多元化，传统参观博物馆文物都是隔着玻璃看的，因为博物馆文物都是很珍贵的，文物一般都是在特定的玻璃罩里供参观者观看的。3D 打印产品消费者可以拿在手中观看抚摸，延伸了对文物的更多体验。其次，是地域方面，传统的生产方式是开模生产，需要有大型生产线做支撑，我国东部明显比西部基础条件要好，同时，开模工艺制作难度高，需要成本较高。3D 打印产品不受时间和地点的限制，各地区适应性强，灵活性高，只需要有一台电脑和一台 3D 打印机就可以满足生产需要。3D 打印产品即增材制造方式，可以先制作出小批量样品供消费者挑选，使用原材料少，降低了能耗，节约了人力、物力和生产成本。最后，也是很重要的一点，关于产品造型问题，设计师绘制一个效果图，传统制作方式会出现产品做不出来的尴尬情况；3D 打印技术可以打印出外观形态很复杂的产品，如跑车，公共空间的灯饰、灯具。

2. 将博物馆文物"带回家"

基于我国经济的快速增长，人们对精神文化需求量很大，节假日组团去博物馆看展览已成为社会潮流，看完展览很多参观者有把藏品"带回家"的冲动。假如博物馆或者参观者使用 3D 打印技术，将这些文物复制出一个三维立体模型，立体文物模型这项服务将会带给参观者全新的观展体验，从而将博物馆的社会功能发挥到最大值。

3. 3D打印博物馆文化创意产品可选材质多元化

博物馆文化创意产品的材质选择是设计过程中的一个重要环节，不同的材质选择能表达出不一样的设计效果，同时，不同的材质选择会给消费者带来不一样的触觉体验。博物馆文物都是历史上留传下来的精品，制作工艺难度大且复杂，采用传统的制作工艺可能实现不了完美的复制，而且材料的选用单一。3D打印技术可以选用多种原材料制作，不同文物可以选用不同的材料表达其内在精神气质。

4. 3D打印博物馆文化创意产品激发参观者的学习兴趣

在教育体验活动中，3D打印技术可以制作出一些拼装的文物模型，让家长和孩子一起拼装完成。这个过程，能增进家长和孩子之间的感情。当然，博物馆文物模型需要设计师采用一些创新方法进行设计，如文物差异化设计、体验型设计等，让消费者体验到文化存在感和普遍性，进而产生情感共鸣，增强民族自豪感。

新时代产品设计需要新方法。当下私人订制已成为一种社会风尚，使用3D打印技术在博物馆文化创意产品设计制作中开发应用，将会给消费者带来新的感受和体验。在博物馆角度下，如何利用3D打印等新技术开发文化创意产品，同时在各方面有更多的创新，将是设计师和博物馆文化创意产品相关人员需要思考的问题。在博物馆文化创意产品设计开发中引入3D打印技术等新技术，人民群众将会对博物馆文物的历史文化产生更大兴趣，使博物馆文化真正走进人民群众中去。

四、激光雕刻技术在博物馆文化创意产品中的应用

（一）激光雕刻在文创设计制作方面的优势

激光是原子核外电子受激光辐射经放大而形成的光辐射。激光雕刻是利用较高功率的聚焦激光光束，按照计算机参数信息对被照射物体在移动过程中进行熔

融、烧蚀，实现非接触式的切割、蚀刻的工艺。它能有效地解决传统加工方法无法解决的问题，尤其是对那些高硬度、高脆性材料的切割加工，有逐步取代传统切割工艺的趋势。相比传统加工技术，它的优势主要有以下几方面：

1. 设计的数字化

激光雕刻主要依赖数字模型，激光切割机器的操作文件常用格式为 DXF 或者 DWG 格式。文件的绘制可采用如 CAD 和 Adobe lllustrator、Corel Draw 等矢量制作软件，绘图中须设置单位，尺寸按照实际制作尺寸绘制。计算机所绘制数字模型中的线条实际是激光光斑切割材料的移动轨迹。因为数字建模的直观特点，除了在质感上不同，切割后的文化创意产品几乎别无二致地还原了计算机设计文件中的图案——"所见即所得"。

2. 产出的平板化

激光雕刻机床本身是个二维的平台，置于其上被切割的材料通常为板材——纸板、木板、亚克力板、铝板、钢板等，制造出的文化创意产品也大多呈平板化。即便一些被巧妙设计的激光雕刻文化创意产品经过制作后呈现三维立体状态，一般也是在平板的基础上多层叠加或拼插组合而成。

3. 材料的适应性

激光雕刻机分为切割金属材料的光纤激光雕刻机及切割有机材料和合成材料的二氧化碳激光雕刻机，所以金属、纸张、木头、布料、皮具、亚克力等大多数常用材料基本上都可以被加工。

在纸张加工中，传统机械切割法磨砂轮的磨损可能导致"飞边"，手工剪纸又可能会因为刀具的磨损或者须剪掉面积的细小，容易使纸张产生折痕或者撕裂，激光切割制作纸质文化创意产品，其边缘干净、整齐、没有纸张残屑，更可保证均一、优秀的加工质量，方便快捷地做出雕花、镂空效果，可用于生产制作贺卡、明信片、灯具灯罩。

在布料的传统加工工艺中，刀模会因为刀刃的变形、变钝而导致布料的脱丝，这给后续的工艺带来了很多麻烦。激光雕刻解决了这一难题，化纤面料在雕刻后易烧熔收缩，可以自然形成不易松散且整齐的轮廓边缘。另外，激光可以在厚的布料和绒皮上进行蚀刻印花，蚀刻深浅变化时还能制作出渐变的效果，为产品雕刻出层次丰富的图案。

4. 制作的高效化

激光雕刻技术主要依赖光斑直径、激光功率、切割速度和工件的位置等参数进行生产操作，切缝的形状大小随着材质的特性不同和参数的设置差异而发生变化。制作过程基本不依赖模具，其精度高、切缝窄、材料磨损少、工件变形小、无接触性，生产成本低、制作效率高，在参数设置与材料性能匹配时能一次成型。

5. 排放的环保性

除高效经济之外，激光雕刻不可忽视的一大特点就是环保性。首先，激光光斑排放的热量小，因此，可以减少热量过高时板材熔化、变形所导致的不必要损耗；其次，切割时产生的噪声相对传统的机械加工较小；最后，切割过程中虽然会产生少量粉尘，但都有湿式或干式的除尘装置，因此，对大气污染较小。

（二）激光雕刻技术支持下的博物馆文创

博物馆文创的开发越来越巧妙灵活，从原来直接复制文物的"硬周边产品"转为借用一个馆藏形象与"衣、食、住、行、用、玩"等实用性功能相结合的"软周边产品"。激光雕刻技术契合了这种图案化的馆藏形象的表达，逐步成为当代博物馆文创设计制作的常用手段之一。

1. 舌尖上的博物馆文创

苏州博物馆馆藏五代秘色瓷莲花碗，其通体施以青釉，晶莹润洁，造型宛如一朵盛开的莲花。因其为越窑青瓷中难得一见的秘色瓷珍品而成为苏州博物馆的镇馆之宝，为文创开发提供了灵感源泉。苏博文创团队研发的"国宝味道—秘色瓷莲花碗曲奇"，将文物图案化、扁平化，并采用与青釉相呼应的绿色抹茶粉为原料制作文物曲奇饼干，使文创与文物的设色统一。

文物饼干成了美食界的博物馆定制、博物馆界的美食新宠，可以被"品尝"的文创首次受到消费者的强烈关注。虽然饼干本身并不是激光加工，但这种图案化的饼干模具在激光雕刻技术的支持下可以被最简单快捷地制造，帮助我们用美食来传播博物馆文化。

2. 文房内的博物馆文创

说到文房文创，不得不提及北京故宫。北京故宫博物院作为全国乃至全世界著名的博物馆，其文创的开发与经营在国内首屈一指。故宫博物院研发的文化创意产品涵盖"家居陈设""文房雅玩""紫禁服饰""创意生活"等方面。其中，"文房雅玩"类文化创意产品更广泛地应用了激光雕刻技术。

"故宫建筑尺"采集了作为规模最大、最完整木结构建筑群的故宫中保和殿、午门、神武门不同的古代皇家建筑形式，从被设计师简化后雕刻出的尺子轮廓就能识别保和殿为圆攒尖、神武门为重檐顶、午门为三面环抱的"五凤楼"。不得不说图案化提升了博物馆 IP 的辨识度，强化了其标志性。

"故宫窗棂尺"提取了乾清门窗棂、景仁宫窗棂、养心殿窗棂、太和殿窗棂的图案，透雕于尺上，将传统的建筑美学应用于产品设计。窗棂的框架结构设计，像对中国传统木构建筑的微缩和侧写，但又不仅限于此，使其延伸到文房用品中，成为审美构成要素之一。

"故宫脊兽尺"借用太和殿的脊兽形象，依次是仙人、龙、凤、狮子、天马、海马、狻猊、獬豸、斗牛。脊兽的功能最初是为了保护木栓和铁钉，防止建筑漏水和生锈，对建筑屋脊的连接部分具有固定和支撑作用。后发展出装饰功能，并有严格的等级意义，不同等级的汉族建筑所安放的脊兽数量和形式都有严格限制。尺子的巧妙处在于将建筑的三维装饰转换为文具的二维装饰，将故宫的古建美学和吉祥寓意融入了文化创意产品。

不管是"故宫窗棂尺""故宫建筑尺"，还是"故宫脊兽尺"，都充分利用了作为世界文化遗产的故宫最大的 IP——古建筑本身，并将其图案化、标志化，运用激光雕刻技术将图案或整体、或局部地运用到产品合适的位置上。

故宫文具类文创除了竹木材质的激光加工，还有金属材料的激光加工。故宫"千里江山书峰立金属书签"提取故宫馆藏文物宋代王希孟绘制的长卷《千里江山图》的 IP，将中国古代文人寄情山水的表达与现代阅读者的纵情书海相结合，利用金属激光雕刻的虚实疏密来表达山石披麻皴、斧劈皴等不同的脉络肌理和明暗变化。设计师匠心独运，上山下水，山水交融的意境跃然签上。

3. 童趣里的博物馆文创

中国海关博物馆开发的丝路通关棋将传统的追逐棋与报关通关情境相结合，

设计了一套兼具知识性和趣味性、寓教于乐的科普海关知识的通关棋。

这套通关棋在棋子的制作上也用到了激光蚀刻印花技术。激光雕刻除了可以对材料进行切断和透雕处理，还可以蚀刻雕花，处理出一些扁平化的图案和浅浮雕效果。

中国海关博物馆推出的丝路立体拼图也用到了激光切割技术。该拼图提取丝绸之路的符号元素，将之图案化设计，并用激光切割技术切块、层叠制作。木质拼图分为上、中、下三层，最内层为汉代丝路，张骞带领驼队跋山涉水出使西域；中间层为唐代丝路，玄奘西天取经途经敦煌；最外层为当代海丝远渡，中西贸易往来密切。立体拼图以古代著名丝路人物传说为题材，让孩子们在游戏中了解一段历史，从故事中领略一路风情。

五、互联网思维在博物馆文化创意产品中的应用

(一) 互联网思维

互联网思维，是指在互联网（移动互联网）、大数据、云计算等科技不断发展的背景下，对用户、员工、产品、市场和组织乃至整个价值链和生态系统重新审视的思维方式。

用户思维。一切产品和服务均以用户的思维和使用习惯为基础进行设计开发，是用户思维的核心。通过与用户的大量接触，可以全方位获取用户使用习惯和反馈，站在用户的角度去考量产品，注重用户体验，在此基础上用更加人性化的方式实现产品畅销。

大数据思维。大数据思维有三个维度——定量思维、相关思维和实验思维。第一，定量思维，即提供更多描述性的信息；第二，相关思维，一切皆可连，消费者行为的不同数据都有内在联系；第三，实验思维，一切皆可试，大数据所带来的信息可以帮助制定相应策略。

平台思维。平台思维的核心是通过汇集各类元素构建生态圈，以线连接成面，以开放的心态，以共赢的方式，发挥各方所长，实现优势资源的聚合，从而发挥巨大的能量。

跨界思维。随着互联网商业活动不断对人们生活的影响，产业的边界不再完

全明确，很多行业应用"互联网+"的概念，实现了传统业务的优化，变得更加蓬勃发展。跨界思维应运而生，是一种突破了传统观念和模式，以其他行业的规则和理念，通过创新对传统行业实现变革的思维方式。

（二）如何在博物馆文化创意产品中应用互联网思维

互联网思维已经在各行各业得到应用，如在交通领域，出现滴滴打车，方便人们出行；在支付领域，出现了二维码付款，解决了携带现金的麻烦等。传统行业通过互联网思维的优化，实现了业务的提高，便利大众的同时，实现了自身的发展。

1. 用户思维帮助博物馆管理者改变传统观念

互联网思维在博物馆文创中的应用，首先是改变博物馆人的思想观念，不是静待游客，而是通过不断自我优化，以游客体验为中心，进行全面的业务梳理，从原本的坚持以物为本转变为以人为本的理念，所有开发的文化创意产品要以实用性和趣味性为前提，结合藏品的文化元素，以游客喜闻乐见的形式进行工艺化设计开发，以接地气的形式进行展现营销，主动融入游客中，让游客有互动感、参与感以及深入的体验感。这样有可能做出与游客需求相符合的文化创意产品。

2. 大数据思维让文创工作者全面掌握游客的消费动态

博物馆文创的大数据分为两类：一类是线上数据，另一类是线下数据。线上数据通过编程开发，可以获得极度精细的数据信息，每条信息都有数据跟踪，这样的数据便于文创人员知晓产品的消费动态，及时进行产品更新。线下数据收集相对线上而言比较麻烦，可以通过二维码等进行库存盘点，通过一定周期的销量进行数据分析，依旧能够知晓当前阶段具体文化创意产品的销量，根据数据同步进行产品调整，实现库存的灵活处理，销量好的及时补货，销量差的采取营销活动打折处理，可以最大限度地减少囤货现象。

3. 平台思维是博物馆文创实现专人做专事的保障

平台化的思维在文创工作中的应用就是以博物馆为平台核心，通过合作或授权模式实现各自优势资源的发挥，让专业的设计公司做设计、电商公司做线上运营，让生产商制作质量过硬的产品，通过优势互补，专业人员做专业事，博物馆的文创人员做好相应工作的监督和审议工作。同时，这是一个高难度的工作，需要博物馆的文创员工具备良好的平台思维、审美、市场判断的综合能力。

4. 跨界思维让博物馆文创工作做大做强

IP 是一种宝贵的资源，而博物馆作为征集、收藏、陈列和研究代表人类文化遗产实物的场所，有着得天独厚的优势——任何一个有特点的藏品、人物、品牌形象，均有极高的历史文化意义和 IP 价值。强强联合的方式，将品牌双方的固有粉丝进行融合，能实现品牌影响力的互相渗透，实现产品销售的最大化。博物馆跨界是博物馆扩大影响力和做大做强的必由之路，要在原产品的基础上实现做工创新和彼此文化的融合，这样才能最大限度地体现跨界的展示效果。跨界时需要结合彼此的情况，制定长期、共赢的合作条款。跨界不是一次单纯的产品售卖，而是以此为契机，建立长效的合作机制，共同长期地实现品牌共生。

互联网思维随着 5G 技术的普及可能会有一定的变动，但其开放、平等、协作、分享的精神不会发生变化，唯有深刻理解和应用互联网思维才能够在博物馆文化创意产品遍地开花的当下，开发出有特色、有温度、有故事的产品，以及走出符合自己馆情的运营之路。

六、中国古代书画元素在故宫文化创意产品设计中的应用

（一）文化创意产品设计与传统艺术结合的必要性

随着互联网市场的冲击以及国民经济水平的提高，人们对文化创意产品的诉求，不再是仅满足基本的物质需求即可，而是要求产品具有文化性、娱乐性、精神性。因此，文化创意产品设计与中国传统艺术相结合成为必选的命题。艺术设计与文化创意的结合，是提高中国文化软实力和产业界综合竞争力的重要举措。在加快实现由"中国制造"到"中国智造"转变的背景下，文化创意产品设计与中国古代书画艺术相结合，不仅是对传统文化的创新与传承，而且顺应时代发展潮流，有望为中国文创产业的未来带来巨大的经济效益和广阔的发展前景。

在时代的号召下，故宫博物院走出了崭新的创新路径。在故宫网店销售的文化创意产品中，中国古代书画元素系列文化创意产品的销量遥遥领先。这种现象的主要功劳在于故宫文创的设计思想及产品类别，不仅能给予消费者传统美感的

熏陶，同时，种类丰富、美观实用，能满足人们的日常所需。当代文化创意产品的设计关键是要实现与受众精神和情感层面的互动，这样才能广泛传播。

（二）博物馆文化创意产品设计应考虑的要素

1."文化、流通、互动"三要素

博物馆文化创意产品的设计须考虑文化、流通和互动。文化创意产品的设计应在满足欣赏的基础上，努力走到群众生活中去。博物馆的社会职能主要是文化传播教育，在设计上，只有考虑到产品的传播流动性，与消费者形成良性"互动"，文化的"流通"才能实现可持续性增长。成功的文化创意产品不仅是传统文化行走的代言人，也能弘扬与增强国民的民族自信心。文化创意产品要有实用性，也应是传统与创新融合的产物。

2. 对 IP 感与主题系列的应用

创意产业是一门风险产业，当今文化创意产品的时代性、精神性已经超越过去的时代。文化创意产品的设计与生产要更加关注时尚潮流、个人嗜好、传播炒作、社会环境等不可忽略的因素。近年来，随着《国家宝藏》《上新了·故宫》等综艺节目的播出，故宫文化创意产品趁着这股传媒热潮，推出了一系列 IP 合作，并且取得了巨大成功。

（三）中国古代书画艺术在故宫文化创意产品中的应用

1. 古代中国画元素的应用

故宫文创中的"创意生活"类多为实用型产品，其设计元素不仅涉及世人皆知的《清明上河图》等，还多选取一些色彩搭配古朴典雅、大气经典且绘画题材寓意吉祥、立意高远的小众传统书画作品。例如，故宫博物院藏清王时敏作《杜甫诗意图》册中，一幅绘苍松挺拔和山崖巍峨，一幅绘高山清溪和幽舍掩映，就非常适合用于文人学习用具设计，故宫"艺想丹青"书签的设计灵感就来源于此。文创系列帆布包的设计取材多选于图案洞明可爱、匠心独运、朴拙有趣的书画精品，譬如南宋画家林椿的《枇杷山鸟图》《果树来禽图》等。为适应不同年龄及性格的消费者，还应用了有祥瑞福寿之意的《桃兔图》和清新淡雅的《荷花图》等。值得一提的是，故宫文创专题推出了"千里江山"系列，文化创意产品的设计从书签、杯垫到手提袋、镇纸、手机壳等应有尽有，灵感源自中国画中的金碧山水——王希孟的《千里江山图》。

2. 故宫文创中的中国书法元素

文化创意产品一定要能使消费者感受到传统文化和艺术的魅力，故宫文创中运用书法篆刻元素进行设计的印章正满足了消费者这一夙愿。篆刻与印章的使用，在中国书法史上历史悠久。在历代帝王中，以清代的乾隆皇帝最为嗜印，他酷爱珍藏书画，凡珍藏书画珍品，都要盖上一章。世人常见清宫旧藏书画作品中，乾隆皇帝是无画不钤，无书不盖，乾隆皇帝的印章数量高达 1800 多枚。故宫文创选取乾隆皇帝的典型印玺，设计出了一套"乾隆的百宝箱"印章组合，以榉木和塑胶为材质，便于携带和保存。购买者不仅可以感受到乾隆皇帝热爱盖章的乐趣，同时也能对书法中的篆刻文化有所了解。

文化创意产业发展的核心竞争力是文化，所以文化创意产品在设计时要保持高度的文化自觉性。设计本身是一门交叉学科，艺术设计与文创产业的跨界交叉，突破了行业的羁绊，激发出新的创作灵感和活力。故宫文化创意产品设计与中国传统书画元素相结合，兼具中华民族文化的独特性、创新性和原创性，是未来文创设计取向的必然。

七、国潮设计思路在博物馆文化创意产品中的应用

(一)"国潮"设计的概念

"国潮"顾名思义，即国产的潮牌，国内的潮牌，中国的潮流。关于"国潮"这一概念，绝大多数人将其简单地解释为中国本土设计师创立的中国元素潮流品牌，或是一些张扬了设计师独特思想风格和生活态度的中国元素符号。对"国潮"的理解，是以设计师原创品牌为载体，以中国文化元素为语言的一种现象，是对中国传统文化表达的新方式。

起源于中国的潮流品牌之所以能够在短时间内受到众多年轻消费者的青睐，不仅仅在于中国传统文化元素的复苏和流行，还在于中国设计师对当下市场敏锐的洞察力和推广传播。有人类科学家指出："传统文化是现代人赖以生存和发展

的理性工具。"因此，流行文化不仅能够引起众多消费者的共鸣，也能让原创品牌符号更具商业价值。

因此，定义"国潮"设计的概念，需要从以下几方面进行思考：首先，创作设计的产品主体是否融入了中国传统文化的元素；其次，设计是否能将中国传统文化的元素与当下潮流相融合，而更具年轻时尚感；最后，设计能否被大众消费群体和市场广泛接受，成为流行元素融入人们的日常生活中。

从某种程度上来讲，以设计师原创品牌为载体的"国潮"设计文化，满足了年轻消费者对时尚潮流的追求，也是当代流行文化商业价值的体现。

（二）"国潮"设计的流行趋势

"国潮"这股潮流风在年轻消费者的追捧下越刮越大，曾经被嫌弃"老土""俗套"的中国传统文化元素，在设计师手中脱胎换骨，被赋予新的内涵，逐渐成为有个性、有品位的符号象征。

中国当代年轻设计师对市场敏锐的洞察力，从某种程度上推动着"国潮"设计的崛起，一系列脑洞大开的"国货"品牌设计，也颠覆了大众对传统"国货"的认知。以在纽约时装周亮相的青岛啤酒来说，其品牌突出"百年国潮"的主题，将20世纪30年代旗袍美女的广告画做成海报，运用复古元素来展现跨界潮流的时尚魅力，青岛啤酒再次崛起并备受年轻人关注，其秘诀就在于它有着紧跟当下时尚潮流的意识，运用中国历史中的文化元素与时尚设计风格相结合的设计思路，时尚新颖，让人耳目一新，而又不失传统的韵味和深厚的内涵。

近年来，中国传统文化的回归以及国人对中华文化强烈的认同感和归属感，也从某种程度上推动着"国潮"设计的崛起。中国传统文化的形态越来越受到大众和媒体的关注，无论是故宫国宝还是京剧昆曲，仿佛一夜之间都可以成为当下社会大众关注的热点，甚至走上潮流趋势的顶端。

"国潮"设计像一道闪电划破灰暗的长空，顺势进入了消费新趋势的浪潮之中，重新定义了中国潮流设计，也让我们开始思考"国潮"该有的样子，不得不说"国潮"的设计思路独具一格，新颖的表达又不背离中国传统文化的特质。带有中国传统文化元素的"国潮"时尚产品开始走向世界，日益成为时下年轻消费者彰显个性的表达。

（三）"国潮"设计思路与博物馆文化创意产品

文创，即文化创意产品，是依靠人的智慧和技能，借助现代科技手段对文化资源、文化用品进行创造与创新，通过发散性的创新思维，而生产出的具有文化价值的产品。博物馆文创，就是利用馆藏文物和中国传统文化元素，开发的具有纪念意义或实用功能的产品，并被赋予地方特色和艺术气息，承载着与博物馆主题相关的历史文化的产品。博物馆文化创意产品设计应如何进行设计定位？不妨从实用性、时尚性和艺术性这三个基本特点来考虑。

1. 实用性

对于当今社会的消费者来说，只有观赏性而无实用性的文化创意产品是没有吸引力的，最多让消费者对其外观产生喜爱之情，但仅仅止步于此，随后消费者会开始由感性转向理性思考，考虑其是否具有实用性，这也是当代消费者的基本行为特征。因而，在文创设计中要注重两者的结合，如故宫博物院开发的"坠马髻颈枕"，在具有观赏价值的同时，又具备了实用功能。消费者在使用这类文化创意产品的过程中，让这些"国潮"产品形成了很好的流行传播，也逐渐强化了消费者对中华传统文化的认同感。

2. 时尚性

当今年轻的消费者具有态度鲜明、观念新颖、思维活跃的特点，他们喜欢追求"潮""美""酷""帅"等流行元素。因此，如果能够积极运用当下最火的"国潮"元素，对文化创意产品进行创新设计，体现出时尚潮流的特点，就能够首先抓住年轻消费群体的眼球，创造出能满足市场需求的产品。

3. 艺术性

一件具有商业价值的文化创意产品，首先要好看，要有较高的审美性，是设计师通过精心设计完成的。设计师在设计的过程中，不能把文化创意产品当成普通商品来对待，而应该作为具有较高艺术审美的工艺品、艺术品来设计构思，运用新颖的设计思维，选择合理的艺术元素，最终形成独具艺术魅力的产品，提高产品的市场热度。

近年来，故宫博物院文化创意产品时常成为大众关注的焦点，其文创设计中融入了较多的中国传统文化元素与图案造型，如"龙腾祥云""百花彩蝶""仙禽瑞兽"等，但不仅有新颖的表达和时尚化、生活化的设计，带有古老神话色彩和历史印记的符号开始流行，从彩妆口红到服装饰品，这场华丽的"国货T台秀"让年轻消费者为之着迷。以故宫推出的彩妆口红为例，其将故宫元素融入口红的外观纹样和膏体颜色，每支口红的外观纹样的灵感，皆来自故宫博物院馆藏品和古代后妃们的服饰名称，如洋红色缎绣百花纹夹、品月色缎平金银绣水仙团寿字纹单氅衣、明黄色绸绣绣球花棉马褂；口红膏体颜色皆取自故宫馆藏品郎窑红釉观音尊、豇豆红釉菊瓣瓶、矾红地白花蝴蝶纹圆盒等。"故宫口红"一经推出，立刻受到了年轻消费者的追捧，销量一夜之间突破亿元。"故宫口红"的成功秘诀就在于它将传统文化元素与现代设计理念、技术相结合，形成时尚新颖的设计，让人眼前一亮，但又不失古老的韵味和深厚的文化内涵。推出符合当代年轻人审美的文化创意产品，不仅仅源自消费者对于产品背后的中国传统文化价值的认同，还离不开故宫文化创新设计的年轻化、时尚化、潮流化定位，从而呈现给消费者一个既有厚重底蕴又能积极入世的"国潮"品牌设计形象。

在未来的社会发展中，支撑博物馆文化创意产业发展的基石，在于厚重而漫长的中华历史与传统文化，在于社会大众的文化自信和民族自豪感，在于消费者与日俱增的精神文化需求。博物馆应利用馆藏文化资源优势，挖掘和传播馆藏文物所蕴含的传统文化内涵和底蕴，将传统文化元素与当下时尚潮流元素相结合，运用好"国潮"设计思路，积极进行文化创意产品的创新设计，形成更多融入人们的生活且能被市场接受的博物馆文化创意产品。

参考文献

[1] 任彬，刘芬，枣林. 博物馆陈列展览与文物保护研究 [M]. 长春：吉林文史出版社，2023.

[2] 徐圆圆. 文物保护理论与方法研究 [M]. 延吉：延边大学出版社，2023.

[3] 龚德才. 文物保护新论 [M]. 合肥：中国科学技术大学出版社，2023.

[4] 张秉坚，胡瑜兰. 石质文物保护技术与材料 [M]. 北京：中国建材工业出版社，2023.

[5] 周龙涛. 数字化可视艺术与文物保护研究 [M]. 北京：中国华侨出版社，2023.

[6] 任思远，高梦. 文化遗产保护与开发利用 [M]. 天津：天津科学技术出版社，2023.

[7] 张克贵. 中国文物建筑研究与保护·第2辑 [M]. 北京：中国建材工业出版社，2023.

[8] 朱笛. 文博视野下的历史文物研究 [M]. 秦皇岛：燕山大学出版社，2023.

[9] 靳花娜. 文物保护管理及其技术研究 [M]. 长春：吉林出版集团有限责任公司，2022.

[10] 朱秀梅. 博物馆建设发展与文物保护研究 [M]. 长春：吉林人民出版社，2022.

[11] 盖巍，刘平平. 文物保护管理与博物馆展览研究 [M]. 湘潭：湘潭大学出版社，2022.

[12] 冯冬艳，牛娜，王棋. 博物馆数字化建设与文物保护研究 [M]. 哈尔滨：黑龙江北方文艺出版社，2022.

[13] 张立乾. 文物保护技术 [M]. 北京：文物出版社，2022.

[14] 王蕾，种法义. 文物保护研究 [M]. 北京：中国纺织出版社，2022.

[15] 龚钰轩. 文物保护技术 [M]. 合肥：中国科学技术大学出版社，2022.

［16］金晓燕. 文物保护制度与实践研究［M］. 北京：中国原子能出版社，2022.

［17］孔健，徐艳. 博物馆文物陈列与文物保护研究［M］. 长春：吉林大学出版社，2021.

［18］张孜江. 文物保护修复与鉴赏［M］. 成都：四川大学出版社，2021.

［19］赵芳. 文物保护基础及保护技术应用研究［M］. 北京：文化发展出版社，2021.

［20］王芳. 考古发掘文物保护技术研究［M］. 哈尔滨：哈尔滨出版社，2021.

［21］王春法. 中国国家博物馆文物保护修复报告集［M］. 北京：北京时代华文书局，2020.

［22］祁庆国. 文物保护与利用专刊［M］. 北京：北京燕山出版社，2020.

［23］巨利芹，乔迅翔，杨彬. 文物保护区划及地下文物埋藏区研究［M］. 郑州：河南文艺出版社，2020.

［24］符燕，朱海，宋美娇. 文物保护与修复技术［M］. 长春：吉林文史出版社，2020.

［25］赵古山，杨振. 新时代文物保护与旅游融合发展文集［M］. 北京：文物出版社，2020.

［26］李宏文. 文物建筑防火保护［M］. 北京：中国建筑工业出版社，2020.

［27］卢文玉，李金乔. 文物修复与保护［M］. 北京：北京日报出版社，2020.

［28］龚德才. 文物保护基础理论［M］. 合肥：中国科学技术大学出版社，2019.

［29］李季梅，宁利君，张殿军. 文物保护单位安全与应急管理概论［M］. 北京：文物出版社，2019.

［30］何秋菊. 文物色彩分析与保护［M］. 北京：北京燕山出版社，2018.

定程度上保护了文物。

2. 以数字化方式对公众进行知识传播与教育

博物馆通过展出藏品向公众提供素质教育，传播科学文化知识，这是学校教育的重要补充。因此，博物馆教育已成为各个国家普及科学文化知识的重要途径。而一个国家博物馆发展的规模和质量，甚至被认为是衡量这个国家科学文化发展水平的一个重要标志。在科学技术发展如此迅速的今天，博物馆作为社会教育的重要机构，在普及科学文化知识、提高整个中华民族的科学文化水平等方面，有着义不容辞的责任。

数字博物馆在教育思想、教育内容、教育方法、教育手段和教育对象等方面，与传统的学校教育有很大的不同，具有自身的教育特色。数字博物馆能够有效地传递知识。它的手段更加直观、形象，内容综合性强，面向的教育对象广泛，在普及科学知识方面，有其特殊效果。因此，数字博物馆的社会教育职能特别重要，其独特的教育方式具有不可替代的作用。

3. 成为科学成果交流的信息平台

世界上许多著名的博物馆，不仅以丰富的藏品享誉世界，而且也是学术界具有崇高地位的研究机构，科研成果累累。我国一些著名的博物馆，如故宫博物院、国家博物馆等就是这方面的代表。不少馆藏品本身就具有极高的学术价值。对它们进行研究，不仅有助于学术的发展，也可为布展陈列工作打下良好的基础。数字博物馆是保存、保护、共享资源的重要手段，是适应时代进步的信息交流和信息服务的基地。由于网络系统的开放性结构，一些重要的科研成果和学术动态可以及时地在数字博物馆中得到体现。

因此，数字博物馆在促进研究和学科融合发展方面能够发挥巨大的作用，也可为产出高水平的科研成果提供必要的信息平台。

五、数字博物馆的功能与教育意义

（一）数字博物馆的功能

说到数字博物馆的功能，人们首先会想到实体博物馆的数字化展示，这也是域知识相结合的信息服务系统。数字博物馆不仅继承了实体博物馆真实性、直观性和广博性的优势，而且能创造出跨学科、跨领域的综合性解惑答疑的工具平台，加上其基于数字化网络的远程互动性、主题可选择性以及媒体种类的丰富性和叙述通俗性等，足以在世人心目中占有崇高的社会地位。

（二）在信息社会中的作用

1. 以数字化形式收藏、保护文物标本和其他实物资料

收藏和保护是博物馆最早产生也是最基本的功能。从博物馆的产生历史来看，其最初就是从收藏活动开始的。传统博物馆内均有含有藏品的储藏库，博物馆有义务收集、整理和展出藏品，使其可以被参观和研究利用。博物馆的收藏目的并不在于物品的原始功能，而是将其当作信息载体，因而博物馆把物证材料和相关信息材料看得同样重要。实物一旦失去相关信息，其本身的价值就会降低。数字博物馆的职责并不在于对于实物的保管和整理，而是通过数字化的方式，对藏品信息进行详细的描述，如拍摄高清晰度的全景照片、建立逼真的三维模型、制作视频动画，以反映藏品所处的相关背景（如藏品用途的真实场景、文物的发掘过程、动植物的生存环境等），并按照数字资源建设规范对这些数字化资源进行存储与管理，以便于合理利用这些资源进行教育与研究等。数字化手段能够以相对低廉的成本大幅度提高相关信息收集的质量（多媒体）和数量（空间占有量小），从而保障了实物藏品的实用价值。

我国是一个文明古国，地域辽阔，祖先给我们留下了大量的历史文化遗产。我国的自然文化遗产非常丰富，仅博物馆内的珍贵文物就达到了上千万件，自然标本的数量更是无法用数字统计。但是由于实体博物馆会受到空间以及各种维护经费的限制，所以很多文物资源都被长期放在博物馆的库房之中。这就导致了很多珍贵的文物标本无法被人们熟知。除此之外，很多在古遗址上建立的实体博物馆，由于人造景观的建设不符合文物保护的实际要求，导致文物的古风古貌遭到了破坏；人们随意接触文物也会导致文物损害；文物长久地暴露在空气之中，也会逐渐氧化、发生金属腐蚀等。因此，博物馆藏品经常存在展出的频率和藏品保护之间的矛盾，而数字博物馆的虚拟展出模式能够有效解决这一问题，使许多容易受到损坏的珍贵文物通过网上虚拟展出，减少文物暴露在空气中的时间，在一